Das Buch

Auf ungewöhnliche Weise versucht Carl-Heinz Mallet, der vielschichtigen kindlichen Psyche auf die Spur zu kommen: Mit Hilfe der in der Tiefenpsychologie entwickelten Methode der Traumdeutung interpretiert und analysiert er vier Grimmsche Märchen, um aufzuzeigen, wie Kinder denken, handeln und fühlen. Mallet geht davon aus, daß Rotkäppchen, Hänsel und Gretel oder die Gänsemagd so sind, wie Kinder eben sind, nämlich alles andere als brave Abbilder elterlicher Wunschvorstellungen: »Sie lieben, leiden und hassen. Sie stehlen und lügen, sind gutmütig und opferbereit, egoistisch und eifersüchtig. Rigoros verfolgen sie ihre Ziele, und immer triumphieren sie am Schluß und lassen dann ihre Feinde genüßlich und grausam sterben.« Erfrischend unsentimental und amüsant gelingt es Mallet, Handlungsmotive von Eltern und Kindern aufzudecken und damit Einblicke in Beziehungsstrukturen und Bedürfnisse innerhalb der Familie zu geben. Er trägt damit wesentlich zum Verstehen und Lösen von Erziehungsproblemen bei.

Der Autor

Carl-Heinz Mallet, geboren 1926, wurde mit 22 Jahren Lehrer. Zwischen 1966 und 1981 war er Rektor einer Schule für Lernbehinderte. 1953 legte er seine erste Arbeit über Märchen vor. Zum gleichen Thema veröffentlichte er 1982 ›Das Einhorn bin ich‹ und 1985 ›Kopf ab! Gewalt im Märchen‹.

dtv dialog und praxis

Bruno Bettelheim: Kinder brauchen Bücher (15000)
Jerome D. Frank: Die Heiler (15001)
Arnold Lazarus/Allen Fay: Ich kann, wenn ich will (15002)
Erich Fromm: Psychoanalyse und Ethik (15003)
Rudolf Dreikurs/S. Gould/R. J. Corsini: Familienrat (15004)
Elise Freinet: Erziehung ohne Zwang (15005)
Erich Fromm: Psychoanalyse und Religion (15006)
Bruno Bettelheim: So können sie nicht leben (15007)
Walter Kempler: Grundzüge der Gestalt-Familientherapie (15008)
Katharina Zimmer: Sie wollten nur mein Bestes (15009)
Bruno Bettelheim: Kinder brauchen Märchen (15010)
Erich Fromm: Über den Ungehorsam (15011)
Carl-Heinz Mallet: Kennen Sie Kinder? (15012)
Carl-Heinz Mallet: Das Einhorn bin ich (15013)
Eva Jaeggi: Wir Menschenbummler (15014)
Jean Piaget: Das moralische Urteil beim Kinde (15015)
Arno Gruen: Der Verrat am Selbst (15016)

Carl-Heinz Mallet:
Kennen Sie Kinder?
Wie Kinder denken, handeln und fühlen, aufgezeigt an vier Grimmschen Märchen

Mit einem Nachwort von
Bruno Bettelheim

Deutscher
Taschenbuch
Verlag

dtv

Von Carl-Heinz Mallet
ist im Deutschen Taschenbuch Verlag erschienen:
Das Einhorn bin ich (15013)

Ungekürzte Ausgabe
Dezember 1985
Deutscher Taschenbuch Verlag GmbH & Co. KG, München

ISBN 3-455-08810-4
Umschlaggestaltung: Boris Sokolow
Foto der Umschlagrückseite: Isa Walther, Hamburg
Gesamtherstellung: C. H. Beck'sche Buchdruckerei, Nördlingen
Printed in Germany · ISBN 3-423-15012-2

Inhalt

Ein privates Vorwort

Wer kennt schon Kinder? Im Jahre 1947 übernahm ich als junger Lehrer zum erstenmal eine eigene Klasse. Ich stand vor dreißig Zweitkläßlern, einer Horde schmutziger, verlauster und hungriger Kinder. Sie alle lebten in Nissenhütten, im Lager also, und die Schule lag mittendrin, dünnes Holz und schwarzes Wellblech, genauso wie die Wohnungen der Kinder.

Ich hatte mich freiwillig an diese Schule gemeldet, wollte gerade diesen Kindern helfen. Mit Begeisterung widmete ich mich der neuen Aufgabe. Die Kinder brauchten besonders viel Zuwendung, das war mir klar, und ich war bereit, mein möglichstes zu geben.

Man hatte uns gelehrt, daß Liebe und Zuneigung, die man Kindern gibt, von diesen dankbar erwidert würden. Das war ein Irrtum. Am dritten Tag stahlen sie mir das Portemonnaie aus meiner Aktentasche, und nach einer Woche goß Heiner Tinte in das neu eingerichtete Aquarium, so daß alle Fische starben. Dennoch blieb ich freundlich; die Schüler aber waren laut, lernunwillig und zänkisch. Wirklich still war es in der Klasse nur, wenn sie malen durften. Wir malten oft, sonst hätte ich die ersten Wochen nicht überstanden.

Dann kam mein Geburtstag, und da war plötzlich alles anders. Die Schüler, die ich inzwischen für kleine Teufel hielt, hatten Kerzen mitgebracht und Geschenke für mich aufs Pult gelegt, die im zweiten Nachkriegsjahr Kostbarkeiten waren: einen Bückling, Zigaretten, Seife, eine Tüte Kartoffeln. Sie stellten sich leise auf und sangen andächtig: »Hoch soll er leben!« Ich war gerührt.

Am nächsten Tag war alles wieder vergessen und die Klasse so ungebärdig wie vorher. Ich verstand die Welt nicht mehr und schon gar nicht die Kinder. Ich hatte geglaubt, sie zu kennen. Man kennt doch schließlich Kinder, oder? Und mit einer Klasse Achtjähriger hatte ich mir auch zugetraut, fertig zu werden. Und nun passierte all das.

Ich war verwirrt, unsicher und ziemlich am Ende. Ich brauchte Hilfe, und darum besuchte ich meinen Onkel. Er war Psychiater, Professor inzwischen, und von jeher für mich und andere Mitglieder der Familie freundliche Autorität in allen Lebensfragen.

»Kennst du Kinder?« fragte ich ihn. »Weißt du, wie Kinder sind?«

Er lehnte sich behaglich in seinem großen Schreibtischsessel zurück. »Erzähl«, sagte er.

Das tat ich, und als ich fertig war, hatte ich vor lauter Aufregung einen roten Kopf. »Also«, fragte ich abermals, »wie sind nun Kinder?« Ich war jung und ungeduldig.

Er schüttelte leicht den Kopf. »Ich weiß es nicht«, sagte er. »Wer kennt sie schon?«

Enttäuscht sah ich ihn an.

»Auf jeden Fall sind sie anders«, meinte er, stand auf und ging zu seinem Bücherbord. Aus dem obersten Regal nahm er einen braunen Band, sah ihn einen Moment an, blies dann bedächtig den Staub von der Oberseite, lächelte, kam zurück und gab mir das Buch.

Ich lächelte nicht. Es waren die ›Kinder- und Hausmärchen‹ der Brüder Grimm. Mein entsetzter Blick störte ihn nicht.

»In diesem Buch«, sagte er, »steht alles, was es über Kinder zu wissen gibt.« Und freundlich fuhr er fort: »Aber vermutlich hast du nicht genügend Verstand, dieses Wissen aus den Geschichten herauszulesen.« Er ging erneut zum Bücherbord und griff verschiedene Bände heraus. Freud, Jung, Adler, ein gutes halbes Dutzend. »Das wird dir helfen«, meinte er.

Es hat mir geholfen. Allerdings brauchte ich ein halbes Leben, um Märchen ein wenig zu verstehen. Daß ich nun Kinder kenne, kann ich zwar immer noch nicht behaupten; aber ein wenig mehr weiß ich jetzt über sie, nicht zuletzt wegen meiner Beschäftigung mit den Märchen.

Ein Mittel gegen meine Disziplinschwierigkeiten in der Schule waren sie allerdings nicht. Dennoch haben sie mir auch da geholfen.

Jeden Sonnabend erzählte ich meiner Klasse ein Märchen, und das war für sie die schönste Stunde der Woche. Dabei waren die Kinder noch stiller als beim Malen.

Kennen Märchen Kinder? Wissen diese simplen Geschichten tatsächlich mehr von Kindern als ein erfahrener Psychiater, der selber zwei Jungen und ein Mädchen großgezogen hat?

Ja, ganz ohne Frage. Mein Onkel hatte recht. Hat man erst

einmal gelernt, zwischen den Zeilen zu lesen, hinter der vordergründigen Märchenhandlung die untergründigen Wahrheiten aufzuspüren, dann ist man überrascht, was sich alles hinter den Märchenhelden verbirgt.

Vor allem sind es die Kinder, die so faszinieren: Hänsel und Gretel, Schneewittchen, der starke Hans und Hans im Glück, der Däumling und Schneeweißchen und Rosenrot. Diese Kinder sind alles andere als brave Abbilder elterlicher Wunschvorstellungen. Sie sind wirklich anders und führen ihr – typisch kindliches – Eigenleben. Sie lieben, leiden und hassen. Sie stehlen und lügen, sind gutmütig und opferbereit, egoistisch und eifersüchtig. Rigoros verfolgen sie ihre Ziele, und immer triumphieren sie am Schluß und lassen dann ihre Feinde genüßlich-grausam sterben. Ja, so ungefähr sind Kinder.

Und selbstverständlich tun sie auch all das, worüber man nicht spricht. Nicht nur die Kinder. Märchen sind Geschichten von Wünschen, und die werden erfüllt. Beschränkungen gibt es keine. In den Märchen sind nicht nur die Naturgesetze aufgehoben, sondern die meisten anderen Gesetze auch, gute Sitten, Moral und die Zehn Gebote eingeschlossen. Herzig, lieblich und rein ist nur die Fassade – manchmal. Darunter dominiert die Natur und brodelt ein recht urtümliches Leben. In plastischen und mitunter drastischen Bildern schildern Märchen, was Menschen bewegt und treibt, was sie erhoffen und was sie begehren. An der Oberfläche sind sie spannende Geschichten, darunter enthalten sie uraltes, überkommenes Wissen, in Jahrhunderten verdichtete Erfahrungen und Kenntnisse. Von Mund zu Mund wurden sie weitergetragen. Generationen von Erzählern gestalteten sie. Die besten Geschichten blieben übrig; die kennen wir noch heute.

Märchen sind Volkspoesie, denn im Volk entstanden und wuchsen sie. Ihre Geburtsstätten sind dumpfige Spinnstuben. Einfache Leute erzählten sie für einfache Leute. Niemanden sonst kümmerten diese »Ammengeschichten«. Keine Obrigkeit, weder weltliche noch kirchliche, nahm Einfluß. Die Märchen entstanden abseits der großen Welt, der politischen und kulturellen Machtzentren. Sie nahmen nichts aus diesen Bereichen auf, keine geschichtlichen Ereignisse, keine politischen Fakten, keine kulturellen Strömungen. Sie blieben frei von den moralischen Einstellungen, Verhaltensnormen und Sitten der verschiedenen Zeitabschnitte.

Die vielen Könige und Königinnen der Märchen haben keinen geschichtlichen Hintergrund wie etwa in den Sagen. Die hohen Titel bedeuten zwar, daß sie Macht und Einfluß haben, daß sie herrschen. Aber keinesfalls herrschen sie über ein Königreich. Ihre einzigen Untertanen sind die Kinder. Die Könige und Königinnen sind Eltern, die Prinzen und Prinzessinnen ihre Kinder. Auch kein Königsschloß ist real und hat jemals existiert. Die Schlösser sind die Wohnungen und die Königreiche die Familien.

Den Märchen geht es nicht um Pomp und Pracht, auch nicht um Status, Stand und Titel, sondern um den Menschen. Die einfachen Menschen mit ihren Sorgen, Nöten und Konflikten sind die Helden der Geschichten. Der Mensch schlechthin ist der Mittelpunkt der Märchen, und der bleibt sich ziemlich gleich, egal, wann er gelebt hat und wo er gelebt hat.

Die Kinder am Nordkap und die im Orient haben mit sich selbst, mit ihren Eltern und Geschwistern und mit dem anderen Geschlecht sehr ähnliche Probleme. Darum finden sich so viele gleiche und ähnliche Märchenmotive in den verschiedenen Ländern, sogar in anderen Kulturen, in aller Welt.

Unabhängig von Zeit und Raum schildern Märchen Grundformen des Lebens und Erlebens, allgemeingültige Situationen, typisches Verhalten von Kindern und Eltern, grundsätzliche Tatsachen über menschliche Beziehungen.

Es war ein abenteuerliches und interessantes Unternehmen, den Handlungen dieser Geschichten kritisch zu folgen, dem Leben ihrer Helden nachzugehen und zu fragen, was ihr Handeln bedeutete. Es führte zu oftmals verblüffenden und auch unvermuteten Einblicken in das Wesen und das Verhalten von Jungen und Mädchen, und es gab manche überraschende Antwort auf die Frage, wie denn nun eigentlich Kinder sind.

Es zeigte aber auch, wie sehr das Leben der Kinder mit dem Leben anderer Menschen verflochten ist, wie bedeutsam ihre Beziehungen zu ihren Eltern und Geschwistern sind. Es wurde klar, wie wichtig und wie entscheidend für ihre Zukunft das Verhältnis der Jungen und Mädchen zu ihren Müttern und Vätern ist. Hier berühren Märchen Erziehungsprobleme. Natürlich lösen sie sie nicht, aber sie zeigen sehr deutlich Grundvoraussetzungen. Frei von zeitbedingten Theorien, Ideologien und Dogmen geben sie Einblicke in vitale Bedürfnisse von Eltern und Kindern und in

Beziehungen innerhalb der Familie. Sie führen dahin zurück, wo jede Erziehung anfängt, zu Grundlagen, die wir bei der heutigen Informationsschwemme oft aus den Augen verloren haben.

Es hat zu allen Zeiten sehr verschiedene Ansichten über Kinder und deren Erziehung gegeben. Niemals vorher aber sind Kinder so unterschiedlich gesehen, behandelt und erzogen worden, wie das in unserer Gesellschaft im Augenblick der Fall ist. Es gibt in der heutigen Kindererziehung kaum noch allgemein verbindliche Maßstäbe und Normen. Jeder kann jeden Standpunkt vertreten und jede Erziehungsmethode anwenden. Und genau das geschieht auch, sowohl öffentlich wie privat. Der Erziehungsstil variiert von Schule zu Schule – ja von Klasse zu Klasse – und von Familie zu Familie. Und die Unterschiede sind oftmals außerordentlich kraß. Es gibt extrem konservative Eltern. Sie verlangen strikten Gehorsam, Ordnung, Sauberkeit, Fleiß, und sie wollen das brave und angepaßte Kind. Andere Eltern sind ebenso einseitig progressiv. Sie vertreten neue Ideen und Ideale, lehnen alles Bisherige ab und wollen das freie und emanzipierte Kind.

Dazwischen gibt es alle Abstufungen. Die große Masse der Eltern ist unsicher. Viele haben resigniert.

Mit den folgenden Märchenbetrachtungen hoffe ich diese triste Szene etwas aufzuhellen. Möge einiges von der Unbekümmertheit der Märchenhelden mit Kindern versöhnen und den Erziehungsalltag ein wenig beleben. Ferner hoffe ich, daß die eine oder andere Erkenntnis über das »unbekannte Wesen Kind« Eltern zum Lächeln bringt, zum Schmunzeln, vielleicht zum Nachdenken oder sogar zu einem besseren Verständnis ihrer eigenen Situation und der ihrer Kinder.

Jedenfalls wünsche ich allen Lesern viel Freude und ein bißchen Gewinn bei dieser Lektüre.

C.-H. M.

Märchen werden im folgenden die Erkenntnisquelle für Einblicke in das Wesen von Kindern und Eltern sein. Zu diesem Zweck betrachte ich sie jedoch nicht auf die übliche Weise, sondern unterlege ihnen einen Sinn und eine Bedeutung, die nicht ohne weiteres aus den gegebenen Handlungsabläufen herauszulesen sind. Dieser für manchen vielleicht befremdlich erscheinende Umgang mit Märchenstoffen geschieht nun allerdings nicht willkürlich, sondern folgt Methoden, die, von der Tiefenpsychologie entwickelt, in der Deutung von Träumen zu einer seit mehr als fünfzig Jahren bewährten und anerkannten Praxis wurden.

Viele Forscher wandten die Technik der Traumdeutung auch auf literarische Stoffe an. Namentlich C. G. Jung tat dies, und etliche entdeckten auf diese Weise einen bisher nicht erkannten verborgenen Sinn im Volksmärchen, zuerst Sigmund Freud im Jahre 1913 (Märchenstoffe in Träumen in ›Kleine Beiträge zur Traumlehre‹).

Daneben gibt es auch Märcheninterpretationen von anderer Seite. Überblickt man die zahlreichen Veröffentlichungen, so läßt sich indessen nicht sagen, daß die Märchenforscher der verschiedenen Richtungen zu gleichen Ergebnissen gekommen wären; vielmehr kann es durchaus sein, daß Deutungen gleicher Märchen durch verschiedene Autoren wenig Übereinstimmung zeigen.

Es ist zu verstehen, daß manche Kritiker der Meinung sind, man könne sowohl in Träume als auch in Märchen alles mögliche hineindeuten, und der Spekulation seien keine Grenzen gesetzt. Beschäftigt man sich jedoch näher mit der Materie, so wird man finden, daß Träume, besonders aber Märchen außerordentlich vielschichtig und daher auch vieldeutig sind. Wie das Leben selbst bieten sie eine Fülle von Aspekten, die niemand alle erfassen könnte. Sie geben daher Raum für recht unterschiedliche Betrachtungsweisen.

Dennoch gibt es ein hinlänglich zuverlässiges Kriterium zur Einschätzung und Bewertung von Deutungsversuchen: die subjektive Meinung. In der Traumdeutung ist es der Träumer, der über die Richtigkeit einer Interpretation entscheidet. Er wird nur akzeptieren, was ihm einleuchtet, egal, wie abgesichert eine Deutung theoretisch auch sein mag. Ähnlich ist es hier: Es ist der Leser, der das letzte Wort hat. Er wird den Interpretationen nur folgen und sie hinnehmen, solange sie ihn überzeugen, zumindest aber ihm schlüssig erscheinen.

Ein bißchen guten Willen wird er allerdings mitbringen müssen, denn was sich hinter den vertrauten Grimmschen Geschichten versteckt, sind häufig unübliche, ungewohnte und gelegentlich arg befremdliche Inhalte; nicht selten sind sie sexueller Natur.

Am Beispiel von drei Volksliedern möchte ich zeigen, was den Leser erwartet und auf welche Weise ich bei der Betrachtung und Deutung der Märchen vorgehen werde.

Volkslieder haben, wenn sie mündlich überliefert und keine Kunstlieder sind, deren Autor feststeht, eine ähnliche Vorgeschichte wie Märchen. Sie wuchsen im Volk und wurden von Generation zu Generation weitergegeben. Zu diesen Liedern gehört das folgende; es stammt aus dem Memelland.

Zogen einst fünf wilde Schwäne,
Schwäne leuchtend weiß und schön,
Sing, sing, was geschah?
Keiner ward mehr gesehen, ja.

Wuchsen einst fünf junge Birken,
grün und frisch am Bachesrand.
Sing, sing, was geschah?
Keine in Blüten stand.

Vordergründig geht es hier um Tiere und Bäume, die in keinem Zusammenhang stehen und aus denen sich keine Handlung, keine Geschichte ergibt. Allerdings entsteht ein Gefühlseindruck: Schwäne, die nicht zurückkehren, und Birken, die nicht blühen, erwecken Traurigkeit. Sachlich läßt sich einwenden, daß Birken, jedenfalls im landläufigen Sinne, nicht blühen und folglich nicht in Blüte stehen können. Daraus mag sich für kritische Leser ein erster Hinweis ergeben, daß es hier möglicherweise gar nicht um Birken und daher vielleicht auch nicht um Schwäne geht, daß die geschilderte Szene also nur eine Seite, nämlich die vordergründige, die uneigentliche, darstellt und es folglich eine zweite Seite gibt, die eigentliche, die wesentliche.

An diesem Beispiel läßt sich ausnahmsweise eindeutig beweisen, daß dem tatsächlich so ist. Es geht um Menschen. Das Lied selbst zeigt die zweite Seite, den anderen Aspekt und, wenn man die tiefenpsychologische Terminologie benutzt, den latenten Sinn hinter dem manifesten Inhalt.

So geht das Lied weiter:

Zogen einst fünf junge Burschen
stolz und kühn zum Kampf hinaus.
Sing, sing, was geschah?
Keiner kehrt nach Haus.

Wuchsen einst fünf junge Mädchen
schlank und schön am Memelstrand.
Sing, sing, was geschah?
Keins den Brautkranz wand.

Das Eigentliche, um das es hier geht, sind also, wie so oft, menschliche Probleme: Abschied, Trennung, Verlassenheit. Männer, die sterben, und Mädchen, denen der Krieg den Liebsten nahm und die nun die Bestimmung ihres Lebens nicht erreichen: junge Birken, die niemals in Blüte stehen werden.

Die hier verwendeten symbolischen Bilder veranschaulichen den Vorgang, helfen die Stimmung auszudrücken und sprechen das Gemüt an.

Mit den dargestellten beiden Seiten werden wir es in allen folgenden Betrachtungen auch zu tun haben. Allerdings wird uns von jetzt an immer nur eine Seite zur Verfügung stehen. Die andere gilt es mit Hilfe tiefenpsychologischer Techniken, der Phantasie und kritischen Denkens zu erraten.

Auch im nächsten Lied – es stammt aus Schlesien – sind die beiden zueinander in Beziehung stehenden Ebenen noch recht gut zu erkennen:

Es blies ein Jäger wohl in sein Horn,
und alles, was er blies, das war verlorn.

Soll denn mein Blasen verloren sein?
Viel lieber möchte ich kein Jäger sein.

Er warf sein Netz wohl übern Strauch,
da sprang ein schwarzbraun Mädel heraus.

Ach, schwarzbraunes Mädel, entspring mir nicht,
ich habe große Hunde, die holen dich.

Deine großen Hunde, die fürchte ich nicht,
sie kennen meine hohen, weiten Sprünge nicht.

Deine hohen, weiten Sprünge, die kennen sie wohl,
sie wissen, daß du heute noch sterben sollst.

Ja, sterbe ich heute, so bin ich tot,
begraben mich die Leute ums Morgenrot.

Er warf ihr das Netz wohl über den Leib,
da ward sie des jungfrischen Jägers Weib.

Wie in so vielen Jägerliedern geht es hier nicht um die Jagd auf Hasen, Hirsche oder Rehe, sondern um das Erlegen weit edleren Wildes. Das wird in diesem Lied nicht verheimlicht.

Das anfängliche Blasen des Jägers ist kein Halali am Ende einer Jagd, sondern der sehnsüchtige Lockruf eines jungen Mannes, der, wie bei vielen zu jungen Männern, zunächst ohne Echo bleibt. Der Jäger stellt fest, daß es mit dem Hornblasen allein nicht getan ist und er mehr tun muß. Als dies geschieht, indem er sein Netz über den Strauch wirft, erscheint tatsächlich das von ihm ersehnte Mädchen. Doch es sinkt ihm nicht gleich in die Arme, sondern es läuft fort. Seine noch zaghafte Bitte: »Ach, schwarzbraunes Mädel, entspring mir nicht« hält es genausowenig auf wie seine Drohung mit den Hunden. Aber immerhin kommt es zu einem Dialog; das Mädchen reagiert, und sofort wird der Jäger selbstbewußter und erklärt, es solle heute noch sterben.

Hier allerdings kann man mit der üblichen Logik kaum mehr der Geschichte folgen. Dennoch haben Generationen von Menschen dieses Lied so gesungen und an seinem Inhalt keinen Anstoß genommen. War ihr Gespür für den latenten Sinn, für das Eigentliche der Geschichte stärker als ihr logisches Denken, als ihr Verstand?

Noch weniger verständlich geht das Lied weiter. Das Mädchen sagt: »Ja, sterbe ich heute, so bin ich tot, begraben mich die Leute ums Morgenrot.« Was, so muß man fragen, haben Tod und Begräbnis ausgerechnet mit der Begegnung eines jungen Mannes mit einem Mädchen zu tun?

Hier helfen Erfahrungen mit der Traumpsychologie. In Träumen ist es durchaus nicht ungewöhnlich, daß Sachverhalte durch das genaue Gegenteil dargestellt werden; gerade Begräbnisszenen weisen häufig auf eine Hochzeit, Särge auf das Brautbett. Eine solche Deutung bietet sich auch hier an, und sie paßt in den Rahmen der Schilderung: Das Mädchen möchte Hochzeit feiern. Und was das Sterben betrifft, so ist dieses Bild nicht so abwegig, wie es zunächst erscheinen mag, denn wenn ein Mädchen heiratet, verliert es so manches und muß es »begraben«: seine Freiheit, seinen Namen und nicht zuletzt seine Unschuld.

Es ist denkbar, daß der Jäger unter »Sterben« nicht das gleiche versteht. Man wird mit der Vieldeutigkeit der Begriffe und Symbole leben müssen, denn Träume und Märchen sind nun einmal keine mathematischen Gleichungen, die sich mit Formeln lösen lassen, und auch Menschen kann man damit kaum näher kommen. Jedenfalls wird der junge Jäger nicht zuerst ans Hochzeitsfest und an die »Leute« gedacht haben. Er hat seine großen Hunde losgelassen, und die sind hier Vertreter seiner Triebsphäre. Sie wollen das Mädchen jagen, sollen es erjagen. Dem Jäger geht es um ihren »Leib«; darüber wirft er sein Netz, und unter dem Netz wird sie sein Weib. Das ist seine Version, das sind seine Wünsche. Er möchte die Ehe »natürlich« vollziehen. Für ihn bedeutet »Sterben«, daß sie ihm »zum Opfer fallen« möge. Das Lied schildert damit den männlichen Standpunkt.

Das Mädchen wird allerdings nicht sehr viel dagegen gehabt und von seinen »hohen, weiten Sprüngen« nicht mehr als notwendig Gebrauch gemacht haben. Auf jeden Fall läßt sie sich fangen und träumt von der Hochzeit. Das ist ihre Version, der weibliche Standpunkt. Die fröhlich-optimistische Stimmung des Liedes läßt kaum einen Zweifel, daß sich ihre Wünsche erfüllen.

Dieser Text erzählt frei von Sentimentalitäten, Bedenken und Vorbehalten, aber auch frei von jeder Moral eine Liebesgeschichte. Darin spiegeln sich Leben und Lieben in unbeschwerter Natürlichkeit und Frische, und das ist sicherlich ein Grund für das lange Überleben dieses immer noch weit verbreiteten Volksliedes.

Eine ganz andere Stimmung liegt über dem ostpreußischen Lied ›Es dunkelt schon auf der Heide‹. Hier fehlen die Fröhlichkeit und der Optimismus des Jägerliedes. Vor dem Hintergrund eines Spätsommertages spielt sich eine traurige Geschichte ab: Das Mädchen wird verlassen, der »natürlichen Ehe« folgt keine Hochzeit.

Es dunkelt schon auf der Heide,
nach Hause laßt uns gehn!
Wir haben das Korn geschnitten
mit unserem blanken Schwert.

Ich hörte die Sichel rauschen,
sie rauschte durch das Korn,
ich hörte mein Feinslieb klagen,
sie hätt ihr Lieb verlor'n.

Hast du dein Lieb verloren,
so hab ich doch das mein,
so wollen wir beid miteinander
uns winden ein Kränzelein.

Ein Kränzelein von Rosen,
ein Sträußelein von Klee.
Zu Frankfurt auf der Brücke,
da liegt ein tiefer Schnee.

Der Schnee, der ist geschmolzen,
das Wasser läuft dahin,
kommst du mir aus den Augen,
kommst mir nicht aus dem Sinn.

In meines Vaters Garten,
da stehn zwei Bäumelein,
das eine, das trägt Muskaten,
das andre Braunnägelein.

Muskaten, die sind süße,
Braunnägelein sind schön,
wir beide, wir müssen uns scheiden,
ja, scheiden, das tut weh.

Auch hier wird nicht verheimlicht, daß es um eine Liebesgeschichte geht; aber die Symbole sind von ganz anderer Art.

Hier ist es kein Netz, das als Bild verwendet wird. Das Netz will fangen, festhalten und zu eigen machen. Ganz anders das »blanke Schwert«.

Zunächst einmal schneidet damit niemand Korn. Das weist sehr deutlich darauf hin, daß es hier nicht um Kornschneiden und Ernte geht, sondern daß dieses Bild ein Gleichnis ist. Das Schwert, das dem Mann an der Seite hängt, ihm Zierde und Waffe ist, auf das er stolz ist und mit dem er viele Siege erkämpfen will, ist hier – wie sehr häufig in Träumen – ein sexuelles Symbol. Aber es ist weit mehr als nur die männliche Geschlechtlichkeit. Es weist auf eine bestimmte, weitverbreitete Einstellung des Mannes zur Sexualität und zum anderen Geschlecht hin. Eitelkeit spielt hinein und Aggressivität: Das Schwert stößt zu.

Mit dem jungen Jäger hat der Mann dieses Liedes wenig Ähnlichkeit. Bei ihm gibt es kein lockendes Rufen, nicht Rede und Gegenrede, kein Umwerben, sondern nur den Vorgang: Die Sichel rauschte durch das Korn. Er ist die Sichel, sie das Korn. Es gibt nichts Verbindendes, keinen Austausch, keine Beziehung. Schwert und Sichel schneiden, trennen, und die Halme fallen. Es ist kein romantischer, sondern ein mechanisch-liebloser Vorgang. Das Mädchen tritt auch gar nicht auf, bleibt ohne Konturen, ohne Eigenschaften. Es wird nur zitiert und »Feinslieb« genannt, was hier nichts weiter ist als die Romantisierung einer gar nicht feinen Art, ein Mädchen zu einer schnell wieder vergessenen Geliebten zu machen.

Er bleibt hinterher unberührt; sie aber klagt, »sie hätt ihr Lieb verlor'n«. Das ist wahr, und sie wird sie niemals zurückbekommen: die Liebe nicht – denn er erwidert sie nicht – und auch ihre Unschuld nicht. Damit verliert sie etwas, was er nicht verlieren kann, und er ist so taktlos, ihr das auch noch vorzuhalten.

Die Hoffnung auf einen Ring, die bei dem Jägerlied so naheliegt, wird hier enttäuscht. Ein »Kränzelein« ist zwar auch rund, ist aber keineswegs ein Hochzeitskranz, und als Strauß bietet er ihr nur einen aus wertlosem Klee an. Er beginnt seinen Rückzug und wird schnell sehr deutlich: »Zu Frankfurt auf der Brücke, da liegt ein tiefer Schnee.« Schnee ist kalt, so kalt wie jetzt seine Beziehung zu ihr. Mit seinen Gedanken ist er schon fort, in Frankfurt, in der Stadt, in der er daheim ist. Hier steht seines Vaters Haus, und im Garten warten zwei »Bäumelein« auf ihn, mit edlen Blumen, süß und schön. Mit einer Schnitterin vom Lande haben sie kaum etwas gemeinsam. Zwar sagt er noch zu dem Mädchen: »Kommst du mir aus den Augen, kommst mir nicht aus dem Sinn«, aber selbst ein argloser Leser wird diesen Trost als billig empfinden.

Das Lied ist zu Ende und damit auch die kurze Affäre. »Wir beide, wir müssen uns scheiden, ja, scheiden, das tut weh.« Weh tut es sicherlich ihr, gewiß nicht ihm.

Wie diese Beispiele zeigen, lassen sich die Texte nicht schematisch deuten, nicht »übersetzen«, und es reicht nicht aus, bekannte Symbole einfach einzusetzen. Die tiefenpsychologische Technik kann nur ein Hilfsmittel sein, das, ohne Phantasie und Einfühlungsvermögen benutzt, leicht zu allzu einfachen und groben Interpretationen führen kann, wenn man beispielsweise im »blanken Schwert« nur den Penis sähe.

Selbstverständlich sind die Deutungen spekulativ, und das gilt für alle derartigen Versuche. Sie stützen sich in der Regel aber nicht nur auf ein Indiz, sondern auf mehrere, die sich häufig gegenseitig bestätigen. Außerdem muß jede Einzeldeutung in den Kontext passen, und die Geschichte, die sich aus den verdeckten (verdrängten) Inhalten ergibt, muß der Stimmung entsprechen, die der manifeste Text ausdrückt, und sie muß schlüssig sein. Diese Bedingungen schließen manche falsche Interpretation aus.

Die Geschichte zweier Kinder, die höchst anspruchsvolle Wünsche haben, dadurch in eine lebensbedrohende Situation geraten, aus der sie durch die Tatkraft und Umsicht des Mädchens befreit werden

Vor einem großen Wald wohnt der arme Holzhacker mit seiner Frau und seinen beiden Kindern Hänsel und Gretel. Es geht ihnen so schlecht, daß sie nicht mehr genug zu essen haben. Der Mann wälzt sich vor Sorgen in seinem Bett, seufzt und fragt seine Frau: »Was soll aus uns werden? Wie können wir unsere Kinder ernähren, da wir für uns selbst nichts mehr haben?«

Mit der Schilderung dieser bedrückend ausweglosen Lage beginnt eines der bekanntesten Märchen der Brüder Grimm. Es beginnt nicht mit den Kindern, sondern mit den Eltern, und das ist berechtigt, denn sie sind in dieser Geschichte die entscheidenden Faktoren; sie stellen die Weichen für alles Weitere.

Das ist nicht nur in diesem Märchen so; es ist grundsätzlich so: Die Eltern sind das Schicksal ihrer Kinder. Darum soll den Holzhackern die gebührende Aufmerksamkeit gewidmet werden.

So, wie das Märchen sie schildert, wird man sofort Partei ergreifen. Jeder kleine und jeder große Leser wird spontan für die Sorgen des geplagten Vaters Verständnis haben. Empört ablehnen wird er dagegen das Verhalten der Mutter. Die schlägt nämlich nüchtern und kalt vor, die Kinder im Wald auszusetzen. »Sie finden den Weg nicht wieder nach Haus, und wir sind sie los«, sagt sie.

Natürlich hat der Mann Einwendungen; er will nicht. Er bringt es nicht übers Herz, seine Kinder allein im Wald zu lassen und sie den wilden Tieren auszuliefern. »Nein, Frau«, sagt er, »das tue ich nicht.« Daraufhin schilt sie ihn einen Narren und meint, daß sie dann alle vier Hungers sterben müßten und er schon die Bretter für die Särge hobeln könne. Sie läßt ihm keine Ruhe, bis er schließlich einwilligt. »Die armen Kinder dauern mich doch«, sagt er.

Keiner wird begreifen, wie eine Mutter so herzlos handeln kann. Schon die Brüder Grimm hatten hier ihre Bedenken, denn sie änderten den originalen Märchentext. Das haben sie häufiger getan und in ihrer Vorrede auch darauf hingewiesen. Sie haben, so geben sie zu, Stil und Ausdruck verbessert, »jeden für das Kindesalter nicht passenden Ausdruck gelöscht«, aber aus eigenen Mitteln nichts hinzugesetzt, den Kern der Geschichte nicht verändert; denn, so sagen sie in der Vorrede, zuerst sei es ihnen auf Treue und Wahrheit angekommen.

So treu und wahr waren sie hier durchaus nicht. Sie haben etwas sehr Wesentliches verändert. In der von den Brüdern Grimm besorgten Ausgabe der Urfassung des Märchens ist nämlich eindeutig von der Mutter die Rede. Dieses Wort haben die Grimms siebenmal durch »Frau« ersetzt, zweimal haben sie aus Eltern beziehungsweise aus Mutter und Vater »die Alten« gemacht und schließlich aus der Mutter eine (böse) Stiefmutter, und das hat die Sache dann entschieden: Für alle Welt haben Hänsel und Gretel nun eine Stiefmutter.

In diesem Fall tragen die Brüder Grimm dafür die Verantwortung, aber die auffällig vielen Stiefmütter in den Märchen kann man gewiß nicht ihnen anlasten; sie dürften aber nach einem ähnlichen Mechanismus entstanden sein: Weil Mütter nicht lieblos, kaltherzig, grausam und böse sein dürfen, wurden sie zu Stiefmüttern, denn schließlich konnte man nicht einen ganzen Stand diffamieren, schon gar nicht die hochangesehenen Mütter.

Viele Märchenerzähler dürften dasselbe getan haben wie die Brüder Grimm: Aus Müttern machten sie Stiefmütter. Sie übertrugen das Problem auf eine (wehrlose) Minderheit und taten so niemandem weh, den Müttern nicht und auch nicht den Kindern, die von so vielen bösen Müttern leicht hätten verunsichert werden können.

Leidtragende dieser sachlich nicht gerechtfertigten Verschiebung waren und sind die wirklichen (meist sehr lieben) Stiefmütter.

Ich bezweifle, daß Märchenerzähler aus Hänsels und Gretels Mutter eine Stiefmutter gemacht hätten, denn nichts Greifbares weist darauf hin. Das Märchen, das sonst mit klaren und eindeutigen Wertungen nicht geizt, die Guten gut nennt und die Bösen schlecht, tut das in diesem Fall durchaus nicht. In keinem Satz wird der Vater als positiv und die Mutter als negativ gekennzeichnet. Wenn wir die Eltern bewerten, den Vater als gut und die Mutter als schlecht, so ist das nichts weiter als unsere spontane

Reaktion, die sich allerdings in diesem Fall anbietet und naheliegt. Das aber ist nur darum so, weil wir uns mit den Helden des Märchens identifizieren, mit den Kindern. Denen muß selbstverständlich die Mutter böse erscheinen. Das gilt nicht nur hier; Kinder neigen überhaupt dazu. Für sie wird jede Mutter zu einer bösen Mutter, die sich ihren Wünschen widersetzt, die Forderungen stellt oder ihre Freiheit einschränkt. Kinder fragen sich nicht, ob dies zu Recht geschieht. Sie hassen auch notwendige Erziehungsmaßnahmen. Diese kindliche Einstellung ist ein weiterer Grund für böse Stiefmütter in den Märchen. Sie sind nur böse aus der Sicht ihrer egoistischen Sprößlinge, die ihre Bequemlichkeit lieben und sich nichts sagen lassen wollen.

Hänsels und Gretels Mutter plant sogar ganz besonders Übles: Sie will die Kinder in den Wald schicken, sie aussetzen, verstoßen, verhungern lassen, den wilden Tieren preisgeben. Wen wundert es, wenn diese Mutter zur bösen Stiefmutter wird? Sie ist schließlich ganz offensichtlich und unzweifelhaft wirklich böse.

Sie ist es jedoch nicht. Es scheint nur so. Die Situation sieht völlig anders aus, wenn wir uns in die Lage der Eltern versetzen. Sie haben unter den gegebenen Umständen nicht viel Handlungsspielraum. Tatsächlich gibt es für sie nur zwei Alternativen: Entweder verhungern alle vier, oder zwei überleben. Will man nicht die ganze Familie zugrunde gehen lassen, so kann man nur die zweite Möglichkeit wählen. Und vor die Frage gestellt, wer dann überleben soll, gibt es auch nur *eine* realistische Entscheidung: die Eltern. Die Kinder wären nicht in der Lage, sich allein durchzubringen.

Unter diesen Voraussetzungen erscheint die Mutter in einem ganz anderen Licht, denn genau diese Überlegungen stellt sie an. Sie ist nicht bösartig und schlecht – die Grimms taten ihr unrecht! –, sondern sie sieht die verzweifelte Lage sachlich und denkt nach. Das ist das Beste, was man unter derartigen Umständen tun kann. Ihr Vorschlag ist nicht hartherzig, sondern die logische Konsequenz aus den vorgegebenen Tatsachen. Unbestreitbar findet sie einen Ausweg aus der hoffnungslosen Lage.

Für manchen wird sich das richtig und gut begründet anhören; dennoch aber wird es ihm Unbehagen verursachen und ihm die Holzhackersfrau nicht sympathischer machen. Das ist verständlich, denn sie entspricht so gar nicht unseren Vorstellungen von einer liebenswerten Frau. Sie ist nicht passiv, sie ordnet sich nicht unter und ist alles andere als ein Heimchen am Herd. Noch weit weniger entspricht sie dem üblichen Bild einer Mutter, von der man Liebe, Fürsorglichkeit und Aufopferung verlangt. Davon zeigt sie nichts. Sie ist überhaupt nicht weich, gefühlvoll oder sentimental. Vielmehr argumentiert sie sachlich, logisch und klug. Was sie vorbringt, ist schlüssig, und ihr Mann muß nachgeben.

Auch er entspricht absolut nicht üblichen Vorstellungen vom Mann und Vater. Er ist weder stark noch überlegen. Er ist nicht logisch, nicht sachlich und weit davon entfernt, das zu sein, was man »Herr im Hause« nennt. Er sorgt sich, wälzt sich im Bett herum, und er macht sich auch Gedanken. Aber es kommt nichts dabei heraus. Er fragt nur: »Was soll aus uns werden?« Er weiß es nicht. Er macht keinen Lösungsvorschlag; »er wußte sich nicht zu helfen in seiner Noth«, heißt es in der Urfassung. Er seufzt nur und bedauert seine armen Kinder. Weder fällt ihm etwas ein, noch handelt er. Er ist lediglich sentimental, und das kann er sich, wenn man es recht bedenkt, eigentlich nicht leisten, denn mit dieser Haltung gefährdet er das Leben der ganzen Familie. Ist er vielleicht doch der Narr, für den ihn seine Frau hält? Jedenfalls sind hier die üblichen Rollen vertauscht. Er stöhnt nur und jammert, sie aber denkt und handelt. Nüchtern betrachtet, sagt die Szene nichts anderes aus, als daß der Mann schwach und emotional ist, die Frau dagegen stark, logisch und vernünftig.

Das haben Psychologen schon immer behauptet, und alle modernen Untersuchungen haben es bestätigt. Erstaunlich ist nur, daß sich diese Erkenntnis bereits in einem uralten Märchen findet. Bemerkenswert ist weiterhin, mit welcher Selbstverständlichkeit und wie fern jeder Polemik die Märchenszene dieses Verhalten schildert. Hier wird der Mann nicht verspottet, und die Frau erscheint nicht als herrschsüchtig. Weder sie noch er werden diffamiert. In wenigen Zeilen, in einer knappen und dennoch außerordentlich dichten Schilderung wird ein Elternpaar lebendig und bringt mit seinem Verhalten eine wesentliche und richtige Erkenntnis über die Rollen von Mann und Frau zum Ausdruck.

Psychologen ist seit langem bekannt, daß der Mann, im Gegensatz zur Frau, emotionale Probleme schlechter überblicken, beurteilen und lösen kann. Er neigt dazu, mit Gefühlen zu reagieren; in der Regel steht er derartigen Situationen so hilflos gegenüber wie der Holzhacker im Märchen und ist wie dieser auf die Aktivität und Tatkraft seiner Frau angewiesen.

Viele Männer wollen sich mit diesem Verhalten nicht identifizieren. Nicht wenige schämen sich deswegen.

Hänsels und Gretels Vater schämt sich absolut nicht. Er steht zu sich selbst und zu seiner Sentimentalität. Er hat keine Zweifel und versucht nicht, hinter einer betont rauhen Schale seinen weichen Kern zu verbergen. Er zeigt seine Gefühle und seine Unsicherheit. Er führt keinen Machtkampf mit seiner Frau, streitet sich nicht einmal mit ihr und ist auch nicht gleich in seiner »männlichen Ehre« verletzt. Er sagt seine Meinung, versucht aber nicht, sie mit Gewalt durchzusetzen. Im Gegenteil: Er gibt nach. (Später wird sich herausstellen, daß er damit recht hat.)

Der Holzhacker zeigt, wie viele Männer eigentlich sind. Wer ihn unangenehm unmännlich findet, tut ihm unrecht. Kinder jedenfalls sehen ihn nicht so, und das ist gut. Das Märchen stellt ihnen einen sehr menschlichen und natürlichen Vater vor. Er hat nichts mit dem Mann gemein, der in unserer Gesellschaft immer noch als Leitbild gilt und nach dessen Vorbild ein ansehnlicher Teil unserer Söhne immer noch erzogen wird. Kaum daß sie laufen können, lernen sie, daß Jungen weder weinen noch mit Puppen spielen, aber auf jeden Fall etwas Besseres sind als die kleinen Mädchen.

Am ungewöhnlichsten ist das Mutterbild, das in diesem Märchen vorgestellt wird. Es deckt sich so gar nicht mit dem Bild einer Mutter, die aus Mutterliebe zu jedem Opfer bereit sein muß und der jeder Egoismus, jeder Gedanke an sich selbst, fremd zu sein hat.

Ein solches Mutterbild ist sentimental, unrealistisch und genauso überzogen wie das falsche Bild vom Mann.

Das Märchen holt beide Figuren von ihrem unangemessenen Podest und bringt sie auf die Erde zurück. Der Vater ist kein Held und die Mutter weder eine Halbgöttin noch ein »Mütterlein«. Sie ist praktisch, und keinesfalls ist sie grausam oder hartherzig. Sie ist auch nicht egoistisch, und sie will ihre Kinder nicht umbringen. Hinter der vordergründigen Märchenhandlung geht es um etwas ganz anderes. Liest man den Text aufmerksam und kritisch, dann wird klar, daß das Problem der Familie nicht die physische Not ist. Es ist nicht das Brot, das ihr fehlt. Die vier drohen nicht zu verhungern, und sie sind auch nicht bitter arm.

Sie wohnen, so heißt es, vor einem großen Wald mit viel Holz. Sie haben ein eigenes Haus und keine ärmliche Hütte. Es hat einen weißen Schornstein, eine große Tür – mit Untertür – und vermutlich eine Werkstatt. Jedenfalls besitzt der Vater Bretter und Hobel. Der Weg vor dem Haus ist mit blanken Kieselsteinen bestreut. Hänsel trägt ein »Röcklein«, besitzt ein weißes Kätzchen und eine Taube. Gretel hat eine Schürze. Das alles wirkt freundlich und anheimelnd, aber nicht ärmlich. Ganz sicher fehlt der Familie nicht das tägliche Brot; der Mangel liegt woanders. Der Hunger ist dafür nur das Symbol. Er zeigt, daß es etwas gibt, das nicht für alle reicht, und dadurch wird die Familie gefährdet.

Ich möchte hier einmal annehmen, daß es nichts Materielles ist, was ihnen fehlt, sondern daß das Brot für Liebe, Zuwendung, Zuneigung steht. Auch davon hat der Mensch keinen unendlichen Vorrat. Wenn ihm zuviel abverlangt wird, muß er einteilen. Vor diesem Problem steht die Holzhackerfamilie, und offensichtlich sind es die Kinder, die so viel nehmen, daß die Eltern für sich selbst nichts mehr haben, und darum, so meint die Mutter, müßten sie hinaus in den Wald. Ein Feuer will sie ihnen anmachen, und auch ein Stück Brot soll jedes bekommen.

Hier muß man sich fragen, ob ein solches Problem derart schwerwiegend sein kann, daß dafür das Bild der großen Not, des drohenden Verhungerns angemessen ist. Kann die Schwierigkeit, Liebe und Zuwendung einzuteilen, eine Familie so tiefgreifend gefährden, wie es das Märchen darstellt? Und gibt es dafür Parallelen in der Realität unseres gegenwärtigen Familien- und Erziehungsalltags? Ich denke, es gibt sie.

Die Auszehrung, die das Märchen schildert, erleben tatsächlich viele Ehepaare mit Kindern. Das beginnt schon mit der banalen Tatsache, daß das Paar nie mehr allein und ungestört ist, tagsüber sowieso nicht, und auch nachts kann es niemals sicher sein, nicht gestört zu werden.

Diese noch rein äußerliche Schwierigkeit zeigt sich im Märchen dadurch, daß Hänsel und Gretel das sehr private Gespräch der Eltern belauschen.

Merkwürdig ist nun, daß die meisten Paare sich des Problems gar nicht bewußt zu sein scheinen, nicht darüber nachdenken und noch viel weniger miteinander darüber reden. Folglich macht man auch keine gemeinsamen Pläne, wie man mit der neuen Situation am besten fertig werden kann. Schon gar nicht spricht man über die Auswirkungen der neuen Lage im seelischen und im persönlichen Bereich. Darum merken die meisten Eltern nicht einmal, was vorgeht. Sie werden nicht gewahr, wieviel und was alles ihre Kinder ihnen wegnehmen. Und erst recht merken sie nicht, wie sich ihre persönliche Beziehung zum Ehepartner verändert. Diese bedauerliche Entwicklung verläuft in bekannten Phasen, und jeder kann sie bei vielen Paaren beobachten.

Der Anfang jeder Zweierbeziehung ist die gegenseitige Zuneigung. Liebe und Zärtlichkeit stehen im Vordergrund und werden als schön und beglückend empfunden. Für viele ist dies der Höhepunkt des Lebens, und hier liegt der erste Fehler.

Das Wort kennzeichnet die Situation: Von da an geht's bergab. Die Zeit dieser Liebe ist kurz, nichts als ein Punkt in unserem Dasein. Die Realität der Umgangssprache mißt diesen Zeitraum noch nicht einmal nach Monaten. Man spricht von Flitterwochen. Das ist um so erstaunlicher, wenn man bedenkt, wie hoch der Stellenwert der Liebe in unserer Gesellschaft ist. Wie oft wurde und wird von »lebenslangem Glück« und »ewiger Liebe« gesungen und geschrieben.

Das vielzitierte »Liebesglück« endet sehr häufig mit der Geburt des ersten Kindes. Dann ist plötzlich alles vorbei, was vorher für das junge Paar das Wichtigste war und von dem die beiden glaubten, es könne ein ganzes Leben lang andauern. Viele halten diese Entwicklung für eine Art Naturgesetz, für unabänderlich. Das stimmt nicht. Die meisten Paare verlieren ihre Liebe nicht – sie geben sie freiwillig auf, wenn auch unwissentlich. Sie tun's der Kinder wegen. Ihnen opfern sie ihre persönliche Beziehung, und die meisten merken es noch nicht einmal. Meist geschieht das in dem Augenblick, in dem sie aufhören, sich mit Vornamen oder mit Kosenamen anzureden. Statt dessen sagen sie Papa und Mama oder Mutti und Vati zueinander, und das ist dann oft der Moment, von dem an das Liebesleben verflacht, versandet. Es wird inhaltslos, reizlos, Routine, eheliche Pflicht. (Was für ein Wort!) Es hört auf, ein Erlebnis zu sein, befriedigt nicht mehr, gibt dem Paar keine Kraft mehr. Die Zweierbeziehung verliert mehr und mehr an Bedeutung. Die bisher üblichen Zärtlichkeiten und Aufmerksamkeiten werden nun immer weniger und entfallen oft ganz. Was man einstmals dem Partner gab, bekommen nun die Kinder. Sie sind der neue Mittelpunkt des Lebens, und das Paar ist nur noch Eltern. Es spricht nicht mehr über sich, über eigene Wünsche und Ansprüche, sondern über die Kinder und den wöchentlichen Einkaufszettel. Die Liebe, in der Tat kein unendlich großes Potential, wird im Familienalltag verkleckert. Mann und Frau werden unzufrieden, und die Kinder sind in dieser tristen Situation auch nicht glücklich.

Es gibt Ehen, die unter dieser Belastung zerbrechen. Andere veröden, werden zur Gewohnheitsehe oder zur Streitehe. Allen gemeinsam ist: Die Liebe zwischen Mann und Frau ist vorbei, und damit ist der Familie die Basis entzogen.

Es gibt Paare, die durchhalten, die sich nicht einander entfremden, nicht völlig gleichgültig werden oder sich zerstreiten. Sie erleben dann häufig einen zweiten Höhepunkt ihrer Liebe, einen späten »Honigmond«, der oft länger währt als der erste und beständiger ist. Diese Paare finden wieder zueinander, wenn ihre Kinder erwachsen und aus dem Haus sind. Hieran wird noch einmal klar: Die Kinder verursachen die Auszehrung. Sie können es, weil die Eltern nicht nachdenken, sich der Gefahr nicht bewußt sind.

Aber hier liegt die Misere: Kindern darf man für Eheschwierigkeiten nicht die Schuld geben. Das geht nicht, das ist ein Tabu. Kinder sind »das Salz der Ehe«; niemals können sie das Gegenteil sein. Sie haben einen ungeschriebenen Anspruch darauf, der Mittelpunkt der Familie zu sein. Sie kommen an erster Stelle und danach alles andere. Eltern, die zuerst an sich denken und dann erst an die Kinder, sind Rabeneltern.

Die Holzhackersfrau denkt zuerst an sich und an ihren Mann. Sie will mit ihm überleben, und sie redet darüber. Sie tut genau das, was so viele Paare versäumen. Ihr Handeln ist vernünftig, und sie hat recht. Sie erkennt, daß das Paar, daß die Liebe der Eltern zueinander die tragende Beziehung in der Familie ist und erhalten werden muß; sie ist das Primäre, Mutter- und Vater-Sein ist sekundär. Für die Frau des Holzhackers kommen zunächst die Eltern und dann erst die Kinder. Das ist für sie die Voraussetzung für ein glückliches Familienleben.

Aber was bringt es ihr ein? Den Rabenmutterstatus. Der Ehrentitel »Mutter« wird ihr sofort entzogen; sie heißt nur noch Frau und wird schließlich zur bösen Stiefmutter. Ihr geht es wie so vielen, die für etwas Unübliches, aber dennoch Richtiges eintraten: Sie wird übel diffamiert.

Das merkt man, wenn man den Text genau liest. Die Geschichte ist so aufgebaut, daß jeder Leser annehmen muß, die böse Stiefmutter plane bewußt den sicheren Tod ihrer Kinder. Das aber stimmt nicht. Sie sagt kein Wort davon. Sie will die Kinder mit je einem Stück Brot in den Wald schicken; Brot bedeutet nach unseren bisherigen Überlegungen Liebe und Zuneigung. Ein Feuer will sie ihnen auch anmachen, und in der Bechstein-Fassung befiehlt sie die Kinder dem lieben Gott. Das alles klingt nicht nach Mordabsichten.

Es ist der Vater, der vom sicheren Tod der Kinder spricht. Er unterstellt, daß die wilden Tiere Hänsel und Gretel zerreißen werden. Aber er sieht Gespenster. Der Fortgang der Geschichte zeigt, daß es keine wilden Tiere im Wald gibt, nur »viel tausend Vöglein«. Eines davon ist weiß und singt sehr schön. Das ist alles. Niemand zerreißt die Kinder.

Das aber wissen Hänsel und Gretel nicht. Sie belauschen ihre Eltern, und was sie da hören, muß sie das Schlimmste befürchten lassen. Sie erfahren, daß es um ihr Leben geht, und sie haben keine Veranlassung, daran zu zweifeln. Gretel sagt zu ihrem Bruder: »Nun ist's um uns geschehen.« Selbst wenn man hier den physischen Tod als Möglichkeit ausklammert, denn tatsächlich sterben die Kinder ja nicht, so bleibt die Situation immer noch grausam genug: Den beiden droht die Aussetzung, die Trennung von den Eltern, das Alleingelassenwerden, der Entzug der physischen und psychischen Existenzgrundlage, die Verlassenheit.

Irgendwann in ihrem jungen Leben erfahren Kinder zum erstenmal, daß sie allein gelassen werden können, daß die ständige Anwesenheit der Mutter nicht selbstverständlich ist. Trifft diese Erkenntnis sie unvorbereitet, so kann sie schlimmste Ängste auslösen und ihr Lebensgefühl nachhaltig erschüttern. Viele erholen sich von dieser Erfahrung ihr ganzes Leben lang nicht, und die Angst bleibt. Es ist eine Urangst der Kinder, der Menschen überhaupt, denn auch Erwachsene können es nicht ertragen, ganz allein und verlassen zu sein.

Das Märchen schildert hier eine Situation, die, wäre sie real, zu den schlimmsten gehört, die es für Kinder gibt. Würde davon tatsächlich ein Kind betroffen werden, so würde es in tiefste Verzweiflung stürzen oder mit wilder Panik reagieren.

Nicht so Hänsel und Gretel. Den Jungen regt die ganze Sache gar nicht auf; er bleibt völlig gelassen und unbeeindruckt. Gretel vergießt wenigstens ein paar Tränen, aber mehr geschieht auch bei ihr nicht. Beide Kinder bleiben seelenruhig im Bett liegen, bis ihre Eltern eingeschlafen sind. Fürwahr eine respektable Leistung.

Ich glaube, diese Reaktion der beiden Titelhelden ist ein Grund für die Beliebtheit dieses Märchens gerade bei kleineren Kindern. Die nämlich haben erheblich mit ihrer Angst zu kämpfen, weil sie noch weitgehend auf die Mutter angewiesen und von ihr abhängig sind. Sie könnten noch nicht allein existieren. Schon die Vorstellung der Verlassenheit löst bei ihnen im wahrsten Sinn des Wortes Existenzangst aus, berechtigterweise. Für ältere Kinder stellt sich dieses Problem weit weniger. Sie interessieren sich auch nicht mehr für Hänsel und Gretel; sie haben andere Sorgen.

Wenn ich mir nun vorstelle, was in Kindern vorgeht, die dieses Märchen hören oder lesen, dann kann ich die Brüder Grimm verstehen, die ihren Geschichten »segnende Kraft« bescheinigten. Eine solche Ausdrucksweise liegt uns heute nicht mehr, aber dieser Stelle des Märchens möchte ich durchaus eine segensreiche Wirkung zubilligen, denn sie vermag ängstliche Kinder zu trösten, besonders Kinder, die jedesmal, wenn die Mutter fortgeht, fürchten, daß sie nicht wiederkommen könnte. Da kaum ein Kind frei von Angst ist, können sich alle an Hänsel und Gretel aufrichten, die in der denkbar schlimmsten Situation absolut keine Angst haben, den Kopf oben behalten, Auswege suchen und finden, sich aus eigener Kraft – das ist hier sehr wichtig – befreien und reich zurückkehren. Dieses als kleiner Junge und kleines Mädchen miterleben macht Spaß, befreit, erleichtert, kräftigt und fördert die Entwicklung. In solchen Szenen haben Märchen meines Erachtens einen außerordentlich wirksamen pädagogischen Effekt.

So herrlich gelassen zeigt sich allerdings nur Hänsel. Gretel bleibt resignierend in ihrem Bett liegen und ergibt sich traurig in ihr Schicksal. Hänsel nicht. Er handelt. Er steht auf und schleicht sich durchs dunkle Haus. Schon das wird ihn vielen Kindern als Helden erscheinen lassen, haben sie doch fast alle Angst im Dunkeln. Hänsel fürchtet sich nicht. Er öffnet die Untertür und verläßt das schützende Haus. Ihn stört die Nacht nicht und sein Alleinsein auch nicht. Der helle Mond läßt die weißen Kieselsteine, die vor dem Haus liegen, wie lauter Batzen glänzen. Hänsel bückt sich und steckt so viele davon in sein »Rocktäschlein, als nur hineinwollen«. Danach kehrt er zu Gretel zurück, tröstet sie, sagt ihr, daß sie beruhigt einschlafen könne, und geht dann selbst wieder in sein Bett.

Er ist wirklich ein toller Junge. Mutig, aktiv und unerschrocken beherrscht er die Situation, klug ersinnt er einen Ausweg, und freundlich und hilfsbereit ist er auch noch. So gut wie ohne jede Einschränkung entspricht er der Idealvorstellung von einem »richtigen Jungen«. Dagegen bietet seine Schwester ein ganz anderes Bild. Das Mädchen ist passiv, einfallslos, vielleicht gar dumm. Es weint nur und tut sonst nichts.

Im Gegensatz zu den Eltern scheinen die beiden Kinder das übliche männlich-weibliche Rollenbild zu bestätigen. Aber wie so oft im Märchen scheint es nur so, und das läßt sich schon jetzt nachweisen.

Es ist klar, was Hänsel plant: Mit den Steinen will er den Weg markieren, damit er nach Hause zurückfindet. Das ist zweifellos eine gescheite Idee und zeigt, daß er recht gut denken kann. Wenn das aber so ist, dann müßte er auch wissen, daß diese Rückkehr überhaupt nichts ändert. Sein kluger Trick ist unproduktiv; er löst das häusliche Problem nicht. Die Familie wird dadurch keinen Krümel Brot mehr haben. Sein Plan nutzt niemandem, auch ihm selbst nicht.

Hänsel ist keineswegs so klug, wie er zunächst erscheint. Er müßte verhungern, genauso wie seine Schwester und seine Eltern. Sein Tun ist so wertlos wie die Steine, die er einsammelt. Sie glänzen nur wie silberne Batzen, sind es aber nicht. Hänsel verdient keine Belohnung.

Die entscheidende Tat wird später Gretel begehen. Sie wird die böse Hexe in den Backofen stoßen, dadurch ihren Bruder erlösen und die Geschichte zu einem guten und für alle segensreichen Ende bringen. Dafür gibt es dann den verdienten Lohn; keine wertlosen Kiesel, sondern Kästen voll Gold und Edelsteinen.

Hänsel und Gretel spiegeln nicht das übliche männlich-weibliche Rollenbild. Kein Kind wird durch dieses Märchen eine Bestätigung dafür finden, daß Jungen aktiv und klug seien und zur besseren Sorte gehörten, Mädchen dagegen nur Kinder zweiter Wahl seien.

So allerdings werden sie häufig behandelt, und das zeigen nicht nur Märchen. Es gehört zu den protokollarischen Regeln echter, realer und gegenwärtiger europäischer Königshäuser, daß bei der Geburt eines weiblichen Königskindes nur halb so oft Salut geschossen wird, wie wenn ein Prinz geboren wird. Ganz sicher ist es nicht auf die Vorbildwirkung der Monarchen zurückzuführen, daß Bürger ähnliche Vorbehalte haben und viele Väter (und Mütter?) sich mehr über einen »Stammhalter« freuen, als wenn »nur« ein Mädchen geboren wird.

Die Märchen kennen diesen Wertunterschied nicht. In der Grimmschen Sammlung finden sich gleich viele Mädchen wie Jungen als Titelhelden, und Bösewichter wie Helden sind mal männlichen, mal weiblichen Geschlechts.

Am anderen Morgen werden Hänsel und Gretel rauh geweckt. »Steht auf, ihr Faulenzer«, sagt »die Frau«, gibt ihnen das versprochene Brot und meint: »Weiter kriegt ihr nichts.« So jedenfalls steht es bei den Brüdern Grimm. In der Urfassung klingt es um einiges anders: »Die Mutter [...] weckte sie alle beide: ›Steht auf, ihr Kinder, wir wollen in den Wald gehen, da habt ihr jedes ein Stücklein Brod, aber haltets zu Rathe und hebts euch für den Mittag auf.‹«

Man kann die Grimms verstehen: Nachdem sie am Anfang aus der Mutter eine böse Stiefmutter gemacht hatten, konnten sie jetzt nicht zulassen, daß sie die Kinder freundlich weckt. »Die Frau« mußte böse bleiben. Die Grimms waren in Zugzwang.

Die Familie zieht also los, Hänsel als letzter. Er bleibt immer wieder zurück, bleibt stehen, sieht zum Haus und tut das »wieder und immer wieder«, heißt es. Das fällt auf, und der Vater fragt ihn schließlich: »Hänsel, was guckst du zurück? Hab acht und marschier zu!« Der Junge wird also bei seiner geheimen Tätigkeit erwischt, und jeder, der die Geschichte noch nicht kennt, wird sich fragen, wie Hänsel wohl mit dieser Situation fertig wird. Er macht das folgendermaßen: »Ach, Vater«, sagt er, »ich sehe nach meinem weißen Kätzchen, das sitzt oben auf dem Dach und will mir ade sagen.« Er lügt also, und das Märchen macht daraus auch kein Hehl. Es wird ausdrücklich gesagt, daß er nicht nach dem Kätzchen sieht, sondern einen Kieselstein auf den Weg wirft. Aber kaum ein Leser oder Zuhörer wird nun etwa folgern: Pfui, der Bengel lügt ja!

Eine solche Reaktion wäre generell ungewöhnlich, denn man

kritisiert den Märchenhelden nicht, mit dem man sich identifiziert. Man geht davon aus, daß er gut ist und nichts Böses tut.

In dieser besonderen Situation wird aber niemand – ganz gleich, ob er sich nun mit Hänsel identifiziert oder nicht – erwarten, daß der Junge die Wahrheit sagt. Es ist absolut einleuchtend, daß er sich das nicht leisten kann. Es ist zwar bedauerlich, wenn Kinder lügen, aber sie tun es gelegentlich, jedes Kind. Die meisten Eltern wissen das. Nur wenige glauben, daß nur die anderen Kinder lügen, jedoch nicht die eigenen.

Dieses Beispiel aber zeigt, daß es Situationen gibt, in denen Kinder mit subjektivem Recht lügen. Sie lügen, weil sie keine andere Wahl haben. Es ist ihnen nicht möglich, die Wahrheit zu sagen, und wir Eltern müßten das genauso respektieren, wie wir hier Hänsel die Lüge nicht nur verzeihen, sondern sie ihm sogar zubilligen. In eine derartige Lage werden wir in Wirklichkeit allerdings nur außerordentlich selten kommen. Denn wenn Kinder in dieser Art lügen, dann lügen sie so, daß wir es nicht merken.

Hänsel zeigt, wie es gemacht wird. Zunächst einmal erschrickt er überhaupt nicht, er stockt nicht, wird nicht unsicher und zeigt keine Spur eines schlechten Gewissens. Er hat auch keins. Warum sollte er? Er bleibt ganz gelassen. »Ach, Vater«, beginnt er, und jeder kann sich den treuherzigen Augenaufschlag vorstellen, mit dem Hänsel zu seinem Vater aufsieht.

Hänsel ist als Märchenheld nicht die große Ausnahme, sondern das typische Beispiel. Genau so können unsere Kinder auch lügen und uns dabei mit großen, ehrlichen Augen gerade ins Gesicht sehen. Wir würden schwören, daß sie die Wahrheit sagen, und uns trotzdem irren.

Weil es aus den erwähnten Gründen wenig Chancen gibt, Beispiele für derartige Lügen bei unseren Söhnen und Töchtern zu finden, sollte man sich, ohne rot zu werden, eigener Lügen erinnern. Eine solche Selbsterforschung vermag recht interessante Einblicke in diese kindlichen Fähigkeiten zu geben.

Auch inhaltlich ist Hänsels falsche Aussage interessant. Er erzählt eine rührselige Geschichte, und das ist kein Zufall, sondern ausgezeichnete Taktik und kluge Berechnung. Wenn ihm nämlich der Vater diese Version glaubt, dann muß er annehmen, daß sein Sohn naiv und arglos ist, und wird ihm niemals zutrauen, was er im Augenblick tatsächlich tut. Er wird absolut nicht vermuten, daß Hänsel nach einem klaren Plan handelt, um die Absichten der Eltern zu durchkreuzen.

Er tut es; sein Plan gelingt, und genauso gelingen viele Pläne unserer Kinder. Weit häufiger, als wir annehmen, werden wir von ihnen auf geschickteste Weise hintergangen, hereingelegt, manipuliert.

Ihr »taktisches Verhalten« entspricht selbstverständlich nicht bewußter intellektueller Überlegung und Planung. Sie handeln instinktiv, ohne Nachdenken, ohne viel Wenn und Aber, dafür jedoch schnell. Sie erfassen intuitiv eine Situation oder den Menschen, mit dem sie es zu tun haben, besonders seine Schwächen. Sie reagieren schnell und verblüffend sicher. Sie besitzen Fähigkeiten, die wir längst verloren haben, und wenden sie täglich an. Für gewöhnlich merken wir es nicht.

Aber die meisten von uns werden sich erinnern, wie schnell wir die Schwächen unserer Lehrer erkannten und wußten, wie wir mit ihnen umgehen mußten, was wir uns erlauben durften und wie weit wir gehen konnten. Das können Kinder nicht nur in der Schule. Mit uns Eltern machen sie es genauso, häufig noch besser, denn uns kennen sie genau. Sehr früh schon beherrschen sie die meist erfolgreiche Methode, sich klein, arglos und unschuldig zu geben. Das kommt bei uns an, denn wir schätzen dieses Bild vom Kind; es entspricht häufig unserem Wunschdenken. Solche Wünsche führen natürlich zu einer Fehleinschätzung der Realität, insbesondere zu einer oft erheblich falschen Beurteilung des tatsächlichen Wissens- und Entwicklungsstandes unserer Söhne und Töchter. In ihrer Mehrzahl glauben sie weit eher nicht mehr an den Weihnachtsmann und an den Klapperstorch, als ihre Eltern es annehmen. Und es gibt noch eine Menge weiterer Dinge, die wir unseren Kindern auch nicht zutrauen.

Hänsels Vater glaubt seinem Sohn. Die Mutter ist realistischer, aber auch sie fällt auf seine Geschichte herein. Allerdings korrigiert sie ihn. »Narr«, sagt sie, »das ist dein Kätzchen nicht, das ist die Morgensonne, die auf den Schornstein scheint.«

Narr nennt sie ihn; sie hält ihn für naiv und dumm und ahnt genausowenig wie der Vater seine tatsächlichen Absichten. Hänsel und Gretel kennen sich da weit besser aus. Sie wissen, was die Eltern vorhaben.

Es ist hier im Märchen wie auch so oft in der Wirklichkeit: Die

Kinder sind erheblich besser über die Pläne, Absichten und Meinungen der Eltern orientiert als umgekehrt. Das ist auch ganz natürlich, denn sie beobachten uns scharf. Auf diese Weise lernen sie. Täglich sehen sie uns etwas ab, übernehmen, was sie an uns beobachten, und fügen es irgendwann in ihr eigenes Verhaltensrepertoire ein. Weit mehr als irgendeine Belehrung prägt unser Verhalten ihr Verhalten. Daher ist es durchaus denkbar, daß Hänsel und Gretel später mit ihren eigenen Kindern ähnlich verfahren, wie sie es im Augenblick von ihren Eltern selber erleben.

Ein solcher Gedanke wäre für die beiden jetzt undenkbar. Sie hassen nichts so sehr wie das, was die Eltern mit ihnen vorhaben, und versuchen mit allen Tricks, dem zu entgehen. Sie wehren sich, und sie wollen nicht. Sie kennen nur ein Ziel: zurück. Sie gucken nicht links und nicht rechts. Der große Wald, die Natur sind ihnen kein Anreiz. Sie sehen nicht einmal hin. Sie sind nicht neugierig und nicht unternehmungslustig. Das einzige, was Hänsel tut, ist stehenzubleiben und zurückzusehen. Stillstand, Rückblick, Rückschritt zeichnen ihn aus. Er läßt die Steine fallen, damit er und seine Schwester zurückkommen. Die Kinder wollen nach Hause. Aber was haben sie bisher da getan? Im Bett haben sie gelegen und Hunger gehabt. Sonst nichts. Erst als sie erfuhren, daß sie ihre warme Lagerstatt verlieren könnten, da wurde jedenfalls Hänsel lebendig. Das hat ihn auf die Beine gebracht.

Aber seine Aktivität war kein Fortschritt, diente keiner positiven Entwicklung. Er wollte nichts Neues erleben, ihm stand der Sinn nicht nach Unternehmungen und Abenteuern. Ganz im Gegenteil: Er tat und tut alles, um den Status quo zu erhalten. Nur dazu raffte er sich auf, darum sammelte er die Steine. Mit Recht greift die Mutter ein und will die Kinder in den Wald bringen. Dort müßten sie endlich die notwendigen altersgemäßen Erlebnisse haben. Auch der Vater treibt jetzt den ewig zurückbleibenden Hänsel an. »Hab acht und vergiß deine Beine nicht«, sagt er.

Als sie mitten im Wald sind, ist es mit der spontanen Aktivität der Kinder vorbei. Auf Anordnung des Vaters sammeln sie noch Reisig; danach verfallen sie in Lethargie. Sie spielen nicht einmal.

Der Vater zündet für sie das Feuer an, und auch das reizt sie nicht. Dabei fasziniert Feuer fast alle Kinder. Nicht von ungefähr übt es seinen großen Reiz aus, denn das Feuer ist wie kaum irgend etwas anderes ein Meilenstein in der Menschheitsentwicklung. Mit der Nutzbarmachung des Feuers begann die menschliche Kultur. In der Mythologie spielt es eine überragende Rolle: Prometheus stahl es einst den Göttern.

Hänsel und Gretel läßt dieses magische Medium kalt; es kümmert sie nicht. Das Knistern des brennenden Reisigs und die flakkernden Flammen bedeuten ihnen nichts. Nur die Wärme empfinden sie. Sie ist Ersatz für das verlorene Bett und macht sie müde. Also »schlummerten sie ein wenig«, heißt es bei Bechstein. Zur Mittagszeit ist das Feuer aus. Sie essen ihr Brot. Danach fallen ihnen abermals vor Müdigkeit die Augen zu. Sie schlafen fest ein, verschlafen den ganzen Nachmittag und den Abend und wachen erst mitten in der Nacht auf. Gretel weint.

Diese beiden Kinder verhalten sich nicht altersgemäß. Den ganzen Tag schlafen, nachts aufwachen und weinen, das ist der Rhythmus von Säuglingen. Schlafen, Essen und Wärme sind die einzigen Interessen, die sie haben, und etwas anderes wollen sie nicht. Hänsel und Gretel möchten klein bleiben. Genau hier liegen ihre vitalen Interessen, lagen sie von Anfang an.

Ihr Wunsch ist weniger abwegig, als er auf den ersten Blick erscheinen mag, denn ein solcher Lebensstil hat seine Annehmlichkeiten: Man wird umsorgt, gepflegt, gefüttert und gewärmt, darf viel schlafen und muß überhaupt nichts tun. An dieser Daseinsform halten die beiden sich fest. Diesen Zustand wollen sie nicht kampflos aufgeben; sie möchten sich kein zweites Mal »abnabeln« lassen. Sie haben da ihre einschlägigen Erfahrungen, und die sind absolut negativ. Aus ihrer Sicht heißt heranwachsen nichts anderes als ein Privileg nach dem anderen aufgeben.

Sie haben recht. Es gibt nichts Schwereres, als erwachsen zu werden, und das gilt vom ersten, schrecklichen Tag unseres Lebens an. Da werden wir aus der weichen, wohltemperierten Geborgenheit im Mutterleib unter schlimmsten Wehen »hinausgeboren« in eine Welt voller Kälte, Unbehagen und Mißhelligkeiten. Wir haben allen Grund, laut zu schreien.

Zum Trost ist wenigstens die Mutter da, die Nahrung, Liebe und Zärtlichkeit spendet. Aber es dauert nicht lange, dann erfährt man sein Alleinsein, das schreckliche Gefühl der Verlassenheit. Man schreit, und dennoch kommt keiner. Wir machen die schlimme Erfahrung, daß die Mutter kein Teil unserer Persönlichkeit ist. Wir müssen uns damit abfinden.

Schließlich ist es auch mit dem Füttern vorbei; man muß selber essen, und dann jagt ein Verzicht den anderen. Immer Neues wird von dem kleinen Menschen erwartet, und die Eltern werden böse, wenn er nicht tut, was sie alles verlangen.

Wir Eltern bemerken meist nur die Fortschritte, die unsere Kinder machen, und freuen uns mit Recht darüber. Ebenso häufig aber sind die entgegengesetzten Tendenzen. Immer wieder wehren sich Kinder; sie wollen nicht groß werden, stoßen den Löffel weg, weil die Flasche bequemer ist, machen wieder in die Hose, wollen nicht allein schlafen und was derartiger Erscheinungen mehr sind. Wir kennen sie alle. Kinder sind konservativ, und dazu haben sie eine Menge guter Gründe.

Hänsel und Gretel symbolisieren diesen kindlichen Hang. Sie pfeifen auf den Wald, auf die weite Welt – in die andere Märchenhelden so gern hinausziehen – und auf altersgemäße Abenteuer. Sie wollen zurück an Mutters Rockschöße, und dafür ist ihnen keine Mühe zu groß. Sie gehen die ganze Nacht hindurch; die Kiesel zeigen ihnen den Weg. Beim anbrechenden Tag kommen sie wieder zu Hause an.

Der Vater freut sich von Herzen. Die Reaktion der Mutter ist unterschiedlich in den verschiedenen Fassungen des Märchens. Bei Bechstein heißt es, daß sie nicht wußte, ob sie schelten oder sich freuen sollte. Also auch sie freut sich, obwohl sie die Kinder viel lieber im Wald sähe.

Es gibt durchaus einen Punkt, an dem sich die Interessen der Eltern und die der Kinder decken: Wir lieben unsere Kinder, wie sie uns lieben. Auch wir genießen die enge Bindung zu ihnen und sind glücklich, daß sie uns ganz gehören und uns brauchen. Wenn wir sie zur Selbständigkeit erziehen, entspricht das weit mehr unserem elterlichen Pflichtgefühl als unserer tatsächlichen Neigung. Auch wir haben ein privates, egoistisches Interesse daran, sie klein und abhängig zu halten, denn wir wissen, daß sie sich mit jedem Entwicklungsschritt ein Stück von uns entfernen, um uns schließlich einmal ganz zu verlassen.

So gibt es Kinderegoismus und Elternegoismus. Und es gibt den freiwilligen Verzicht aus Liebe. Den leisten Mütter, die ihre Kinder nicht unnötig an sich binden, die alles dafür tun, daß diese frei und selbständig werden, die für die Bedürfnisse der Kinder eigene zurückstellen.

Zu diesem Muttertyp gehört die Holzhackersfrau. Sie erkennt, daß ihre Kinder flügge geworden sind und es zu ihrer Pflicht gehört, sie aus dem Nest zu werfen. Die beiden sind nicht mehr so klein, daß sie ohne Eigenleistung durchgefüttert werden müßten. Sie sind keine Säuglinge mehr und müssen endlich hinaus aus dem warmen Bett. Sie sind ihm entwachsen und reif genug, auch einmal im Wald zu kampieren und allein zurechtzukommen.

Kinder, denen man solche Gelegenheiten nicht gibt, keine Eigenleistungen zumutet, die man verwöhnend klein hält, werden schnell zu einer solchen Plage, daß man ihre falsche Erziehung nur zu bald bereut. Sie werden derartig penetrante Egoisten, und ihre Ansprüchlichkeit ist so grenzenlos, daß den Eltern tatsächlich nichts mehr für sich selbst bleibt.

Darum verwundert es nicht, daß nach der Rückkehr der Kinder bald alles wieder aufgezehrt ist. Die Mutter will Hänsel und Gretel ein zweites Mal in den Wald führen, tiefer dieses Mal, und die Tür schließt sie auch ab, damit Hänsel keine Kiesel einsammeln kann.

Dem Mann, so heißt es, fällt es schwer aufs Herz, und er denkt, daß es besser wäre, die Mutter würde den letzten Bissen mit ihren Kindern teilen.

Er denkt, was viele denken. Die Vorstellung der zum Opfer verpflichteten Mutter steckt in vielen Hirnen. Sie ist fast ein Urbild in unserer Gesellschaft, gibt dem Wort Mutter eine Art Heiligenschein und belastet es dadurch mit viel zuviel Gewicht. Dieses wird der jungen Frau um den Hals gehängt, wenn sie ihr erstes Kind geboren hat. Sie ist dann Mutter, etwas anderes also, etwas Neues. Oft hört sie dann auf, Frau zu sein. Sie erstickt an ihrer Mütterlichkeit, sieht nur noch ihre Kinder und vergißt den Mann.

Die Mutter in diesem Märchen hat einen solchen Heiligenschein nicht. Sie will sich nicht opfern, sie entspricht dem Urbild nicht. Darum war sie für die Brüder Grimm keine Mutter, sondern »nur« eine Frau. Dazu jedenfalls machten sie sie. Das Opfer, das der Mann von ihr erwartet, bringt sie nicht. Sie weiß, daß es falsch und sinnlos wäre; sie hört nicht auf ihn, macht ihm sogar Vorwürfe und meint, daß, wer A sagt, auch B sagen muß. Das sieht er ein. Er hatte einmal zugestimmt; die Situation hat sich nicht geändert – also kann er jetzt nicht nein sagen. Die Geschichte geht weiter, der Stillstand wird überwunden.

Wieder hören die Kinder zu. Hänsel versucht seinen alten Trick;

aber der funktioniert nicht mehr. Die Tür ist verschlossen. Trotzdem tröstet er seine Schwester und meint, der liebe Gott werde schon helfen.

Am anderen Morgen improvisiert er und streut Brot auf den Weg.

Diese Maßnahme unterscheidet sich erheblich von der ersten. Die Kiesel erschienen und erwiesen sich für den geplanten Zweck als ein geeignetes Mittel. Brotkrumen sind aber so ziemlich das letzte, was man dafür benutzen würde. So viele andere Möglichkeiten wären denkbar, aber Hänsel nimmt ausgerechnet Brot. Er müßte wissen, daß es die Vögel fressen; trotzdem benutzt er es.

Er ist nicht mehr der aktive und intelligente Junge wie beim erstenmal. Dieses Mal denkt er nicht nach, und ihm fällt nichts ein. Er verläßt sich nicht auf sich selbst, sondern hofft auf Gott. Er hat nachgelassen, ist schlechter geworden und wird diesmal auch keinen Erfolg haben. Das Abenteuer der Rückkehr hat seine Kräfte nicht geschult, ihn nicht weitergebracht. Im Gegenteil. Aber warum ausgerechnet Brot? Brot ist das zentrale Problem der Familie. Es ist das Wertvollste, was sie besitzt, denn sie leidet Hunger. Wieder ist fast alles aufgezehrt. Es geht buchstäblich um den letzten Bissen. Vor Hunger können die Kinder nicht einschlafen. Was aber macht Hänsel mit der kostbaren Gabe? Er wirft sie nutzlos auf die Erde. Dieser Junge kann nicht wirklich hungrig sein.

Brot, so hatten wir gemeint, sei Liebe. Kinder brauchen Liebe so nötig wie das tägliche Brot. Das ist keine Phrase und nicht nur eine Alltagsweisheit. Es ist erwiesene Tatsache. Ohne Liebe sterben Kinder, buchstäblich. Nicht einmal kleine Affen überleben, wenn ihnen keine Mutter Liebe gibt.

Vom letzten halben Laib Brot, den die Familie noch besitzt, gibt die Mutter Hänsel ein Stück. Er weiß es nicht zu schätzen. Er vergeudet dieses wertvolle Gut, will es nicht haben.

Gedankenlos wirft er es fort, denn gedacht haben kann er sich dabei wirklich nichts.

Für Hänsel ist Liebe nicht lebensnotwendig, er leidet daran keinen Mangel. Sein Soll im Nehmen ist mehr als erfüllt. Er ist so satt, daß er das kostbare Brot zerbröckelt und von sich wirft.

Hänsel weist Liebe zurück. Wer Kinder kennt, dem ist der Vorgang vertraut. Dieses Verhalten gehört zu den wirksamsten Mitteln, die Kinder gegenüber Erwachsenen anwenden. Es gibt hier eine ganze Skala von Möglichkeiten. Jeder kennt das vertrotzte Kind, das bockig-böse die Hand zurückweist, die sich ihm liebevoll zur Versöhnung entgegenstreckt. Oder das bestrafte Kind, das einem leid tut, mit dem man sich wieder vertragen will, das aber »Nein« sagt und heimlich triumphiert. Oder das Kind, das nach einer Auseinandersetzung, die wir längst für erledigt gehalten haben, abends im Bett die Feindseligkeiten wiederaufnimmt, sich mit verschlossener Miene abwendet und den Gutenachtkuß verweigert.

Je nach Temperament und der jeweiligen Situation weisen Kinder Zärtlichkeiten zurück, freuen sich ostentativ nicht, wenn wir ihnen eine Freude machen wollen, oder werten lieblos ab, was wir ihnen als Geschenk mitgebracht haben. Zu den feineren Methoden gehört es, ein freundlich gemeintes Lob zurückzuweisen oder brüsk abzulehnen, wenn wir ihnen zustimmen.

Wir Erwachsene versuchen gelegentlich, durch die Dosierung von Liebe und Zuneigung zu erziehen. Oft merken wir nicht, daß unsere Kinder diese Taktik genauso gut, meist aber weit besser beherrschen. Seien wir ehrlich: Gibt es uns nicht einen unangenehmen Stich, wenn sie ablehnen, was wir ihnen freundlich und lieb gemeint zugedacht haben? Und stehen wir dann nicht jedesmal ziemlich dumm da?

Kinder spüren diese Reaktionen und nutzen sie beim nächstenmal noch besser aus. Manche Eltern geraten auf diese Weise in totale Abhängigkeit von ihren Kindern, und die Not dieser Mütter und Väter ist in der Tat groß.

Bei Hänsel geht es nicht um eine Alltagssituation, in der er Liebe zurückweist. Sein Problem ist grundsätzlicher Art. Er hat genug Zuwendung bekommen; jetzt müßte er umsetzen, was die Eltern investierten. Kraft, Stärke, Selbständigkeit, Fleiß und Initiative sollte er nun entwickeln, und dazu muß er sich endlich aus der kleinkindlichen, passiven Haltung lösen. Und er muß lernen, sich mit weniger Zuwendung zu begnügen. Aber genau das will er nicht.

Was die Mutter ihm zuteilt, ist die angemessene Marschverpflegung für einen neuen Lebensabschnitt. Aber diese Ration will Hänsel nicht. Er will nicht hinaus, will nicht marschieren und nicht in den Wald. Er will zurück ins Haus. Er verzichtet auf den Spatz in der Hand, weil er die Taube auf dem Dach will. Tatsächlich will er noch viel mehr. Jedenfalls weist er die mütterliche Entwicklungshilfe ab. Was macht er damit? Er zerbröckelt das Brot in der Tasche, dann läßt er es fallen. Das ist sowohl in bezug auf Brot als auch in bezug auf Liebe ein falscher Gebrauch.

Gretel ist ihm da voraus. Sie hat ihr Brot nicht »mißbraucht«. Sie teilt ihr Stück mit dem Bruder, und sie essen es. Das ist in jeder Hinsicht der richtige Umgang. Brot ist zum Essen, und die Liebe ist etwas, was man mit jemandem teilt. Hänsel tut das nicht. Er bleibt allein zurück und bröckelt in der Tasche. Das ist ein ganz und gar ichbezogener Vorgang, und diese Selbstbeschäftigung ist in dieser Situation nicht verwunderlich. Die Mutter will ihn nicht mehr, und die für ihn geplanten Abenteuer im Wald reizen ihn nicht. Also stagniert Hänsel und beschäftigt sich, quasi zum Trost, mit sich selbst.

Jeder wird jetzt auf das schlimme Wort Onanie warten. Ich habe es bisher bewußt vermieden, denn Hänsel ist noch klein. Was er tut, ist qualitativ außerordentlich verschieden von der Onanie älterer, pubertierender Kinder. Bei ihnen spielen körperliche Vorgänge eine Rolle, wird physischer Drang abreagiert; sexuelle Vorstellungen und Phantasien sind hier entscheidende Motivationen. Das alles entfällt bei kleinen Kindern. Sie tun zwar das gleiche, aber es ist etwas völlig anderes. Eigentlich ist es unsinnig, dafür dasselbe Wort zu benutzen.

Die Eltern merken nicht, was Hänsel da tut, und das ist die einfachste Lösung. Meist werden auch wir nicht entdecken, daß unsere Kinder onanieren, und so, wie die Dinge auf diesem Gebiet liegen, hat das seine Vorteile. Auf jeden Fall bleibt es uns dann erspart, über eine so frühe »Sexualbetätigung« zu erschrecken oder entsetzt zu sein und vielleicht zu unsinnigen oder gar schädlichen »pädagogischen Maßnahmen« zu greifen.

Es ist wirklich ein vertracktes Feld, und das ist es nicht zuletzt deshalb, weil hier der berühmte Professor Sigmund Freud seine in diesem Fall unseligen Spuren hinterlassen hat. Er mutmaßte, durchaus zu Recht, daß Kinder schon sehr früh fähig seien, Lustgefühle zu empfinden, zuerst beim Saugen an der Mutterbrust. Er fand bei ihnen orale, anale und genitale Befriedigungsformen und bezeichnete diese als »Sexualität des Kindes«. Das hätte er lieber nicht tun sollen.

Selbstredend ist nichts gegen seine Erkenntnisse zu sagen; sie sind richtig und wurden von späteren Forschern bestätigt. Aber die Bezeichnung ist meines Erachtens unzutreffend. Sehr zum Unglück für Eltern und Kinder hat sie zu schwerwiegenden Mißverständnissen geführt. Der Grund dafür ist klar: Sexualität ist für uns etwas ganz Eindeutiges. Sie beschreibt einen wesentlichen Aspekt unseres Erwachsenendaseins. Es ist ein Wort für körperliche Liebe und deren Erfüllung, für Leidenschaft und Begehren, für die Getriebenheit, die uns zum anderen Geschlecht zieht.

Was wir als Sexualität bezeichnen und erleben, hat aber mit dem, was kleine Kinder tun und empfinden, so gut wie überhaupt nichts gemein. Es ist etwas völlig anderes, hat eine absolut andere Qualität. Es ist eines der entscheidenden Merkmale von Kindern, daß sie unsere Sexualität nicht haben, nicht kennen, nicht empfinden und folglich nicht verstehen können.

Diese Verschiedenheit zeigt das Märchen sehr deutlich an der unterschiedlichen Einstellung zum Brot. Für die Eltern ist es von zentraler Bedeutung. Sie – und zwar nur sie – leiden unter dem Mangel und hungern. Sie kennen und schätzen den Wert des Brotes. Die Kinder nicht.

Ich will damit durchaus nicht sagen, daß Kinder in der Liebe Neutren seien. Ganz im Gegenteil. Sie haben auf diesem Gebiet ihre eigene Welt mit einer ähnlichen, wenn auch ganz anderen Vielfalt von Gefühlen, Sehnsüchten und Wünschen. Für gewöhnlich wissen wir wenig davon.

Aber wenn sie gelegentlich einmal an ihren Geschlechtsteilen spielen, dann hat das damit meist gar nichts zu tun und mit Sexualität etwa so viel wie das Daumenlutschen.

Was bei ihnen Sexualität – wenn man deren wissenschaftliche Definition falsch versteht – sein soll, ist weiter nichts als die banale Entdeckung kleiner Kinder, daß einige Stellen ihres Körpers schöne Gefühle auslösen, wenn man sie entsprechend anfaßt. Meist entdecken sie dieses zufällig, wenn sie dabei sind, ihren Körper zu erforschen. In der Regel läßt ihr Interesse dafür bald wieder nach. Aber in kritischen Situationen kommen Kinder gelegentlich auf diese Praktiken zurück. Wie Hänsel.

Er braucht diesen Trost, weil er sich von den Eltern zurückgezogen hat. Er weist ihre Liebe aber nicht ostentativ und trotzig ab; durch so ein Verhalten würde er die Mutter ärgern und provozieren, was nicht in seiner Absicht liegt. Bei ihm geht der Vorgang tiefer. Er nimmt das Stück Brot an. Die Mutter käme niemals auf den Gedanken, daß er es nicht essen würde. Er täuscht sie und verheimlicht seine Gefühle. Er bricht die Verbindung nicht für den Augenblick und aus einer momentanen Laune ab, sondern grundsätzlich. Er hält seine Mutter für böse und schlecht. Sie hat ihn enttäuscht, gibt ihm nicht, was er sich wünscht und vorstellt, will ihn sogar lossein und speist ihn mit einem kleinen Stück Brot ab. Das will er nicht. Er handelt nach dem Motto: Wenn ich nicht alles bekommen kann, dann will ich überhaupt nichts haben.

Da keine andere Bezugsperson da ist, der er sich zuwenden könnte, nimmt er mit sich selbst vorlieb. Er kann sich dadurch nur sehr kurzfristig trösten und aus der Realität flüchten. Sie holt ihn schnell ein. Als der Mond endlich aufgeht, nimmt er Gretel an die Hand, um wie das erstemal heimzukehren. Aber die Brotkrumen sind fort, aufgepickt von den »viel tausend Vöglein« des Waldes.

Wer jetzt glaubt, Hänsel und Gretel bekämen einen furchtbaren Schreck und seien verzweifelt, der irrt. Kinder reagieren häufig nicht so, wie wir es erwarten und annehmen. Oft sind sie zäher und robuster, als wir denken, besonders dann, wenn es um ihre vitalen (meist egoistischen) Interessen geht. Dann geben sie nicht so schnell auf und lassen sich nicht so leicht erschrecken.

Also sind Hänsel und Gretel durchaus nicht entsetzt; sie jammern und weinen nicht, lassen sich nicht entmutigen und nicht beeindrucken.

Das aber liegt nun nicht etwa daran, daß sie besonders mutige und kluge Kinder wären. Das bilden sie sich nur ein. Tatsächlich überschätzen sie sich, halten sich für den Mittelpunkt der Welt – weil sie zu lange Mittelpunkt der Familie waren –, trauen sich alles zu, glauben, alles zu wissen und zu können. »Ich finde doch den Weg nach Hause«, erklärt Hänsel und zieht Gretel mit sich.

Er findet den Weg nicht.

Sie gehen die Nacht und noch den ganzen Tag, vom Morgen bis zum Abend. Danach schlafen sie vor Müdigkeit ein. Verdient, dieses Mal, möchte ich ihnen zugestehen. Sie sind verständlicherweise auch hungrig und ernähren sich von »nichts als ein paar Beeren« am Wegesrand. Sie sind mehr und Besseres gewohnt; aber verhungern tun sie noch lange nicht. Wenn es bei den Brüdern Grimm heißt, falls nicht bald Hilfe komme, müßten sie »verschmachten«, so halte ist das für übertrieben. Es ist, scheint mir, der Eindruck, den allein die Kinder von der Situation haben. Sie schätzen sich nicht nur zu hoch ein, sie stellen auch entsprechend große Ansprüche. Diese Haltung ist nicht unbekannt. Es gibt genügend Kinder, die uns glauben machen wollen, sie würden schweren Schaden nehmen, wenn man ihre Wünsche nicht erfülle. Sie beweisen uns das mit allen mimischen, verbalen und theatralischen Mitteln. Sie argumentieren, klagen, weinen und zeigen sich todunglücklich. Man muß zugeben, daß diese Szenen oft überzeugend wirken. Dennoch »verschmachten« sie nicht, wenn wir ihnen nicht nachgeben. Genausowenig verschmachten Hänsel und Gretel.

Aber diese oft recht aufreizend wirkenden »Gernegroße« haben auch ihre Stärken. Das ist kein Wunder, denn Liebe und Fürsorge, die ein Kind erfährt, geben Kraft und Stärke und jenes Urvertrauen, das für das weitere Leben so wichtig ist. Wenn aber das »Geben« übertrieben wird, sind die Eltern in Gefahr, von den Kindern ausgebeutet zu werden, weil die ihre »Kraft und Stärke« dazu benutzen, die elterlichen Quellen am Fließen zu halten und das denkbar Mögliche aus ihnen herauszuholen. Das ist die Ausgangssituation des Märchens.

Hänsel und Gretel, bis zur Auszehrung der Eltern mit allem bestens versorgt, sind körperlich und seelisch fit und voll in Form. Sie können ausdauernd marschieren und werden mit der Tatsache, daß sie aus dem Wald nicht herauskommen, ohne Schwierigkeiten fertig. Dennoch hat sich an ihrem Rhythmus nicht sehr viel geändert. Ihr Dasein spielt sich immer noch zwischen Essen und Schlafen ab; nur das lange Gehen ist hinzugekommen. Sie nehmen aber immer noch nicht ihre Umgebung wahr. Sie suchen keine Beeren, essen nur die, die gerade an ihrem Weg wachsen, und schlafen unter dem nächstbesten Baum. Sie nehmen nur, was der Wald ihnen ohne eigene Anstrengung bietet.

Die Grundbedürfnisse erfüllt der Wald. Aber die Kinder machen nichts daraus. Sie verweigern immer noch die Entwicklung, bleiben Kleinkinder und beharren auf dem Anspruch, daß andere für sie handeln und für sie sorgen müßten. Sie haben immer noch nicht begriffen, daß sie endlich selbst etwas tun müssen. Sie kommen nicht entfernt auf die Idee, sich zum Beispiel einen Unterstand zu bauen oder systematisch nach Nahrung zu suchen. Sie klettern auch nicht auf einen hohen Baum, um die Gegend zu erkunden. Sie gehen zwar ausdauernd, aber ohne Ziel und Plan. Sie machen keinen sinnvollen Versuch, aus dem Wald herauszufinden. Sie sind und bleiben »Verbraucher«, nur auf Konsum eingestellt und darauf, daß die Eltern produzieren, für sie produzieren, versteht sich.

»Robinsonade« wäre für die beiden ein angemessenes Abenteuer, und der Wald böte dafür die richtigen Voraussetzungen. Doch sie nehmen das Angebot nicht an. Der Schock der Aussetzung hat ihre Entwicklung nicht in Gang gebracht. Am dritten Tag singt ein Vogel auf einem Ast. Das ist nun nichts Besonderes, denn wir erfuhren, daß es Tausende von Vögeln im Wald gibt, und die werden nicht still gewesen sein. Aber dieses Mal bleiben die Kinder stehen. Und es passiert noch etwas Erstaunliches: Sie hören ihm zu. Das ist bei diesen beiden Egozentrikern in der Tat eine bemerkenswerte Leistung. Zum erstenmal durchbrechen sie ihre Ichbezogenheit, wenden sich etwas anderem zu, und prompt geschieht auch etwas: Der Vogel, »ein schönes, schneeweißes Vöglein«, fliegt vor ihnen her, und sie folgen ihm.

So recht real will mir dieses Tier allerdings nicht vorkommen. Es gleicht so gar nicht einem wirklichen Waldvogel. Es ähnelt keiner Meise und keinem Specht, und die Tauben im Wald sind nicht weiß. Auf Realitäten darf man jetzt wohl kaum gefaßt sein.

Der Vogel fliegt zu einem Haus, und als die Kinder ganz nahe herankommen, sehen sie, daß das »Häuslein« aus Brot gebaut, das Dach mit Kuchen gedeckt ist und die Fenster »von hellem Zucker« sind. Da ist es also, das weltbekannte Pfefferkuchen-Hexenhaus, in natürlicher Größe, bewohnbar, so groß, wie es nicht einmal die moderne Zuckerbäckerindustrie nachgebaut hat. Dieses Haus hat die Herzen aller Kinder erobert. Ein wahres Traumhaus.

In der Tat, so ein Ding kann man nur erträumen. Hänsel und Gretel erträumen es. Wieder weigern sie sich, die Wirklichkeit zur Kenntnis zu nehmen. Sie flüchten in diesen gradiosen Traum.

Bescheidenheit ist nicht die Stärke verwöhnter Kinder. Aber wie unbescheiden sie tatsächlich sein können, das zeigt dieses Bild.

Wem als Erziehungsmaxime gilt, kindliche Wünsche erfüllen zu müssen, der weiß nun, was ihn erwartet. Wenn man die Ansprüche der Kinder nicht bremst und lenkt, dann sieht so ihr Urtraum aus: Nicht zentnerweise wollen sie Süßigkeiten, nein, es muß ein ganzes Haus sein. Wer so konsequent wäre, auch diesen Wunsch zu erfüllen, darf ganz sicher sein, daß sie mehr verlangen würden, kaum daß das Haus fertig wäre. Kinder sind grenzenlos in ihren Ansprüchen. Und maßlos erfüllte Wünsche machen sie nicht glücklich. Ganz im Gegenteil.

Hänsel und Gretel überlegen nicht lange. »Da wollen wir uns dran machen und eine gesegnete Mahlzeit halten«, sagt er und beschließt, sich dem süßen Dach zu widmen. Zu seiner Schwester meint er: »Iß du vom Fenster, Gretel, das ist fein süß für dich.«

Wirklich, der Junge läßt sich nicht entmutigen. Seine Mißerfolge der letzten Tage lassen durchaus keine Zweifel in ihm aufkommen. Er hält sich weiter für den Überlegenen, der das Sagen hat, und weist seiner Schwester generös zu, was sie essen soll. Er ist so eingebildet, daß er glaubt, besser zu wissen, was für sie gut sei, als Gretel selbst.

Auch das ist ein bekannter Zug an Kindern. Sie verlieren leicht das Gefühl für ihre tatsächlichen Dimensionen, kommandieren ihre Geschwister herum und halten sich, wenn man sie läßt, bald für gescheiter als Vater und Mutter.

Manche versuchen auch, so mit ihren Eltern umzugehen, häufig dann, wenn ein Elternteil allein ist. Jungen, die mit ihrer Mutter leben, maßen sich besonders gern die Rolle des Vaters an. Sie sind dann ähnlich »fürsorglich«, wie es Hänsel gegenüber seiner Schwester ist, fühlen sich für ihre »Mami« verantwortlich, sagen ihr, was sie tun müsse, trösten sie, wenn sie Sorgen hat, glauben zu wissen, was gut für sie sei. Sie spielen, oft geradezu humorlos, den »Herrn im Hause«.

Unsere beiden Helden frönen ihrer Eßlust. Hänsel bricht sich ein wenig vom Dach ab, Gretel knuspert an den Scheiben. Plötzlich tönen von drinnen die berühmt gewordenen Worte:

»Knusper, knusper, kneischen!
Wer knuspert mir am Häuschen?«

Hier muß man bedenken, daß die Kinder seit drei Tagen im Wald sind, verlassen von den Eltern, einsam und ohne Hoffnung, einen Ausweg zu finden. Aber wie reagieren sie auf die erste menschliche Stimme nach so langer Zeit? Sie lassen sich überhaupt nicht stören, sind nicht überrascht oder verwundert und freuen sich auch nicht, daß sie endlich Hilfe in ihrer Not gefunden haben. Offensichtlich zwischen zwei Bissen antworten sie:

»Der Wind, der Wind,
das himmlische Kind«

und essen dann seelenruhig weiter, ohne sich irremachen zu lassen.

So sind sie: Egozentriker, die sich durch nichts und niemanden stören oder beeindrucken lassen. Sie kennen nur ihre egoistischen Bedürfnisse und halten sich daran fest. Und außerdem lügen sie, alle beide dieses Mal, wenn auch, wie man hier zugestehen muß, sehr poetisch. Handeln tun sie nicht so. Hänsel, dem das Dach gut schmeckt, reißt sich ein großes Stück davon herunter, und Gretel stößt Fensterscheiben heraus, was schließlich nichts anderes bedeutet, als daß sie das Haus demolieren und die Scheiben einschlagen.

Sie konsumieren nicht nur hemmungslos und selbstverständlich nur vom Besten – das Brot ignorieren sie –, sondern zerstören, ohne zu zögern, fremdes Eigentum.

Dennoch und trotz dieser deutlichen und auf der Hand liegenden Tatsachen findet man die beiden Märchenhelden lieb und herzig, so reizend etwa, wie Ludwig Richter und viele andere Illustratoren sie gezeichnet und gemalt haben.

Das sind bemerkenswerte Gegensätze. Sie kommen nicht nur im Märchen vor.

Es gibt auch Eltern, die ihre Kinder trotz eindeutig gegenteiliger Tatsachen lieb und herzig finden. Sie haben nichts an ihnen auszusetzen und halten ihre Lieblinge für die besten Kinder der Welt. Die Umgebung ist anderer Meinung und findet sie unausstehlich. Mancher hält sie für kleine Ungeheuer, und einige würden derart rücksichtslose Plagegeister am liebsten ...

Ich überlasse es jedem Leser, was er gern mit ihnen tun möchte. In der Regel tut man es nicht, aber die meisten werden jedenfalls derartige Kinder kennen. Hänsel und Gretel haben im Augenblick etliches mit ihnen gemeinsam. Sie delektieren sich immer noch hemmungslos am Kuchenhaus.

Aber jetzt kommt die Hexe heraus.

Was wird sie tun?

Zunächst muß ich mich berichtigen: Ich habe etwas vorweggenommen, von dem noch gar nicht die Rede ist. In keiner Märchenfassung steht nämlich, daß es eine Hexe ist, die da aus dem Haus kommt. Mir konnte dieser Fehler nur unterlaufen, weil ich weiß, wie die Geschichte weitergeht. Den meisten wird es ähnlich gehen, auch fast allen Kindern, denn die Hexe ist inzwischen weltbekannt und in vielen Märchenbüchern als böses, altes, häßliches Weib abgebildet. Man wird sich auch vorstellen, daß sie eine häßliche Stimme hat und bösartig kichert.

Das Gegenteil ist richtig, denn ausdrücklich heißt es, daß sie ihr berühmtes »Knusper, knusper, kneischen« mit *feiner* Stimme ruft.

Gesagt wird, daß sie alt ist, steinalt sogar, am Stock geht und mit dem Kopf wackelt. Mehr nicht. Bei Bechstein wird sie sogar als »Mütterlein« bezeichnet.

Die Kinder erschrecken zwar fürchterlich, als sie erscheint, und dazu haben sie auch allen Grund, wenn man bedenkt, was sie an dem fremden Haus alles angerichtet haben. Die alte Frau aber jagt ihnen diesen Schreck absolut nicht ein. Sie bedroht sie nicht, schimpft nicht und macht ihnen nicht den geringsten Vorwurf. Im Gegenteil, sie beruhigt die Kinder sogar. »Es geschieht euch kein Leid«, sagt sie. Und was tut sie noch? Sie nennt sie »liebe Kinder«, lädt sie freundlich ein, bei ihr zu bleiben, faßt die beiden an der Hand und führt sie ins Haus.

Und da drinnen geht es erst richtig los! Sie bittet die beiden zu Tisch und trägt auf, was der Kinder Herz begehrt: Pfannkuchen mit Zucker, Milch, Äpfel und Nüsse, Marzipan und köstlichen Kuchen. Bei ihr gibt es keinen Spinat, keine Kartoffeln, weder Steckrüben noch Kohl. Es gibt überhaupt nichts, was Kinder nicht mögen könnten, sondern nur Leckereien und Süßigkeiten.

»Ihr soll't's gut haben«, sagt sie, und nach der köstlichen Mahlzeit richtet sie zwei schöne, weiß gedeckte »Bettlein«.

Es ist nicht die Rede davon, daß die Kinder etwa beim Abwaschen helfen müßten oder zum Waschen und Zähneputzen geschickt würden. Nichts von alledem.

Hänsel und Gretel liegen in ihren feinen Betten und meinen, sie seien im Himmel.

Das alles bietet ihnen die freundliche Alte. Sie zeigt keine Spur von einer bösen Hexe, und man könnte sogar noch als Erwachsener neidisch werden über diesen Himmel auf Erden. Wie wird es erst Kindern ergehen, zumindest den Kindern, die diese Geschichte zum erstenmal hören? Sie erleben hier ein »Mütterlein«, das alles verzeiht, nicht schimpft, was immer man auch tut. Die einen freundlich empfängt, Essen im Überfluß hat und nur vom Besten, die die Kinder verwöhnt, bedient und alle denkbaren Wünsche erfüllt.

Neben dieser Schilderung muß die richtige Mutter – ganz gleich, wie lieb und nett sie auch sein mag – verblassen. Nicht wenige Kinder werden sich viel lieber diese freundliche Alte als Mutter wünschen und gern zu einem Tausch bereit sein.

Aber bevor Kinder mit ihrem eigenen Leben unzufrieden werden könnten, geht das Märchen weiter und erstickt derartige Wünsche im Keim. Drastisch entlarvt es die bis zu dieser Stelle höchst attraktive Alte als böse Hexe und ihr reizvolles Knusperhaus als raffiniertes Lockmittel für eine tödliche Falle. Wer hineingeht, so heißt es, den macht die Hexe tot; sie kocht und ißt ihn.

Das ist deutlich und wird die meisten Kinder wieder auf den Boden der Tatsachen zurückbringen, besonders wenn sie das Märchen zu Ende gehört haben. Danach werden sie mit Sicherheit wieder die eigene Mutter vorziehen, auch wenn sie – wie es nun einmal ist und auch sein muß – Forderungen stellt und so manches verbieten muß. Normalerweise sind Kinder realistisch und einsichtig und begreifen derartige Notwendigkeiten.

Unsere beiden Märchenhelden tun das nicht. Sie wollen keine normale Mutter. Sie stellen weit höhere Ansprüche, und die sind inzwischen auch tatsächlich erfüllt worden. Selig liegen sie in ihren weißen Bettchen und sind glücklich. Aber die Geschichte geht weiter, und man wird sehen, was sie davon haben.

Früh steht die Hexe auf, sieht die beiden Kinder an, die noch »lieblich ruhen« und so schöne »volle, rote Backen« haben. »Das wird ein guter Bissen werden«, murmelt sie, und damit endet der Kinder Schlaraffenland.

Sie packt Hänsel, trägt ihn in einen kleinen Stall und sperrt ihn »mit einer Gittertür ein«. Allerdings kann sie ihn nicht allzu grob angefaßt haben, denn er schläft dabei weiter und wacht erst im Ställchen auf.

Mit Gretel geht sie weit weniger sanft um. Sie rüttelt sie so lange, bis sie wach wird. »Steh auf, Faulenzerin!« ruft sie dann und befiehlt ihr, für Hänsel gutes Essen zu kochen, damit er fett wird. »Wenn er fett ist, will ich ihn essen«, erklärt sie. Gretel weint bitterlich, was ihr aber nichts nutzt. Sie muß tun, was die Hexe verlangt.

Die Situation hat sich höchst unangenehm verändert, und die liebe, gute, freundliche Alte zeigt plötzlich ein ganz anderes Gesicht. Sie hat den armen Hänsel in einen Stall gesperrt, und vielen wird er leid tun. Nicht ganz zu Recht. Denn was dem Jungen hier zustößt, das hat er herausgefordert. Er hat verdient, was ihm passierte, denn genau das hat er gewollt. Hier geschieht nämlich weiter nichts, als daß seine Wünsche konsequent erfüllt werden. Er bekommt, was er haben wollte und wonach er sich gesehnt hat.

Hänsel wollte klein bleiben und weigerte sich, auf all die Annehmlichkeiten dieses Entwicklungsstandes zu verzichten. Das Märchen gewährt ihm dieses Privileg. Er will kein Brot und schon gar nicht nur ein kärgliches Stückchen. Also bekommt er ein ganzes eßbares Haus. Er will selber nichts tun, aber verwöhnt werden. Es geschieht. Er wird bestens gefüttert, bedient und fein ins Bett gebracht. Er genießt es und fühlt sich wie im Himmel.

Aber Wünsche haben Konsequenzen. An diesem Morgen muß Hänsel nicht einmal mehr gehen. Er wird aufgenommen wie ein Baby und getragen. Er kommt in ein Ställchen und sieht nun die Welt durch Gitterstäbe wie ein Kleinkind im Laufställchen. Das ist seine neue Perspektive. Kleine Kinder brauchen keinen Auslauf; ihnen genügen ein paar Meter. Sie sehnen sich noch nicht nach Freiheit, sie sind noch glücklich in der Beschränkung.

Hänsel aber ist nicht mehr klein, und darum erlebt er es anders. Er fühlt sich eingesperrt, seiner Freiheit beraubt und hilflos. Das ist die Kehrseite der Medaille. Er wollte den großen Wald nicht; also beschränkt sich nun sein Dasein auf ein kleines Ställchen. Er wollte nicht aktiv sein und handeln – also *wird* er behandelt.

Seine ihn verwöhnende Wunschmutter hat er auch bekommen und hat genossen, was sie alles Gutes für ihn tat. Jetzt allerdings muß er erkennen, daß die freundliche Alte sich mit einemmal von einer ganz anderen Seite zeigt: Sie will ihn mästen und dann auffressen. Das ist fatal, aber auch nicht unverdient.

Es war Hänsel, der um keinen Preis von der Mutter fortwollte, der alles tat, um bei ihr zu bleiben, und dem es auch einmal gelang, zu ihr zurückzukehren. Die Holzhackersfrau hat sich von Hänsels Abhängigkeit nicht rühren lassen und ihn wieder fortgeschickt. Aber welche Mütter sind schon so konsequent? Sie sind schließlich auch nur Menschen, und liebebedürftige und anhängliche Söhne können eine Menge bei ihnen erreichen. Es gibt nicht wenige sehr zärtliche und charmante kleine Jungen, die es fertigbringen, von ihren Müttern in einer Weise verwöhnt und bedient zu werden, die der Behandlung der Märchenhelden bei der Hexe sehr nahe kommt. Diese kleinen Jungen übersehen nicht, können noch nicht übersehen, was sie damit anrichten. Ihr Verhalten kann außerordentlich schwerwiegende Rückwirkungen auf die Mütter haben. Sie binden sich nun ihrerseits an ihre Kinder, wollen sie behalten, nicht hergeben, möglichst niemals hergeben.

Das Märchen schildert dies sehr drastisch: Die Hexe sperrt den Jungen ein, isoliert ihn – von der Welt – und nimmt ihm die Bewegungsfreiheit. Als Ausgleich kocht sie für ihn »das beste Essen«. Und sie plant, ihn eines Tages ganz zu verschlingen.

Solche Gefahren sind absolut nicht märchenhaft und nicht unreal. Dieses Schicksal tatsächlich zu erleiden gehört zu den größten Gefahren der Entwicklung. Vielen passiert, was Hänsel droht. Sie werden von ihren Müttern verschlungen, aus Liebe verschlungen, versteht sich. Erst hat der Sohn sich zu lange an Mutters Rockschößen festgehalten, nun will die Mutter ihn nicht mehr hergeben. Sie will auf seine Liebe, Anhänglichkeit und Zuneigung nicht mehr verzichten und »vereinnahmt« ihn. Mit Haut und Haaren, wenn es möglich ist, und mit System. Sie verwöhnt ihn, putzt ihm die Schuhe, wäscht seine Wäsche und bügelt seine Hemden. Und sie kocht ihm »das beste Essen«, weil sie weiß, daß Liebe durch den Magen geht.

Solche Mütter geben nur, fordern nichts, sind ganz für ihre Kinder da, binden sie so an sich und hoffen, daß sie sie niemals verlassen. Manchmal gelingt das. Wenn aber solche Söhne doch einmal heiraten, dann hat keine Ehefrau auch nur die geringste Chance, gegen die Mutter eines solchen Mannes anzukommen. Er wird bis an sein Lebensende davon überzeugt sein, daß bei seiner Mutter alles besser war, sie mehr Verständnis für ihn hatte, sich mehr um ihn kümmerte und selbstverständlich auch besser kochte. Subjektiv hat er recht. Keine Frau – sie mag ihn noch so sehr lieben – kann für ihn tun, was seine Mutter für ihn tat. Für ihn ist zwangsläufig jede andere Frau eine Enttäuschung.

Sigmund Freud fand, daß diese Männer einen Komplex haben, und er gab ihm den bezeichnenden Namen Ödipuskomplex. Ödipus, Held der griechischen Sage, erschlug, allerdings unwissentlich, seinen Vater und heiratete seine Mutter. Freud unterstellte den Söhnen ähnliche unbewußte Absichten. Er warf ihnen vor, die Mutter allein besitzen zu wollen.

Das ist oftmals richtig. Viele Söhne wollen sich nicht von ihren

Müttern lösen, halten sich, wie anfangs Hänsel, an ihnen fest und wollen nicht groß werden. Das ist bekannt und auch in der Psychologie unbestritten.

Weniger bekannt ist die Rolle, die manche Mütter in diesem Drama spielen. Darüber ließ sich Professor Freud nicht aus. Schamhaft verschwieg er, was uns die Hexe im Märchen von Hänsel und Gretel in aller Deutlichkeit zeigt. Das Bild einer solchen Mutter konnte er selbstverständlich niemandem zumuten. Wer beschuldigt schon Mütter? Die vielzitierte Mutterliebe ist in unseren Landen ein Heiligtum. Sie bleibt es auch dann, wenn übertriebene und egoistische Mutterliebe Kinder erstickt und sie als seelische Krüppel auf der Strecke bleiben läßt.

Hänsel ist der Schreck nun doch so wirksam in die Glieder gefahren, daß er nicht auf der Strecke bleiben möchte. Er merkt gerade noch rechtzeitig, daß Verwöhnung in Unfreiheit und Gefangenschaft führt und damit endet, daß man gefressen wird. Er möchte nicht gefressen werden. Endlich fängt er an, sich zu wehren. Seine Sympathie für die freundliche Alte ist vorbei. Trotz des guten Essens, das er täglich vorgesetzt bekommt, erkennt er, wie gefährlich sie für ihn ist, und beginnt mit Gegenmaßnahmen.

Jeden Tag schleicht sich die Hexe zu ihm und ruft: »Hänsel, streck deine Finger heraus, damit ich fühle, ob du bald fett bist.« Hänsel ist schlau und tut das nicht. Statt der Finger streckt er ein »Knöchlein« hinaus. Darum wird er noch nicht gefressen.

Dies ist nun eine merkwürdige Szene. Bei Bechstein sagt die Hexe, er solle *einen* Finger durchs Gitter stecken, und das wird auch weniger rigorose Psychoanalytiker zu dem Schluß kommen lassen, daß gar nicht der Finger, sondern Hänsels Penis gemeint sei. Das mag so sein oder auch nicht. Auffällig ist jedenfalls, daß die Hexe bei dieser Aktion kein ganz reines Gewissen zu haben scheint. Warum »schleicht« sie sich sonst zu Hänsel? Schließlich ist sie allein im Haus und niemandem verantwortlich. Merkwürdig ist auch ihre plötzliche Sehschwäche. Sie hat, so heißt es, so trübe Augen, daß sie den Knochen nicht erkennt und meint, es sei Hänsels Finger. Kurz vorher konnte sie die »vollen, roten Backen« der Kinder noch recht gut erkennen. Will sie vielleicht nicht sehen, was sie jetzt da tut und fühlt? Verdrängt sie ihre bösen erotischen Absichten?

Unzweifelhaft ist, daß sie Hänsel kontrolliert.

Fraglos muß man ihr allerlei Böses zutrauen; aber daß sie ihn tatsächlich fressen will, möchte ich ihr dennoch nicht unterstellen. Eine Kannibalin ist sie gewiß nicht, denn hier wie auch sonst auf der Welt war es niemals üblich, die eigenen Kinder zu verzehren. Dieser Vorgang ist symbolisch zu verstehen.

Darum interessiert sie sich nicht dafür, wie fett Hänsel ist. Tatsächlich kontrolliert sie seinen Entwicklungsstand. Sie will wissen, wie reif er ist. Sie will sich davon überzeugen, daß er kein Kleinkind mehr ist. Mit denen kann sie nichts anfangen, denn Kleinkinder sind Neutren. Sie wartet darauf, daß Hänsel endlich aus seiner egoistischen Selbstbezogenheit herauskommt, ein Junge wird und ihr mit jungenhafter Wärme, Zärtlichkeit und Zuneigung entgegenkommt. Aber sie wird enttäuscht.

Von Gretel gewarnt, weiß Hänsel um die bösen Absichten der Hexe und verweigert sich. Statt seiner warmen Hand streckt er ihr einen kalten, harten Knochen heraus.

Er tut, was alle Jungen einmal tun, was sie tun müssen, damit sie erwachsen werden können: Sie beenden die zärtliche Beziehung zur Mutter, die so lange Jahre bestanden hat. Sie tun das nicht aus einer Laune, sondern weil sie einer Entwicklungsphase entwachsen sind.

In glücklichen Fällen vollzieht sich diese Änderung für alle Teile unmerklich und wie selbstverständlich. Das ist häufig dann so, wenn viele Kinder in einer Familie sind. Meist werden die Mütter den plötzlichen Wechsel im Verhalten ihrer Söhne jedoch bemerken und, wenn sie sehr gut sind, ihn nicht beachten. Viele Mütter werden enttäuscht und traurig sein. Wer wollte es ihnen verargen? Manche Mutter wird versuchen, die alte Beziehung aufrechtzuerhalten.

Und einige Mütter sind unter keinen Umständen bereit, auf die Liebe ihrer Söhne zu verzichten. Das sind durchaus nicht immer unausgefüllte und alleinstehende Mütter oder Mütter von Einzelkindern. Es gibt viele Ehefrauen, die das gute und zärtliche Verhältnis zu ihrem Sohn befriedigender finden als die Beziehung zu ihrem Mann.

Ein guter Sohn liebt seine Mutter, anerkennt sie, ist zärtlich und anhänglich. Er hört auf sie, ist hilfsbereit und läßt nichts auf sie kommen. Er vertraut ihr, teilt seine Probleme und Sorgen mit, er spricht mit ihr und gibt etwas auf ihren Rat.

Solche Söhne gibt es in jedem Alter; manche haben schon graue Schläfen. Alle sind sie um ihre Mütter besorgt und versuchen, es ihnen recht zu machen. Die meisten haben ein böses Gewissen, wenn sie nicht pünktlich zum Essen erscheinen.

So können Söhne sein. Man findet sie in allen Schichten. Aber bitte: Wer kennt Ehemänner mit diesen Eigenschaften? Sie sind selten. Auch durchschnittliche Ehegatten bemühen sich oft zuwenig um ihre Frauen, einige sehen sie immer noch als eine Art persönlichen Besitz an, und viele gehen fremd.

Ebenso viele Frauen sind folglich in einer unbefriedigenden Situation, und nur wenige sind (bisher) willens oder in der Lage, so simple Auswege zu wählen, wie es die Männer tun und wie es manche sogar für ihr gutes Recht halten. Außerdem haben Frauen andere Bedürfnisse. Sie stellen andere Ansprüche. Ihre Wünsche und Sehnsüchte lassen sich in der Regel nicht durch einen simplen Seitensprung befriedigen.

Aus dieser unerfreulichen Situation ziehen manche Frauen ihre eigenen Konsequenzen. Sie finden einen Ausweg, der ihnen weit mehr gibt, als es irgendein flüchtiger Liebhaber kann. Sie dokumentieren aber damit auch ihre typisch weiblichen Bedürfnisse. Es geht ihnen nicht primär um Sex. Darauf können sie notfalls verzichten. Anderes ist ihnen wichtiger, aber gerade das erfüllen so viele Ehemänner nicht. Also bringen Mütter ihre Söhne dazu, ihnen genau das zu geben.

Die kleinen Jungen sind dazu gern bereit. Viele versprechen ihren Müttern, sie später, wenn sie groß sind und viel Geld verdienen, zu heiraten. Entgegen allen psychoanalytischen Meinungen hat dieser Wunsch mit Sexualität nicht das geringste zu tun. Aber die kleinen Jungen lieben ihre Mütter und geben ihrer Liebe mit Zärtlichkeit und Zuneigung Ausdruck. Mütter und Söhne genießen das, und sie sollen es auch; es ist für beide Teile gut.

Aber was kleine Buben versprechen, das halten die großen Jungen nicht. Sie wollen ihren Müttern davonlaufen. Weil sie aber wie fast alle Vertreter des männlichen Geschlechts im tiefen Inneren ihrer Seele weich und sentimental sind, ist es für eine geschickte Mutter nicht schwer, sie zu beeinflussen und zum Bleiben zu veranlassen.

Söhne sind für diesen Einfluß besonders anfällig. Viele haben schon ohne Zutun der Mutter ein schlechtes Gewissen, wenn sie planen, aus dem Haus zu gehen. Überhaupt scheint das schlechte Gewissen eine typisch männliche Empfindung zu sein. Kaum ein Mann geht fremd ohne dieses unangenehme Gefühl. Er hat es schon, wenn er den Hochzeitstag vergißt, und bei vielen anderen Gelegenheiten auch. Frauen reagieren weit seltener so, und Mütter, die mit all ihrem weiblichen Geschick ihre Söhne an sich binden und dadurch deren weitere Entwicklung hemmen, haben dabei keinerlei Skrupel. Die meisten halten sich sogar für besonders liebevolle Mütter, weil sie so viel für ihre Söhne tun.

Das ist nur dadurch möglich, daß sie sich ihrer Absichten nicht bewußt sind. Machte man ihnen dieses Tun zum Vorwurf, so würden sie, subjektiv zu Recht, derartige Verdächtigungen empört von sich weisen. Das unbewußte Handeln macht sie so erfolgreich, und viele Söhne haben dagegen keine Chance.

Wie bei der Hexe beginnt ihre Dressur zum »Muttersohn« mit Verwöhnung; Verwöhnung macht abhängig, wie gesagt. Danach wird ihnen die Freiheit entzogen. Bei bester Pflege werden sie von der Umwelt isoliert und von deren Einflüssen abgeschnitten. Dazu bedarf es keiner Gitterstäbe; Mütter verfügen über subtilere, aber ebenso wirksame Mittel. Sie isolieren ihre Söhne psychisch. Sie verhindern, daß sie sich von anderen beeinflussen lassen, seien dies nun Gleichaltrigengruppen, Freunde oder ein Mädchen. Ihre Jungen werden immer nur das richtig finden, was die Mutter sagt, meint und glaubt, und sie werden überzeugt sein, daß sie nur das Beste für sie will. Zweifel an ihren guten Absichten kommen fast niemals auf.

Das Märchen schildert diesen Zustand als armselige Gefangenschaft, und das ist gut so. Mit diesem Bild warnt es vor der »Verführung durch Mütter«. Tatsächlich sind das Hexenhaus mit seinen Annehmlichkeiten und der enge Stall Bilder für ein und dieselbe Sache.

Wer unfrei und abhängig in einem Stall sitzt und diesen Zustand dennoch für den Himmel auf Erden hält, der ist verloren, wird Teil seiner Mutter – als sei er wirklich gefressen – und erfreut sie mit seiner Sohnesliebe meist bis in ihr hohes Alter, bis sie wie die Hexe an Krücken geht und mit dem Kopf wackelt. Geschickt gezähmte Söhne sind treuer als mancher Ehemann.

Hänsel entgeht diesem Schicksal nur sehr knapp. Sein Trick mit dem Knochen hilft ihm nicht endgültig. Nach vier Wochen ist die

Geduld der Hexe zu Ende. »Fett oder mager, morgen will ich ihn schlachten«, sagt sie, und damit ist es um Hänsel geschehen. Kein Trick kann ihm mehr helfen. Seine Möglichkeiten sind erschöpft; aus eigener Kraft kann er dem Kochtopf nicht entgehen.

Bis zu diesem Punkt der Geschichte war er der aktive. Sein Handeln bestimmte das Geschehen. Er streute Steine und Brot, er forderte zum »großen Fressen« auf und wies Gretel die süßen Fensterscheiben zu. Und wohin hat ihn das alles gebracht? Er ist verloren, und seine Schwester ist es auch. Die Hexe will Gretel in den Backofen stoßen. Hänsel kann das nicht verhindern. Wenn kein Wunder geschieht, wird er demnächst auf dem Herd schmurgeln.

Es geschieht ein Wunder. Gretel, bisher unauffällige Mitläuferin, ergreift die Initiative. Sie rettet sich und ihren Bruder. Mit unvorhersehbarem Mut und erstaunlicher Tatkraft stößt sie die Hexe in den Backofen.

Hier wird zum erstenmal klar, daß diese Geschichte zwei Helden hat und wie überraschend verschieden die beiden sind. Das wird vielleicht manchen nicht verwundern, denn schließlich sind es Junge und Mädchen. Aber stimmt denn dieses Bild? Handelt Hänsel wie ein typischer Junge, und ist das, was Gretel tut, typisch für ein Mädchen?

Diese Frage ist gewiß nicht mit drei Sätzen zu beantworten; sie wirft eher weitere Fragen auf, etwa: Gibt es überhaupt typische Jungen und Mädchen? Was unterscheidet, vom Körperlichen einmal abgesehen, denn nun tatsächlich Jungen und Mädchen, Mann und Frau?

Hier sind die Meinungen vielfältig und gehen weit auseinander. Fest steht gar nichts, und mit Sicherheit weiß man nur, daß Frauen die Männer um vier bis fünf Jahre überleben. Das hat der Theorie vom »schwachen Geschlecht« einen argen Stoß versetzt. Alle anderen Theorien sind auch nicht besser. Sie sind weitgehend nicht von Tatsachen abhängig, sondern vom Breitengrad, vom Jahrhundert und von der jeweiligen Gesellschaftsordnung. Vor noch nicht allzu langer Zeit war man davon überzeugt, Frauen hätten keine Seele. Im Orient haben sie nichts zu sagen, und in der Sowjetunion üben sie alle Berufe aus, sind mit größter Selbstverständlichkeit Schlosser, Architekten und Ingenieure.

Heutzutage spricht man weniger von den Unterschieden; vielmehr ist Gleichberechtigung ein Reizwort und bewegt die Gemüter in zahlreichen Ländern.

Wie dem auch sei – ganz gewiß beginnt das Problem in der Kindheit, schon bei der Geburt. Mit Sicherheit ausschließen möchte ich allerdings die Möglichkeit, daß es einen angeborenen Wertunterschied von männlich und weiblich gebe, und ich hoffe, daß man mir zustimmt. Streiten kann man sich aber schon darüber, ob es angeborene Verhaltensunterschiede gibt.

Hier läßt sich nur spekulieren. Aber den »hausgemachten« Unterschieden kann man sehr wohl nachgehen und sich fragen, wie Väter und Mütter durch Erziehung und Beeinflussung mädchenhaftes und jungenhaftes Verhalten trainieren und programmieren.

Die Hexe zeigt, wie Mütter die typischen Jungen und die typischen Mädchen produzieren.

Ich verlasse also noch einmal den augenblicklichen dramatischen Höhepunkt der Geschichte und kehre zu der Stelle zurück, an der Hänsel und Gretel vor dem Hexenhaus stehen.

Zu dieser Zeit sind sie ganz eindeutig Kinder. Nichts weist auf einen spezifischen Geschlechtsunterschied hin. Noch sind sie gleich, und keines von ihnen ist sich bewußt, daß es männlich beziehungsweise weiblich ist. Ganz offensichtlich haben sie diesen Unterschied noch gar nicht entdeckt, und vermutlich hätten die beiden noch längere Zeit im Stadium ihrer »Unschuld« verbracht. Aber man läßt sie nicht. Grob greift man in ihr Leben ein, drastisch wird ihnen gezeigt, wie unterschiedlich sie sind. Die Hexe tut es.

Anfangs begrüßt sie die Kinder freundlich, nimmt Hänsel an die eine und Gretel an die andere Hand und führt sie ins Haus. Beide bekommen gutes Essen vorgesetzt und ein schönes Bett. Sie werden völlig gleich behandelt.

Das entspricht auch der Wirklichkeit. Babys und Kleinkinder haben für Mütter noch kein Geschlecht. Mit gleicher Liebe werden sie gewickelt, gefüttert und schlafen gelegt. Aber irgendwann ändert sich das. Es ist ein allmählicher Wechsel.

Das Märchen verdichtet diese Veränderung im Verhalten der Mutter und läßt sie plötzlich geschehen: Am nächsten Morgen werden aus den beiden Kindern von einer Sekunde zur anderen Junge und Mädchen. Mit der Gleichbehandlung ist es vorbei. Die Hexe reagiert mit außerordentlicher Heftigkeit auf die geschlechtliche Verschiedenheit der Kinder und behandelt sie entsprechend: Den Jungen nimmt sie hoch und trägt ihn in ein Ställchen. Dort wird er gehätschelt und mit bestem Essen verwöhnt. Anders geschieht es Gretel. Sie wird grob wachgerüttelt und barsch angefahren. »Steh auf, Faulenzerin«, herrscht die Hexe sie an. Und dann wird Gretel von ihr gescheucht und herumgestoßen. Sie muß Wasser holen, Feuer anmachen, Essen kochen und den Bruder füttern. Frühmorgens muß sie raus und den Kessel aufhängen. Sie wird gering gehalten, heißt es bei Bechstein, und sie bekommt nur Krebsschalen zu essen. Auf ihre Tränen reagiert die Hexe mit den Worten: »Spar dir dein Geplärre, es hilft dir alles nichts.«

So erziehen harte Mütter ihre Töchter zu harten Mädchen, und man kann es ihnen nicht einmal vorwerfen, daß sie sie so aufs Leben vorbereiten. Für viele Mädchen ist der Lebensinhalt tatsächlich derartig eng. Er beschränkt sich immer noch auf Mann, Haushalt und Kinder, und Männer legen nun einmal Wert auf gute Haushaltsführung, früher wie heute. Ein Abitur verbessert die Heiratschancen kaum, und einen Mann soll schließlich jede Tochter bekommen; da sind die meisten Mütter ehrgeizig. Darum erziehen sie ihre Töchter von klein an auf dieses Ziel hin. Sie brauchen keine selbständigen und freien Menschen zu werden – im Gegenteil. Sie müssen nicht besonders klug sein – kluge Frauen sind Männern unbequem und daher weniger gefragt. Und auf keinen Fall dürfen sie stolz sein. Eine Ehefrau ist abhängig. Auf diesen Zustand muß sie vorbereitet werden. Mädchen müssen zu geeigneten Abhängigen erzogen werden. Die Hexe gibt sich alle Mühe, dieses Ziel zu erreichen.

Die Aufgabe fällt ihr um so leichter, weil sie eine Frau ist. Kein Mensch ist bisher darauf gekommen, welche große Bedeutung das Geschlecht in der Erziehung hat. Auch mir ist dieses Problem erst bei Hänsel und Gretel aufgegangen. Hier ist es ganz offensichtlich. Es ist völlig eindeutig, daß die Hexe niemals Gretel aus dem Bett heben und an den Herd tragen würde, damit sie da das Feuer anzünde. So behandelt sie nur Hänsel, den Jungen. Zu ihm geht sie auch jeden Tag hin. Das wäre für die Kontrolle nicht notwendig. Dazu muß sie nicht täglich seine Hand anfassen. Das aber tut sie. Sie sucht den körperlichen Kontakt mit ihm, die tägliche Berührung. Bei Gretel würde sie nie auf diesen Gedanken kommen; die bekommt auch nur Krebsschalen zu essen.

Was das Märchen hier drastisch und überspitzt ausdrückt, ist eigentlich ganz natürlich. Es spielt nun einmal eine Rolle, daß die Mutter weiblich und der Sohn männlich ist. Es ist keine Spekulation, daß verschiedene Geschlechter sich anziehen. Dieses Faktum ist uns unzweifelhaft von der Natur in die Wiege gelegt. Und ganz sicherlich ist diese Eigenschaft nicht so differenziert, daß zwischen Fremden und Familienangehörigen unterschieden würde. Das Gesetz der gegenseitigen Anziehung nimmt keine Rücksicht auf den Verwandtschaftsgrad. Daraus ergibt sich zwangsläufig, daß Jungen ihre Mütter anders lieben als ihre Väter. Und die Beziehung der Mädchen zum Vater hat eine andere Qualität als ihr Verhältnis zur Mutter. Das gleiche gilt für die Eltern. Die Bindung der Mutter an ihren Sohn ist ganz einfach deshalb stärker – und auch anders –, weil er männlichen Geschlechts ist. Darum ist sie zu ihm in einer besonderen Weise zärtlich.

Das bedeutet nun allerdings nicht, daß Mütter generell ihre Söhne mit bestem Essen verwöhnen, ihre Töchter jedoch nur mit Küchenabfällen abspeisen. So deutlich zeigt sich der Unterschied nicht. Aber ohne Frage sind Mütter zu ihren Töchtern sachlicher. Außerdem werden im weiblich-weiblichen Mutter-Tochter-Verhältnis weit häufiger Spuren von Härte, Bosheit und Kälte mitschwingen als im weiblich-männlichen Verhältnis zum Sohn. Es sind Spuren jenes Verhaltens, das die Hexe gegenüber Gretel zeigt. Dies wäre nicht weiter bemerkenswert, wenn sich ähnliche oder vergleichbare Verhaltensweisen auch im männlich-männlichen Vater-Sohn-Verhältnis zeigten. Das aber ist nicht der Fall. Väter lieben ihre Söhne meist allein schon darum, weil sie Söhne sind.

Es bietet sich an, die Ursache dieser Diskrepanz in der Beziehung zu suchen, die Frauen untereinander haben. Diese Beziehung ist sichtlich nicht so gut wie die Beziehung zwischen Männern. Der Grund dafür dürfte in der jahrhundertelangen Unselbständigkeit und Abhängigkeit der Frauen liegen. Tatsächlich konnten sie ihr Leben nur aus zweiter Hand leben, nämlich durch den Mann. Auf ihn waren sie angewiesen, er mußte sie und ihre Kinder ernähren.

Darum gab es für Frauen nur den einen Weg: über den Mann. Allein waren sie nichts, besaßen sie nichts und galten sie nichts. Bekamen sie keinen Mann ab, wurden sie als »alte Jungfer« oder als »Blaustrumpf« verspottet. Also blieb ihnen nur ein Ziel übrig:

Sie mußten einen Mann zum Heiraten finden. Dabei konnte ihnen niemand helfen, schon gar nicht ihre Geschlechtsgenossinnen, denn die waren Konkurrentinnen. Mit Konkurrentinnen kann man sich nicht solidarisieren, und in der Regel liebt man sie auch nicht.

Die Situation bei den Männern ist ganz anders. Ihr Verhältnis zueinander ist primär gut. Männer mögen sich und sind gern untereinander befreundet. Von der frühen Geschichte an haben sie sich solidarisiert, und solidarisch sind sie auch heute noch. Sie schließen sich gern zu Gruppen zusammen, zu Bruderschaften, Burschenschaften, Logen, Orden. Sie lieben männliche Geselligkeit in Klubs, Vereinen und am Stammtisch. Und die größte männliche Bruderschaft vereint Männer in fast allen Ländern zu einer wie auch immer gearteten Gemeinschaft: das Militär. Hier sind Männer Kameraden.

All das fehlt den Frauen. Sie haben in Kriegen nicht gemeinsam gekämpft, haben keine Waffenbrüderschaft kennengelernt, nicht unter Gefahren miteinander gesungen, gezecht und gewürfelt. Der Austausch unter Frauen, sieht man einmal von den klösterlichen Gemeinschaften ab, beschränkte sich auf den Schwatz am Dorfbrunnen. Daran hat sich nicht viel geändert; heute reden sie im Treppenhaus miteinander, und wenn sie in Einzelhäusern leben, dann sind sie »grüne Witwen«, sind einsam und wieder nur auf den Mann angewiesen.

Eine gute und positive Beziehung von Frau zu Frau ist geschichtlich nicht vorprogrammiert.

Eine gute Beziehung von Mann zu Mann ist so gut wie selbstverständlich.

Wozu die Abschweifung? Sie erscheint mir notwendig für das Verständnis von Kindern, zumal von Mädchen, und sie kann endlich einmal zur Klärung der immer noch vorhandenen geringeren Achtung des Weiblichen führen.

Nur ein Mädchen ...

Warum nur ein Mädchen? Es ist tatsächlich benachteiligt, und ein Mädchen hat es schwerer als ein Junge. Der hat seine zärtlich-erotische Bindung zur Mutter, und die Mutter ist fast immer den ganzen Tag da. Aber auch zum Vater kann er ein sehr gutes Verhältnis haben; es ist zwischen Männern sogar üblich. Als Sohn hat er oft den Stammhalter-Bonus, und auch zärtlich-liebevolle Beziehungen zum Vater sind möglich. Fast alle Jungen rangeln und toben mit ihren Vätern, haben also auch im männlich-männlichen Bereich Körperkontakte.

Und was hat das Mädchen? Eine ähnliche Beziehung zur Mutter hat es nicht. Was der Junge, weil er männlich ist, als Bonus hat, hat es, weil »nur« ein Mädchen, als Malus. Alle Mädchen gleichen ein wenig Gretel.

Selbstredend hat die Tochter zum Vater eine ähnlich erotisch-zärtliche Beziehung wie der Sohn zur Mutter. Aber wann ist der Vater schon im Hause? Er muß arbeiten. Derweil scheuert die Tochter die Küche, und der Bruder spielt solange auf der Straße. So ist es. Leider.

Ein solches Schicksal prägt die Kinder, die Jungen auf eine Weise, die Mädchen auf eine andere. Auf jeden Fall sind die Bedingungen ihres Aufwachsens sehr verschieden, und es ist kein Wunder, daß sie sich unterschiedlich entwickeln, die einen »männlich«, die anderen »weiblich«, aber nicht so, wie es die meisten annehmen. Gretels Schicksal zeigt das sehr deutlich.

Sie wird von der Hexe herumgestoßen und wie ein Dienstmädchen behandelt. Es geht ihr schlecht, und sie muß leiden. Sie weint, aber das heißt nicht, daß sie aufgibt oder zusammenbricht. Sie ist zäh, wie fast alle Mädchen zäh sind. Sie läßt sich weder entmutigen noch zu unüberlegten Handlungen hinreißen. Sie hat ihre Gefühle in der Gewalt.

Hänsel wäre in dieser Situation vermutlich vor Wut und Verzweiflung mit den Fäusten auf die Hexe losgegangen, was ihm zweifellos nichts genutzt hätte. Gretel tut das nicht. Aber in dem Augenblick, in dem sie eine Chance hat, da handelt sie. Nicht im Affekt und nicht unüberlegt, sondern rationell und zweckmäßig.

Sie soll in den Backofen hinein und nachsehen, ob das Brot schon braun ist. Sie merkt aber, was die Hexe tatsächlich vorhat. Gretel ist nicht naiv; sie hat einen wachen (sechsten?) Sinn. Sie macht sich nichts vor und verkennt die Gefahr nicht. Ihr ist klar, daß die Hexe sie umbringen will. Darauf stellt sie sich realistisch ein; sie verliert die Nerven nicht, bleibt ruhig und gelassen und läßt sich nichts anmerken.

Ich weiß wirklich nicht, warum Frauen in dem Ruf stehen, in Ausnahmesituationen hysterisch zu reagieren. Es stimmt nicht, und alle Erfahrungen belegen das. Vielleicht verhalten sie sich so, wenn sie ihre Hutnadel oder ihren Autoschlüssel nicht finden können. Aber gewiß nicht in entscheidenden Situationen. Da handeln sie wie Gretel, und passiv sind sie dann auch nicht.

In der unglaublich kurzen Zeit, die Gretel zur Verfügung steht, entwickelt sie einen klugen und wirksamen Plan.

Zunächst stellt sie sich dumm. »Ich weiß nicht, wie ich das anfangen soll«, sagt sie. Die Hexe glaubt ihr und schilt sie eine »dumme Gans«. Dann bringt Gretel sie dazu, ihr vorzumachen, was sie tun solle. »Zeig's mir erst«, sagt sie, »setz dich drauf, ich will dich hineinschieben.« Und tatsächlich setzt sich die Hexe auf das Ofenbrett.

Damit ist der theoretische Teil von Gretels Plan erfolgreich abgeschlossen. Nun muß sie handeln und zupacken. Und das tut sie auch. Ohne sich lange zu bedenken, schiebt sie die Hexe in den Backofen, »so weit sie konnte«. Dann schließt sie »geschwind« die eiserne Tür und legt den Riegel vor. Sie hat es geschafft.

Die Hexe fängt an zu heulen und muß elendiglich verbrennen. Das ficht Gretel nicht an. Sie läuft zu Hänsel und verkündet ihm freudig: »Wir sind erlöst, die alte Hexe ist tot.« Auch den praktischen Teil ihres Plans hat sie tatkräftig und erfolgreich zu Ende gebracht.

Ich fürchte, wir täuschen uns sehr in »den kleinen Mädchen«. Schon in diesem gern gebrauchten Diminutiv spiegeln sich unsere falschen Vorstellungen. Sehr zu Unrecht neigen wir dazu, sie lediglich lieb, niedlich, zart und womöglich auch noch hilflos zu finden. Sie sind es vielleicht *auch*, aber keinesfalls *nur*. Sie haben außerdem eine Menge anderer Eigenschaften, die wir ihnen oft nicht zutrauen, weil wir sie nicht ganz für voll nehmen. Begründet ist diese Einstellung nicht. Das Gegenteil wäre richtiger, denn die größeren Belastungen, denen Mädchen ausgesetzt sind, führen zur Entwicklung besonderer Fähigkeiten.

Gretel zeigt, welche Wirkungen ihr Schicksal auf sie hat: Zunächst erweist sich, daß sie denken kann, sehr schnell denken sogar. Ihr Plan ist zweckmäßig, weil er logisch und folgerichtig ist. Er ist aber auch originell. Was sie sich in so kurzer Zeit hat einfallen lassen, zeigt, daß sie Phantasie hat und kreativ sein kann.

Gretel ist auch nicht dumm. Sie stellt sich nur dumm. Sie tut es erfolgreich; die Hexe fällt darauf herein und nennt sie eine »dumme Gans«. Das ist hier ein Kompliment für Gretels Fähigkeiten, sich einer kritischen Situation geschickt anzupassen.

Wieweit sich ihr Verhalten verallgemeinern läßt, will ich nicht entscheiden. Ich kann mir jedoch vorstellen, daß Männer, die Frauen für »dumme Gänse« halten, in Gefahr sind, von ihnen genauso hereingelegt zu werden wie die Hexe von Gretel.

Gretel bewährt sich auch im praktischen Bereich. Sie zögert nicht und ist nicht zaghaft. Zaghaftigkeit ist mitnichten eine weibliche Eigenschaft. Gretel ist mutig und geistesgegenwärtig. Sie handelt entschlossen, fast kaltblütig und letzten Endes rücksichtslos. Das sind keinesfalls nur männliche Eigenschaften.

Hänsel hätte das alles nicht geschafft. Er wäre schon am Anfang gescheitert, denn so hart im Nehmen sind Jungen nicht. Hänsel wäre auch arglos in den Backofen geklettert, und vermutlich hätte er nicht den Nerv gehabt, die Hexe so bedenkenlos umzubringen.

Hänsel ist, wie viele Jungen sind, und Gretel ist ein durchaus typisches Mädchen. Das Märchen korrigiert in einer anschaulich-drastischen Bildersprache weitverbreitete Vorurteile über Jungen und Mädchen, über männlich und weiblich. Es zeigt, wie Kinder auch sind, vielleicht sogar, wie sie wirklich sind. Und wir Eltern bekommen so manche Lehre, über die es lohnt nachzudenken.

Gretel rennt zu ihrem Bruder und öffnet den Stall. Wie ein Vogel springt Hänsel aus dem Käfig, fällt vor Freude seiner Schwester um den Hals, und die beiden Kinder küssen sich.

Im Märchen ist das ein kurzer Satz, eine winzige Szene. Tatsächlich haben die beiden einen wichtigen und entscheidenden Schritt ihrer Entwicklung getan. Kinder, die ihn versäumen, müssen oft ein ganzes Leben lang darunter leiden, weil sie muttergebunden und abhängig bleiben. Hänsel und Gretel haben sich befreit. Erlöst wenden sie sich einander zu, und das ist für sie jetzt der richtige Weg. Die kind-kindliche Beziehung löst die enge Mutterbindung ab. Die Hinwendung zu anderen Kindern, »die Straße«, das »Vorder-Tür« sind die neue Dimension. Die Kleinkinderzeit ist vorbei.

Für Hänsel und Gretel endet sie mit ihrer Befreiung. Die beiden haben sich verändert, sie verhalten sich jetzt anders. Sie fallen nun nicht mehr über Süßigkeiten her. Das Pfefferkuchenhaus interessiert sie nicht. Darüber sind sie hinaus. Und sie haben auch keine Angst mehr. Sie gehen ins Haus der Hexe, untersuchen es und finden dort den wohlverdienten Lohn: Edelsteine und Perlen.

Gretel füllt damit ihre Schürze. Hänsel stopft sich die Taschen voll und stellt mit neuem Sachverstand fest: »Die sind noch besser als Kieselsteine.« Er hat recht. Sie sind auch besser als Brotkrumen. Auch über die ist er hinaus. Er will nun nicht mehr stehenbleiben, will nicht mehr zurück. Jetzt will er fort, hinaus aus dem Hexenwald. Die beiden gehen los.

Nach einigen Stunden kommen sie an ein Wasser und können nicht weiter. Der Weg »zu neuen Ufern« ist eben nicht so einfach und erfordert neue Fähigkeiten, Initiative und Einfallsreichtum. An keinem Punkt der Entwicklung wird einem etwas geschenkt. Jeden Schritt vorwärts muß man sich durch Anstrengung verdienen.

Hänsel steht da, guckt und meint: »Ich seh' keinen Steg und keine Brücke.« Enttäuscht stellt er fest: »Wir können nicht hinüber.« Das ist sein Beitrag zur Lösung des Problems. Noch immer stellt er zu hohe Ansprüche. Wie man ihn im Ställchen bedient hat, will er weiter bedient werden. Mit größter Selbstverständlichkeit erwartet er, Brücke oder Steg vorzufinden.

Hänsel und mit ihm viele Jungen und viele Männer gehören zu der Sorte Mensch, denen man Brücken bauen muß, die ständig auf (weibliche) Hilfe angewiesen sind. Die wenigsten kommen allein zurecht, können allein leben, und müssen sie das, so werden sie oft merkwürdig, und ihre Lebenserwartung ist dann noch geringer.

Hänsel wird sein Leben lang so hilflos bleiben, wie er es in dieser Situation ist. Ohne seine Schwester wäre er niemals ans andere Ufer gekommen. Gretel hat gelernt, daß sie sich selbst helfen muß, wenn sie etwas erreichen will. Sie entdeckt die weiße Ente und meint: »Wenn ich die bitte, so hilft sie uns hinüber.«

Sie bittet um Hilfe. Das ist etwas ganz anderes, als Hilfe zu erwarten. Ein hartes Schicksal macht bescheiden, und es macht auch erfinderisch und hilft, Fähigkeiten zu entwickeln. Gretel kann sich mit der Ente verständigen. Hänsel wäre es niemals in den Sinn gekommen, dies auch nur zu versuchen. Das Mädchen verfügt über Möglichkeiten, die dem anderen Geschlecht immer fremd und unverständlich bleiben werden. Diese Fähigkeiten machen Männer gelegentlich unsicher, aber sie haben kaum jemals darüber nachgedacht.

Hänsel wundert sich nicht, daß die Ente Gretel versteht, auf deren Bitte eingeht, zum Ufer schwimmt und ihre Dienste anbietet. Er nimmt das als ganz selbstverständlich hin. Es entspricht seinen Erwartungen. Er ist nicht verzweifelt, wenn er nicht weiterweiß, wenn er mit seinem Latein am Ende ist. Irgendeiner wird ihm schon helfen, da ist er ganz sicher.

Er darf es auch sein. Er wird tatsächlich fast immer jemanden finden, der sich um ihn kümmert, der für ihn sorgt oder ihn tröstet, der die Ideen hat, auf die er nicht kommt. Das andere Geschlecht ist für diese Aufgaben programmiert. Jetzt hilft ihm Gretel, und das nimmt er kommentarlos zur Kenntnis. Er lobt sie nicht, er bedankt sich nicht, er läßt ihr auch nicht etwa den Vortritt. Er nimmt als erster zwischen den weichen Federn der Ente Platz. Egoismus ist bei seiner Vorgeschichte ein prägnanter Wesenszug.

Aber nun, da er schon so schön sitzt, da ist er auch Kavalier. Er bittet sein »Schwesterchen«, sich zu ihm zu setzen. Sie ist und bleibt »die Kleine«, ganz gleich, was sie alles getan und geleistet hat.

In Verkennung der Realitäten nennen Millionen von Amerikanern ihre Partnerin «Baby«. Schätzchen und Puppe liegen auf ähnlicher Ebene und sind genauso falsch. Wenn ein Geschlecht dazu neigt, kindliche Züge zu bewahren, dann sind es die Männer.

Hänsels »großzügige« Einladung zur Mitfahrt ist auch keineswegs selbstlos. Er wird immer jemanden neben sich brauchen. Er hat sich zwar von seiner Mutter befreit, aber vergessen wird er sie nie. Bei ihm wird als Kraft Sehnsucht frei. Sein ganzes Leben wird er sich nach weiblicher Nähe und Wärme sehnen. Als erstes umarmte und küßte er Gretel, und nun will er sie neben sich haben. Er ist auf Bindung angewiesen und auf Berührung. Er braucht Zärtlichkeit, Liebe und Lust.

Also möchte er Gretel neben sich sitzen haben und würde vermutlich gern liebevoll den Arm um sie legen. Dazu aber kommt es nicht. Gretel lehnt sein Angebot ab. »Es wird dem Entchen zu schwer«, sagt sie, »es soll uns nacheinander hinüberbringen.« Diese Haltung hat sie aus ihren Erfahrungen gelernt. Infolge ihrer eigenen Schwierigkeiten und Nöte hat sie Verständnis für andere. Weil sie selbst litt, hat sie Mitleid. Sie sorgte sich um ihren Bruder und befreite ihn; jetzt denkt sie fürsorglich an die Ente. Nicht so der Junge; er litt keinen Mangel. Seine Not war der Überfluß. Das prägte seinen Charakter.

Sie werden also nacheinander ans andere Ufer gebracht, und auch der weit größere Schwan in der Bechstein-Fassung transportiert sie hübsch getrennt, wie es sich gehört.

Von einer bestimmten Zeit an gehört es sich tatsächlich so. Dann ist es aus mit der Freundschaft zwischen Jungen und Mädchen, mit Liebe, Lust und Zärtlichkeit. Es passiert ziemlich plötzlich, im allgemeinen mit dem Beginn der Schulzeit. Früher wurden dann auch die Geschlechter getrennt: Jungenschulen – Mädchenschulen. Obwohl das in den meisten Ländern vorbei ist, hat sich an der Situation kaum etwas geändert. Sehr schnell erfahren die Jungen, in der Regel von ihren Mitschülern, daß man nicht mit Mädchen spielt. Und wer gar mit einem Mädchen befreundet ist, verfällt nur zu leicht der Ächtung, gilt als kein richtiger Junge, als »Weichling«. Er ist ein »Weiberfreund«, und das ist für einen Jungen eine arge Beleidigung.

Hänsel und Gretel gelangen also glücklich ans andere Ufer, und der Wald kommt ihnen immer bekannter vor. Schließlich sehen sie ihres Vaters Haus, laufen, stürzen hinein und fallen ihrem Vater um den Hals.

Das ist jetzt der richtige, notwendige und angemessene Weg. Diese Beziehung und diese Bindung brauchen sie jetzt, alle beide.

Gretel findet endlich den zärtlichen Kontakt zum Männlichen, den sie verdient hat und braucht. In der Beziehung zum Vater können sich nun ihre weiblichen Kräfte und Fähigkeiten entwikkeln. Und Hänsel braucht sehr nötig den Vater, den Mann, die Konkurrenz. An ihm kann er nun seine Kräfte messen und die dringend notwendige Erfahrung machen, daß nicht immer er der Größte, der Beste und der Stärkste ist. Er muß seine Grenzen kennenlernen, damit er später mit seinem nach Lust strebenden Egoismus nicht allzuviel Schaden anrichtet.

Auch der Vater wird jetzt etwas von seinen Kindern haben. Sie werden nicht mehr träge in ihren Betten liegen. Sie haben Kostbarkeiten mitgebracht und schütten sie in die Stube. »Da hatten alle Sorgen ein Ende, und sie lebten in lauter Freude zusammen«, heißt es.

Die Mutter ist in den Grimmschen Fassungen tot, bei Bechstein nicht. Aber wie dem auch sei – sie hat ihre wesentliche Aufgabe erfüllt und ist nicht mehr lebensnotwendig.

Die Geschichte schließt mit dem Satz: »Mein Märchen ist aus, dort läuft eine Maus, wer sie fängt, darf sich eine große Pelzkappe daraus machen.«

Ich habe versucht, die Maus zu fangen und etwas daraus zu machen. Ob es eine große Pelzkappe geworden ist? Das Urteil überlasse ich dem Leser.

Mir sind bei der Arbeit die beiden Kinder ans Herz gewachsen, und ich habe gelernt, Eltern zu verstehen, besonders Mütter, sogar ein wenig die böse Hexe. Froh bin ich über den Ausgang der Geschichte. Es ist ein gutes Ende.

Die beiden kleinen Helden haben alle Prüfungen bestanden und sich bewährt. Nun sind sie in der Lage, ein erfolgreiches Leben zu führen. Damit werden zwar ihre Sorgen kein Ende haben; aber sie werden fähig sein, mit ihnen fertig zu werden, und darauf kommt es schließlich an.

Rotkäppchen

Die Geschichte eines sympathischen kleinen Mädchens, das die Anweisungen der Mutter gröblichst mißachtet, ungehorsam vom rechten Weg abgeht, voller Neugier die Großmutter und den Wolf betrachtet und dabei unversehens verschlungen wird

Das Märchen Nr. 26 der Brüder Grimm beginnt folgendermaßen: »Es war einmal eine kleine, süße Dirne, die hatte jedermann lieb, der sie nur ansah.«

Der erste Satz des Märchens bei Bechstein lautet: »Es war einmal ein gar allerliebstes, niedliches Ding von einem Mädchen.«

Das sind ganz und gar unübliche Beschreibungen. Keine der vielen Märchenschwestern von Rotkäppchen wird so dargestellt. Die anderen Mädchen sind wunderschön, über alle Maßen schön, fromm und gut oder aber böse, garstig, schwarz und häßlich. Sie sind entweder ohne jeden Makel gut oder aber ohne alle Einschränkung schlecht. Eine »süße Dirne« oder ein »niedliches Ding von einem Mädchen« wird keine andere Märchenheldin genannt, Aschenputtel nicht, Dornröschen und das Marienkind nicht, auch nicht Hänsels Schwester Gretel.

Rotkäppchen ist ein Mädchen ganz besonderer Art, und vielleicht liegt darin der Grund, daß diese Geschichte so bekannt ist, nicht nur hierzulande. Als ›Little Red Riding Hood‹ kennt man sie in England, und schon im 17. Jahrhundert erfreute sie am französischen Hofe die Erwachsenen, denn eine Kindergeschichte war das Märchen damals nicht, und manche Fassungen sind nicht gerade jugendfrei.

Literarisch erblickte Rotkäppchen im Jahre 1697 das Licht der Welt, als die Geschichte in der berühmten Perraultschen Sammlung von Feenmärchen in Paris erschien.

Seit über hundertfünfzig Jahren ist Rotkäppchen der Deutschen liebstes weibliches Kind. Jedermann kennt es, auch heute noch, und sein Name läßt sofort das Bild der Heldin auftauchen: das süße kleine Mädchen, fein gekämmt, im sauberen Kleidchen, mit weißen Strümpfen, den Korb über dem Arm und das rote Käppchen auf dem hübschen Kopf. So wurde sie von vielen Illustratoren dargestellt. Auch ihre Eigenschaften sind sofort gegenwärtig: Lieb ist das Mädchen, unschuldig, freundlich und hilfsbereit.

So eroberte Rotkäppchen die Herzen der Kinder. Aber wie kaum ein anderes Mädchen berührte es auch die Erwachsenen. Den englischen Dichter Charles Dickens begeisterte Rotkäppchen so sehr, daß er es am liebsten geheiratet hätte. Sie »war meine erste Liebe«, schrieb er.

Im Märchen begeistert sich der Wolf für Rotkäppchen. Aber er hat keine so anständigen Absichten. Er leckt sich nach ihm die Lippen und will es »erschnappen«. Er nennt es »mein liebes, frommes Kind« und »mein liebes, charmantes Rotkäppchen«. Er denkt an das Mädchen als ein »junges, zartes Ding« und hält es für einen fetten Bissen. Er denkt noch mehr: »O du allerliebstes, appetitliches Haselnüßchen du – dich muß ich knacken« (Bechstein).

Das ist das Besondere an diesem Märchen: Seine kleine, unschuldige Heldin weckt erotische Wünsche. Das gibt es sonst nicht in den vordergründig so braven und moralischen ›Kinder- und Hausmärchen‹. Offiziell findet Erotik in ihnen nicht statt; sie blüht nur versteckt und im verborgenen. Nicht so bei der Geschichte von Rotkäppchen. Hier muß man sich schon große Mühe geben, die Wünsche des Wolfs »harmlos« zu finden und der Heldin Sex-Appeal zu übersehen. Sie wird ja auch gleich entsprechend vorgestellt und dann mit dem Emblem versehen, das ihr den Namen gab: dem roten Käppchen. »Das stand dem Kind so überaus hübsch, und das wußte auch das kleine Mädchen«, heißt es bei Bechstein. Rotkäppchen ist sich der Signalwirkung der roten Kappe bewußt. Es liebt das Käppchen so sehr, daß es »nichts anderes mehr tragen wollte«, heißt es bei den Brüdern Grimm und bei Bechstein, und wenn man diese Aussage wörtlich nimmt, so stünde das kleine Mädchen nur mit der roten Kappe bekleidet da.

Es paßt zum Bild der Heldin, denn nicht von ungefähr will der Wolf sie »erschnappen«, und irgend etwas muß auch Charles Dikkens veranlaßt haben zu sagen, mit Rotkäppchen sei ihm »die vollkommene Glückseligkeit zuteil geworden«. Rotkäppchen ist bei aller Unschuld reizvoll.

Es ist ebenso süß und lieb, wie es eitel ist, und ganz zweifellos ist es noch ein richtiges Kind, selbstbewußt, sicher und abenteuerlustig; und dennoch, bei aller Unwissenheit, ist es auch ein kleines Weibchen.

Es gibt Mädchen, die keine Spur eines solchen Verhaltens zeigen. Das hat jedoch nichts mit dem Grad ihrer Weiblichkeit zu tun. Manchmal sind Schwestern in dieser Weise völlig verschieden: Die eine ist brav und bieder, die andere ist ein kleiner Vamp.

Häufig ist die Stellung in der Geschwisterreihe für diese Unterschiede ausschlaggebend. Die erstgeborenen Töchter sind nur sehr selten kleine Weibchen. Von ihnen wird weniger Koketterie erwartet, sondern vielmehr Mithilfe. Sie haben früh Pflichten und Verantwortung übernehmen müssen. Darum tendieren diese Mädchen zur Sachlichkeit und zu gesundem Menschenverstand.

Verwöhnte weibliche Einzelkinder haben ganz andere Voraussetzungen und neigen weit eher zu frühem weiblichem Charme. Auch Rotkäppchen hat keine Geschwister.

Auf jeden Fall ist kindlicher Sex-Appeal nicht angeboren. Er wird »gemacht«. Väter provozieren ihn, weil sie in ihre kleinen Töchter vernarrt sind, und manche Mütter wünschen sich eine »süße Dirne« und sorgen dafür, daß sie sie bekommen. Es sind die Eltern, die diese Rolle anbieten, und meistens übernehmen die kleinen Mädchen sie gern. Sie liegt ihnen, und sie genießen sie.

Wer Rotkäppchen diese Rolle anbietet, erfahren wir schon in der zweiten Zeile des Märchens: die Großmutter. Von ihr stammt die Kappe aus »rotem Sammet«. Sie weiß gar nicht, »was sie alles dem Kinde geben sollte« und »wie gut sie's mit dem Enkelchen meinen sollte«. Sie hat das Kind »am allerliebsten«, und sie ist ganz ohne Zweifel eine Schlüsselfigur der Handlung. Ohne sie wäre in dieser Geschichte gar nichts passiert; weder wäre Rotkäppchen vom Weg abgelaufen, noch hätte der Wolf es gefressen.

Die Großmutter ist eingehender Betrachtung wert. Dabei ergibt sich, daß man über sie kaum etwas weiß: Sie liebt Rotkäppchen und verwöhnt es. Ansonsten bleibt ihr Bild blaß und indifferent. Wir erfahren nicht, wie sie ist und welche sonstigen Eigenschaften sie hat. Was alles wissen wir über den Wolf, und was sagen die wenigen Zeilen aus, in denen die Mutter vorkommt! Die Großmutter gewinnt als Mensch kein Profil, und auch sonst stimmt einiges mit ihr nicht.

Welche Oma wohnt weitab vom Dorf, hinter dem Wald, eine halbe Stunde entfernt, abseits von der Dorfgemeinschaft? Und dazu noch ganz allein? Das ist unwahrscheinlich.

Und mit ihrer Krankheit scheint auch nicht alles in Ordnung zu sein. Allenfalls wird man einer Genesenden Kuchen und Wein schicken; aber für eine Krankheit, gleich welcher Art, ist das kaum die geeignete Diät.

Die Großmutter selbst sagt auch nicht, daß sie krank sei. Als der Wolf an ihre Tür klopft, ruft sie: »Drück nur auf die Klinke, ich bin zu schwach und kann nicht aufstehen.« Ist sie vielleicht nur schwach?

In der Bechstein-Fassung sagt die Mutter: »Großmutter ist schwach und krank geworden und kann nicht zu uns kommen.« Sofern sie nicht krank ist, müßte es dann heißen: »Großmutter ist schwach geworden.« Ist sie das?

Bevor ich ihr nun zu nahe trete und schlimme Dinge von ihr vermute, muß ich etwas über die Technik der Märchen sagen. Sie verwenden gelegentlich einen Trick, den es sonst nur in den Träumen gibt. Sie stellen Personen doppelt dar, genauer gesagt, sie personifizieren Eigenschaften eines Menschen oder Teilbereiche seiner Persönlichkeit. Genau das ist die Großmutter, und darum erscheint sie so blaß. Sie ist kein vollständiger Mensch, sondern nur ein Teilaspekt der Mutter. Sie verkörpert gewisse geheime und verpönte Wünsche der Mutter. Die passen nicht in die Gemeinschaft; darum lebt die Großmutter weitab vom Dorf, dort, wohin sonst Außenseiter verbannt werden. Außerdem soll auch geheim bleiben, was sie dort tut. Niemand darf wissen, daß sie sich da an Wein und Kuchen labt und ihre Tür nicht verschließt. Und schon gar nicht darf man erfahren, daß sie den Wolf zu sich hereinbittet. Aber genau das macht sie.

Schön, der Wolf gibt sich als Rotkäppchen aus. Auf so eine Verstellung sind die sieben jungen Geißlein hereingefallen. Aber sollte eine erfahrene Großmutter nicht merken, wenn der große Wolf im Gewande des kleinen Rotkäppchen daherkommt?

Ich fürchte, sie hat gewußt, wer vor ihrer Tür stand. Sie ist tatsächlich schwach geworden und hat genau das gewollt, was ihr zustößt. Sie hat sich vom Wolf fressen lassen. Es hat ihr nicht geschadet. Es hat ihr sogar genutzt. Bei Bechstein heißt es, daß sie danach wieder »frisch und gesund« wurde.

Die Trennung in Großmutter und Mutter zeigt die Zwiespältigkeit der Mutter: Sie bangt um ihre Tochter und fürchtet, daß ihr im Wald etwas passieren könnte. Für sich selbst aber wünscht sie, daß ihr genau das passiert. So, wie es Rotkäppchen geschieht, möchte sie einmal angesprochen und umworben werden. Sie möchte so freundliche Worte und so artige Komplimente hören und schließlich im einsamen Haus, weitab vom Dorf, Besuch bekommen. Mancher mag über derartige Wünsche einer Mutter empört sein, und darum werden sie im Märchen auch sehr sorgfältig versteckt, hinter einer Großmutter nämlich, die für jedermann jenseits von Gut und Böse ist. Mütter sind das nicht. Sie sind Menschen mit menschlichen Bedürfnissen. Es ist denkbar, daß unsere Märchenmutter das Wünschen nötig hat, weil sie einsam ist, als Frau einsam ist. Von einem Mann ist in dieser Geschichte nur sehr am Rande die Rede. Er, der (brave) Jäger, taucht nur einmal kurz auf und geht dann wieder seiner Wege. Er hat zwar ein Gewehr, benutzt es aber nicht.

Weil von Wünschen selten jemand befriedigt wird, sucht die Mutter einen Ausweg. Keinen direkten indessen, das kann und darf sie nicht. Aber sie findet einen, auch wenn er naturgemäß keine Erfüllung bringt, sondern nur eine Scheinbefriedigung aus zweiter Hand, aus Rotkäppchens Hand. Wir werden sehen.

Bewußt ist der Mutter dieser Ausweg nicht, und wiese man sie darauf hin, würde sie eine derartige Unterstellung zu Recht abstreiten. Vom Bewußtsein her ist sie ganz anders. Das zeigt die nächste Szene. Da geht es nicht um Wünsche und Phantasien – da spielt sich Alltag ab, handfester Erziehungsalltag. Sie gibt ihrer Tochter einen klaren Auftrag. Sie soll Kuchen und Wein zur Großmutter bringen. Dazu gibt sie ihr Ratschläge. Die sind weit weniger klar, und man muß sie wirklich wörtlich zitieren. Rotkäppchens Mutter sagt folgendes: »Mach dich auf, bevor es heiß wird, und wenn du hinauskommst, so geh hübsch sittsam und lauf nicht vom Wege ab, sonst fällst du und zerbrichst das Glas, und die Großmutter hat nichts. Und wenn du in die Stube kommst, so vergiß nicht, guten Morgen zu sagen, und guck nicht erst in alle Ecken herum.«

Ja, das wär's! Hier muß man ins Detail gehen, um diese Erziehungspraxis zu verstehen und würdigen zu können. »Mach dich auf, bevor es heiß wird.« Man fragt sich ehrlich, was das soll, denn Rotkäppchen steht abmarschbereit, den Korb über dem Arm, vor der Mutter. Diese Ermahnung hätte doch nur Sinn, wenn die Mutter sie beim Wecken des Kindes oder allenfalls noch beim Frühstück gegeben hätte. Dann könnte sie vielleicht erreichen, daß das

Mädchen sich beeilt und vor der Mittagshitze loskommt. So aber ist es eine Bemerkung, die geeignet ist, das Kind unter Druck zu setzen. Auf jeden Fall verhält sich die Mutter wenig freundlich. Sie nörgelt, sei dies nun aus Gedankenlosigkeit, aus Prinzip oder weil sie damit etwas erreichen will. Eine nörgelnde Erziehung hebt nicht das Selbstvertrauen der Kinder; sie macht unsicher und hilft ganz gewiß nicht, Selbständigkeit zu entwickeln. Sie soll die Kinder schön brav halten, damit es die Eltern leichter haben.

Mutter macht weiter: »Geh hübsch sittsam.«

Da muß man sich zunächst fragen, was wohl das Kind darunter versteht. Mit großer Wahrscheinlichkeit nichts Genaues. Allenfalls ahnt es dunkel, in welche Richtung diese Forderung zielt; verstehen wird es die nebulöse Anweisung nicht. Dennoch wird es in dieser Situation nicht das tun, was es sonst zu tun pflegt, wenn es etwas nicht versteht: Es wird nicht nachfragen.

So verhalten sich Kinder häufig auf Gebieten, die mit Sittlichkeit, Sexualität und Zeugung zu tun haben. Sie fragen die Eltern nicht – sie schweigen. Das heißt aber in der Regel nicht, daß sie schon alles wüßten oder daß die Sache sie nicht interessierte. Ganz im Gegenteil: Meist sind diese Themen für sie anziehend und spannend und werden von ihnen oft heftig diskutiert. Aber an Vater oder Mutter wenden die Kinder sich damit nicht. Sie taten es früher sehr selten, und selbst heute, nach Sex- und Aufklärungswelle, sind spontane und vertrauensvolle Kinderfragen über Sex kaum häufiger geworden. Warum? Weil Kinder ein feines Gespür für die Emotionen der Erwachsenen haben. Ihr Einfühlungsvermögen ist weit größer als unseres. Wohl ist es ihnen weder bewußt, noch denken sie darüber nach; aber sie reagieren. Sie schweigen, weil sie spüren, wie peinlich uns solche Fragen wären.

Sie haben recht. Uns sind derartige Fragen peinlich. Man sollte sich da nichts vormachen. Es mag sein, daß dies jemand bezweifelt, und vielleicht hat auch er recht. Aber stellen wir uns doch einmal vor, Rotkäppchen würde sich nicht ergeben schweigend die Tiraden der Mutter anhören, sondern freundlich fragen: »Bitte, Mami, was ist sittsam gehen?«

Wäre das nicht genau das Verhalten, das wir durch unsere Erziehung erreichen wollen: daß das Kind sich mit seinen Fragen offen, frei und vertrauensvoll an die Mutter wendet? Aber wären wir dem wirklich gewachsen? Könnten wir genauso offen, frei und locker antworten? Für die meisten von uns ist das eine theoretische Überlegung, denn rücksichtsvoll, wie unsere Kinder nun einmal sind, verschonen sie uns in der Regel mit derartigen Fragen, und in Wirklichkeit würde Rotkäppchen nicht im Traum daran denken, sich so zu verhalten, und tut es ja auch nicht.

Aber bitte, nun hat es gefragt, und die Mutter müßte jetzt reagieren. Freundlich, sicher und für das Kind verständlich müßte sie die Frage beantworten, und um die Sache herumreden dürfte sie auch nicht. Also gut, lassen wir sie in dieser Weise antworten. Sie müßte dann etwa folgendes sagen: »Sittsam gehen heißt, daß du nicht aufreizend mit dem Po wackeln sollst. Und das sollst du nicht, damit du keine begehrlichen Blicke auf dich ziehst.«

Das hört sich gut an, nicht wahr? Aber jetzt beginnen die Schwierigkeiten erst, denn nun wird die kluge Tochter wissen wollen, was »aufreizend« bedeutet und was »begehrliche Blicke« sind. Ich kann mir nicht helfen – ich verstehe Eltern, die Vorbehalte gegen eine so offene Sexualaufklärung haben. Und weil wir gerade dabei sind: Ich muß den Autoren der vielen sexualpädagogischen Bücher vorwerfen, daß sie sich die Sache zu einfach machen. Es ist schon nicht leicht, Kinderfragen zu beantworten; noch schwieriger ist es jedoch, natürlich und unbefangen mit unseren Kleinen über Geschlecht, Sex und Beischlaf zu plaudern. Schon bei der simplen Frage nach den entsprechenden Organen geraten wir in Schwierigkeiten, denn es gibt dafür keine natürlichen und unbefangenen Vokabeln. Wie unzutreffend ist allein schon das Wort Beischlaf! »Die Straße« ist da weit besser orientiert. Sie kennt Hunderte von treffenden Ausdrücken. Das ist kein Wunder, denn auf der Straße spricht man über Sex. Zu Hause wird betreten geschwiegen. Weder im gutbürgerlichen Wohnzimmer noch in der Küche der Arbeiterfamilie ist Sexualität ein Thema, über das man sich frei unterhalten könnte. Wird »derartiges« überhaupt einmal zur Sprache gebracht, so geschieht es häufig in der Weise, wie es Rotkäppchens Mutter versucht.

Sie hat ein starkes Motiv, darüber zu sprechen, denn sie sorgt sich um ihre Tochter; sie ahnt die Gefahr, in der sie ist, und möchte sie warnen. Dennoch schafft sie es nicht, offen darüber zu sprechen. Sie klärt nicht auf, sie informiert nicht einmal und kann folglich das Unglück nicht verhindern. Sie tut nicht, was zweckmäßig und vernünftig gewesen wäre: Rotkäppchen über das Wesen und die Absichten des Wolfs aufzuklären. Sie gibt ihrer Tochter keine Ratschläge und Hinweise, wie sie sich diesem Typ gegenüber verhalten müßte. Sie traut sich nicht einmal, das Wort »Wolf« in den Mund zu nehmen.

Rotkäppchen bleibt unaufgeklärt und unvorbereitet und tappt darum naiv und arglos in die Falle. Die Mutter weiß nichts anderes zu tun, als völlig unverständliche Warnungen auszusprechen: »Und lauf nicht vom Wege ab, sonst fällst du und zerbrichst das Glas.«

Vielleicht vermag ein erfahrener Erwachsener zu ahnen, daß sie mit dem Weg nicht den Waldweg zur Großmutter meint, sondern den »rechten Weg«, von dem das Kind nicht abkommen soll. Über den zweiten Teil der Mahnung wird er sich auch Gedanken machen müssen. Wieso eigentlich Glas? wird er sich fragen, denn eindeutig befindet sich eine Weinflasche in Rotkäppchens Korb und kein Glas. Und er wird nicht begreifen, daß man ein so großes Mädchen wie eine Dreijährige vor dem Hinfallen warnt.

Hier wird nur ein geschulter Psychologe verstehen, worauf die Mutter hinauswill. Er kann ihre Worte in Klartext übersetzen, und das würde sich etwa so anhören: Bleib auf dem rechten Weg, sonst verlierst du deine Unschuld und bist ein gefallenes Mädchen.

Das ist der Mutter Anliegen, hier sind ihre Ängste, und sie befürchtet nicht ganz ohne Grund, daß ihrer Tochter im Wald etwas passieren könnte. Sie beschließt ihren Ermahnungskatalog mit den Worten: »Und wenn du in die Stube kommst, so vergiß nicht, guten Morgen zu sagen, und guck nicht erst in alle Ecken herum.«

Damit wechselt sie das Thema und zieht sich auf die Position einer pflichtbewußten Mutter zurück, die ihrem Kind gutes Benehmen beibringt.

Das hier geschilderte Erziehungsverhalten der Mutter entspricht sehr weitgehend dem, was viele Eltern auch praktizieren. Sie glauben, durch Moralisieren ihre Kinder vor Schaden bewahren und besonders die Mädchen vor sittlicher Gefährdung schützen zu können. Ihre Erziehungsziele sind Bravheit und Folgsamkeit. Selbständigkeit und Eigeninitiative werden weniger als Tugend, sondern weit eher als Gefährdung angesehen. Auch dem Wissen steht man skeptisch gegenüber, soweit es sich nicht um Schulwissen handelt. Darum vermeidet man darüber hinausgehende Informationen und verpönt Neugier. Man hofft, daß Unwissenheit rein erhält. Oft – wie hier im Märchen – ist diese Hoffnung vergeblich.

Dennoch erhalten manche Eltern eine Bestätigung für ihr Erziehungsverhalten und erleben, daß ihre Kinder auf moralische Appelle positiv reagieren. Sie werden sehr glücklich sein und sich freuen, wenn ihr Kind brav verspricht: »Ich will schon alles gut machen« und ihnen vielleicht sogar noch die Hand auf dieses Versprechen gibt, so, wie es Rotkäppchen tut.

Aber diese Eltern freuen sich zu früh. Sie unterschätzen, wie gut Kinder sich anpassen können. Die spüren oft sehr genau, was man von ihnen erwartet, und gehen häufig darauf ein. Meist kommt es ihnen auch zugute, wenn sich die Eltern über ihr Verhalten freuen.

Zweifellos spürt Rotkäppchen, wie wichtig der Mutter das Thema ist, denn es reagiert darauf und gibt ihr ostentativ die Hand, um seinem Versprechen mehr Gewicht zu geben. Aber damit reagiert es absolut nicht auf den Inhalt des mütterlichen Appells. Davon wurde es weder berührt noch beeindruckt. Es hat sich nur äußerlich angepaßt und im nächsten Augenblick alles vergessen. Es zögert später keine Sekunde, dem Wolf in den Wald zu folgen.

Worte beeinflussen Kinder nicht. Mit Redensarten kann man sie nicht lenken, nicht ändern, nicht erziehen. Von entscheidender Bedeutung ist die Art der Beziehung, die Väter und Mütter zu ihren Kindern haben. Diese Beziehungen sind es, die sehr weitgehend die Verhaltensweisen der Kinder prägen. Die besondere Beziehung, die Rotkäppchens Mutter zu ihrer Tochter hat, ist des Mädchens Schicksal. Ihm wäre überhaupt nichts passiert, wenn ... Aber nun muß ich etwas weiter ausholen.

Wir haben außer acht gelassen, daß die Großmutter nicht wirklich existiert. Das aber bedeutet, daß sie dem Kind nichts geschenkt haben kann. Also stammen die Geschenke und das rote Käppchen von der Mutter. Sie ist es, die ihre Tochter (auch) verwöhnt. Sie »hübscht« sie an und stattet sie mit erotischen Emblemen aus. Sie macht dadurch Rotkäppchen eitel, und sie ist für des Kindes sinnliche Ausstrahlung verantwortlich.

Was hat sie davon?

Nun, sie ist in einer ziemlich schlechten Lage. Ihre Wünsche werden nicht erfüllt, und sie selbst kann sich in Richtung Sex-Appeal nicht das geringste leisten. Der Einsatz weiblicher Reize wird nur vor der Ehe toleriert; er war und ist vielerorts auch heute noch nur als Mittel legitim, einen Gatten zu erobern. Hat man den, dann ist es damit für alle Zeiten vorbei, und nicht zuletzt der eigene Mann würde gegen jegliche Art weiblicher Koketterie protestieren.

Aber die Mutter hat eine Tochter, einen Teil ihrer selbst, vielleicht ein junges Ebenbild. Mit ihr identifiziert sie sich, und sie delegiert, was sie selbst nicht leben darf, an sie. Also kleidet sie sie anziehend und macht sie zu einer »süßen Dirne«. Freilich tut sie das nicht bewußt. Sie ist sich in keiner Weise über ihr Handeln klar. Dennoch wird die Tochter spüren, was von ihr erwartet wird. Hier beeinflussen selbst unbewußte Wünsche der Mutter ein Kind mehr, als Worte es jemals könnten.

Rotkäppchen nimmt die Rolle an. Weiblich-kokett und dabei doch kindlich-unschuldig wirkt es auf seine Umgebung, und jeder findet es süß, niedlich und allerliebst. »Jedermann hatte es lieb«, heißt es im ersten Satz des Märchens, und darauf kommt es der Mutter an, denn sie wird diese Komplimente von allen Seiten zu hören bekommen, sie erfreut zur Kenntnis nehmen und sie unbewußt auf sich selber beziehen.

Ich will nicht behaupten, daß so alle kindlichen kleinen Weibchen entstehen. Aber etliche kommen auf diese Weise zustande. Ihre unzufriedenen, unbefriedigten und manchmal vielleicht auch unglücklichen Mütter machen sie dazu. Die Rolle, die solche Töchter übernehmen, schleift sich meist schnell ein und wird dann zur Gewohnheit. Die meisten spielen sie ihr Leben lang. Sie werden stets darauf bedacht sein, das Interesse ihrer Umwelt auf sich zu ziehen, beachtet zu werden und Komplimente zu hören.

Was viele Leute für ihren Charakter halten oder gar für angeborene Eigenschaften, sind erworbene Verhaltensweisen, ausgelöst von Müttern, die Mangel litten und in ihren Töchtern Trost suchten.

Nun aber hat die Mutter Angst, konkrete Angst um ihre Tochter, denn Rotkäppchen geht nicht ins Dorf, wo sich der Herr Pfarrer über sie freut, der Postbote oder die Krämersfrau. Das Kind geht in den Wald. Dort aber haust der in aller Welt bekannte böse Wolf. Der wird sich nicht mit artigen Komplimenten begnügen, das weiß die Mutter. Aber ihr Kind ahnt davon nichts. Arglos, unschuldig und gleichzeitig reizvoll wird es das böse Tier herausfordern, denkt die Mutter.

Der Wolf, das ist keine phantastische Vorstellung, blaß, farblos und letzten Endes irreal wie die Großmutter. Der Wolf ist ein Faktum, ein Bild, das jeder kennt und das viele fürchten. Nicht nur Rotkäppchens Mutter wird vor ihm warnen. Viele Mütter werden ihr möglichstes tun, ihre Töchter vor dem Wolf zu bewahren. Auch die Väter der Mädchen haben Angst vor ihm, und der Pastor auf der Kanzel predigt gegen ihn oder hört sich im Beichtstuhl Bekenntnisse derer an, die ihm zum Opfer fielen. Zwar ist der Wolf nicht der Teufel, aber ganz sicher ist er mit ihm verwandt, und Mütter, Väter und Pfarrer warnen nicht umsonst vor ihm. Der Wolf ist gefährlich.

Er wartet schon auf seinen Auftritt. Also kehre ich zur Handlung zurück: Unser kleines Mädchen begibt sich schutzlos und allein in den Wald, und da ist er auch schon, der böse Wolf. Sofort geschehen mehrere unerwartete Dinge.

Zunächst einmal fletscht die Bestie durchaus nicht bösartig die Zähne, sondern sagt artig: »Guten Tag, Rotkäppchen.« Wer hätte das gedacht?

Und wie reagiert unsere Heldin auf das wilde Tier, dessen Namen die Mutter nicht einmal auszusprechen wagte? Schreit sie, als er auftritt, gerät sie in Panik, ist sie von Entsetzen geschüttelt, vor Angst gelähmt? Nichts dergleichen. Freundlich erwidert sie seinen Gruß. Das ist alles. Nein, nicht ganz. Sie sagt: »Schönen Dank, *Wolf.*« Sie kennt sogar das böse Tier mit Namen.

Man sollte es nicht für möglich halten, aber gerade auf diesem Gebiet wird solches häufig passieren. Eltern, die sich mit dem Gedanken quälen: Wie sag' ich's bloß meinem Kinde?, werden nicht selten erleben, daß das für arglos und unschuldig gehaltene Töchterchen oder Söhnchen schon sehr wohl weiß, was man ihm vorbereitet in sorgfältig gewählten Worten mitteilen wollte.

Man muß sich nicht beunruhigen, wenn man seine eigenen Kinder falsch einschätzt. Es liegt daran, daß sie schon sehr früh eigene Bereiche haben, die wir nicht kennen. Es sind ihre Freunde, es ist die Kindergruppe. Wir haben kaum eine Chance zu erfahren, was sich hier abspielt. Wir wissen wenig von den gegenseitigen Beziehungen und meist nichts von den Gesprächen. Jedenfalls sind sowohl die Liebe als auch der Tod schon Themen im Kindergarten, und die Kleinen sind auf beiden Gebieten außerordentlich sachlich und unsentimental.

So verhält sich auch Rotkäppchen dem Wolf gegenüber. Es

zuckt mit keiner Wimper und pflegt mit dem Tier freundschaftliche Konversation. Mehr noch: Souverän geht das kleine Mächen mit dem großen Wolf um. Es handelt selbstbewußt und selbständig und erscheint dadurch in einer völlig neuen Rolle. Es ist absolut nicht mehr das folgsame Mädchen, das ergeben die Anweisungen der Mutter entgegennimmt.

Das anfänglich von der Heldin gezeichnete Bild des niedlichen, braven Mädchens erweist sich hier als falsch. Ihre Niedlichkeit entspricht allenfalls der Rolle, die sie für die Mutter spielt. Und brav ist Rotkäppchen auch nicht, denn die mütterlichen Anweisungen ignoriert es. Nicht einen Gedanken verschwendet es an die strengen Ermahnungen, und ohne Federlesens bricht es sein feierliches Versprechen. Von einem schlechten Gewissen zeigt es keine Spur.

Diese Reaktion ist ganz gewiß nicht darauf zurückzuführen, daß Rotkäppchens Mutter etwa durchsetzungsschwach wäre. Sie ist es nicht. Niemand wird an ihrer erzieherischen Kompetenz oder an ihrer Autorität zweifeln. Sie selbst auch nicht. Sie ist von sich durchaus überzeugt und gibt ihre Anweisungen aus einer Position der Stärke; mögen sie auch von den Worten her unklar und verworren erscheinen, die dahinter stehenden Normen und Überzeugungen sind eindeutig. Die Mutter wird nicht zu Unrecht davon ausgehen, daß Rotkäppchen schon wissen wird, was gemeint ist, und sie dürfte keine nennenswerten Zweifel daran haben, daß sich ihre Tochter entsprechend verhalten wird.

Viele Mütter, die ihre Kinder ähnlich erziehen, sind vom Erfolg dieses Erziehungsstils genauso überzeugt. Er hat schließlich jahrhundertealte Tradition und galt ebenso lange als der einzig richtige und als der einzig erfolgreiche.

Seit fast ebenso langer Zeit – so alt ist das Märchen – zeigt das kleine Rotkäppchen Grenzen dieses pädagogischen Optimismus. Es macht klar, daß der Glaube so vieler Eltern an die Bravheit und an den Gehorsam ihrer Sprößlinge ein arg naiver Glaube sein kann. Und das Verhalten der Märchenheldin ist gewiß kein Einzelfall. Es ist viel eher typisch.

Seit Generationen haben Kinder getan, was Rotkäppchen im Märchen tut: brav ja gesagt und dann nach eigenem Ermessen gehandelt. Kinder, denen man keinerlei Mitbestimmung einräumt, reagieren so. Sie nehmen sich den Freiraum, den man ihnen nicht zubilligt. Hinter dem äußeren Anschein von Gehorsam und Bravheit führen sie ihr Eigenleben, experimentieren sie und machen, wie Rotkäppchen, ihre eigenen Erfahrungen. Weil diese mit größerem Risiko verbunden sind, gegen den Widerstand und entgegen den Verboten der Erwachsenen gemacht werden, erfordern sie Energie und Durchsetzungskraft. Kinder schulen durch solche Erlebnisse ihre Kräfte, reifen dabei und gewinnen Profil. Wäre dem nicht so, müßten aus der Mehrzahl autoritär erzogener Kinder farb- und profillose Erwachsene geworden sein. Das ist nicht der Fall.

Das Märchen behandelt hier ein heißes Thema. Durch seine Heldin, mit der sich schließlich alle Kinder identifizieren, tritt es für höchst illegitime Aktionen und Verhaltensweisen des Kindes ein, illegitim jedenfalls aus der Sicht der Eltern. Rotkäppchen, Vorbild und positives Leitbild für alle Kinder, gehorcht nicht, bricht Versprechen, läßt sich auf fragwürdige und moralisch bedenkliche Abenteuer ein und zeigt eine ganz und gar unpassende Neugier. Was wäre, wenn sein Beispiel Schule machen sollte? Wenn Kinder nicht nur begeistert das Märchen hörten, sondern aus Rotkäppchens Verhalten Konsequenzen zögen? Plötzlich selbst weniger brav und folgsam, dafür aber neugieriger und abenteuerlustiger würden und sich wie die Heldin von allzu einengenden Eltern distanzierten?

Wenn Rotkäppchen so wirkte, dann wäre es in der Tat weit mehr als ein niedliches, süßes Ding. Es trüge unter seiner Schürze (oder wo auch immer) eine starke Portion sozialen Zündstoffs, denn unter dieser Voraussetzung würde das schöne Kind an den Grundfesten der traditionellen hierarchischen Ordnung rütteln, in der die Eltern anordnen und bestimmen und die Kinder zu gehorchen haben.

Derartige revolutionäre Tendenzen kann das Märchen selbstredend nicht zulassen. Täte es das, würde kein Erwachsener einem Kind jemals diese Geschichten erzählen. Denn wer wollte schon seiner eigenen Autorität freiwillig das Grab schaufeln? Also wird eindeutig klargemacht, daß der Heldin Übergriffe ein böses Ende finden: Zur Strafe und als Abschreckung für jeden wird das Mädchen vom Wolf gefressen.

Die französische Fassung endet hier, und jedes Kind soll nach diesem Schluß Rotkäppchens Eigenmächtigkeiten für lebensgefährlich halten.

In allen anderen Fassungen wird die Heldin gerettet, aber damit keiner auf den Gedanken kommen kann, es sei ganz reizvoll, vom Wege abzugehen, bereut Rotkäppchen sein Verhalten und versichert, in Zukunft der Mutter zu gehorchen.

Damit aber nicht genug, wird in den Grimmschen Fassungen ein übriges getan: Dem Märchen wird eine zweite Version angehängt. Die erzählt die Geschichte noch einmal, dieses Mal aber richtig und so, wie es sich gehört: Die Heldin denkt nicht daran, der Mutter nicht zu gehorchen. Sie hält ihr Versprechen und läßt sich nicht vom Wolf ansprechen. Sie findet ihn böse und weicht keinen Schritt vom Wege ab.

Damit ist die Welt endgültig wieder in Ordnung und jedwede Möglichkeit, irgendwelchen Sprengstoff zu zünden, ausreichend verhindert.

Oder doch nicht?

Die Anhangsgeschichte jedenfalls wird dazu meines Erachtens wenig beitragen. Sie wird das Original nicht korrigieren, denn kaum ein Mensch kennt diesen Anhang, obwohl er in jeder vollständigen Ausgabe von Grimms Märchen enthalten ist, auch in der Urfassung. Aber dieser Version fehlt ganz einfach der Reiz. So viel Bravheit ist fad und langweilt. Eine solche Heldin interessiert nicht. Rotkäppchen wurde nicht etwa darum berühmt, weil es so brav und folgsam war, sondern wegen des Gegenteils.

Und was den Zündstoff betrifft: Zwei Jahrhunderte rührte sich tatsächlich nichts. Dann aber, eigentlich ganz unerwartet, gab es doch eine Explosion. Eine bis dahin recht indifferente und angepaßte Jugend ging plötzlich auf die Barrikaden. Wir haben es erlebt. Eine zornig gewordene junge Generation knallte der erschreckten bürgerlichen Gesellschaft revoltierend ihre Forderungen auf den Tisch. Uns wollte sie aus den Zwängen einer spießbürgerlichen Moral befreien, und für die Kinder forderte sie die Befreiung aus der Unterdrückung durch Eltern, Schule und Staat. Sie verlangte für sie das Recht auf Individualität, Eigenleben und Triebbefriedigung, den Abbau von Repressionen, Frustration, Leistungsdruck und eine sexuelle Aufklärung ohne jedes Tabu.

Zunächst mag in den sechziger Jahren so mancher über einen derartigen Extremismus gelacht haben. Er lachte zu früh oder unterschätzte die jungen Leute. Denn heute finden wir allerorten die demokratisierte Erziehung und das befreite Kind.

Das Rotkäppchen von heute ist nicht mehr »ein gar allerliebstes, niedliches Ding von einem Mädchen«, das alle Leute so lieb haben. Es ist selbstbewußt und begegnet den Erwachsenen frei und ungebeugt. Um deren Meinungen und Ansichten kümmert es sich herzlich wenig; es orientiert sich lieber an Gleichaltrigen. Bravheit hält es nicht unbedingt für eine Tugend, und Folgsamkeit gilt ihm eher als Schwäche. Es tritt mutig für seine Belange ein, geht früh eigene Wege und nimmt mit sechzehn die Pille. Mit dem Wolf feiert es Partys, und den Klapperstorch hat es abgeschafft.

Die Reformer preisen diese Entwicklung als Fortschritt. Sie wollten das selbstbewußte und aktive Kind. Aber sie wollten auch friedliche und tolerante Kinder. Damit, so fürchte ich, hat es nicht so recht geklappt – und mit manchem anderen auch nicht.

Wie kaum jemals in der Vergangenheit terrorisieren sich heute Kinder gegenseitig. Sie neiden einander den Besitz, und je mehr sie bekommen, um so unzufriedener werden sie. Sie sind weder glücklich noch heiter, und charmant sind sie auch nicht, dafür aber aggressiv. Humor haben die wenigsten, und tolerant sind sie vornehmlich gegenüber eigenem Fehlverhalten.

Unserer Märchenheldin, die in aller Welt solchen Anklang fand, sind sie absolut unähnlich. Viele gleichen vielmehr der nörgelnden Mutter und damit der Vertreterin des Systems, das die Reformer so leidenschaftlich bekämpfen. Es geht wie so häufig: Die Extreme ähneln sich. Und wie so oft ist es auch hier nicht gelungen, ein mit so viel Vehemenz geschaffenes und vertretenes Ideal in die Wirklichkeit umzusetzen. Es ist noch nie gelungen.

Gleichwohl hatten die zornigen jungen Leute recht: Sie haben frischen Wind in die Gesellschaft gebracht und neue Impulse in die Erziehung. Das war notwendig. Erziehungsprinzipien, wie sie Rotkäppchens Muter praktiziert, haben sich überlebt und mußten abgelöst, zumindest aber neu überdacht werden. Und was unsere heutige Jugend betrifft: Auch in der sogenannten guten alten Zeit haben sich Kinderbanden blutige Straßenschlachten geliefert, und niemals waren Kinder so, wie alte, lieblich illustrierte Lesebücher glauben machen wollten. Außerdem hat fast jede Generation über ihre schlechte Jugend geklagt und lamentiert. Schon die alten Griechen taten es. So meinte der weise Sokrates vor über zweitausend Jahren: »Die Jugend liebt heutzutage den Luxus. Sie hat schlechte Manieren, verachtet die Autorität, hat keinen Respekt vor den älteren Leuten und schwatzt, wo sie arbeiten sollte. Die jungen Leute stehen nicht mehr auf, wenn Ältere das Zimmer betreten. Sie widersprechen ihren Eltern, schwadronieren in der Gesellschaft, verschlingen bei Tisch die Süßigkeiten, legen die Beine übereinander und tyrannisieren ihre Lehrer.« Aber was immer die Alten über die Jungen gedacht haben – bisher sind noch aus jeder Jugend brauchbare Erwachsene geworden. Auch unsere Jungen und Mädchen dürften da keine Ausnahme sein.

Dennoch kehre ich nicht ungern in den sonnigen Wald und zu den beiden ungleichen Figuren zurück, dem kleinen Mädchen und dem bösen Wolf. Erstaunlich gut kommen die beiden miteinander aus. Das wilde Tier erweist sich als freundlich und zuvorkommend, es benimmt sich wie ein Gentleman, und Rotkäppchen plaudert. Hier scheint die Welt noch so richtig in Ordnung zu sein.

Doch ist sie es naturgemäß nicht. Des Wolfes Freundlichkeit ist selbstverständlich nichts als Taktik, auf die das naive Kind hereinfällt. Schon die zweite Frage an das Mädchen zeigt seine wahren Absichten. Hinter seinem höflichen Getue steckt nichts anderes als niederträchtige Lüsternheit. Kaum haben die beiden die ersten Freundlichkeiten ausgetauscht, da will er kurz und bündig wissen: »Was trägst du unter der Schürze?«

Es ist ganz offensichtlich, daß unter der kleinen Schürze des kleinen Mädchens nicht der Korb mit Kuchen und Wein verborgen sein kann. Daran ist der Wolf auch gar nicht interessiert. Ihm ist an dem gelegen, was wirklich unter der Schürze ist. Dahin strebt er mit zielgerichteter Neugier. Aber er blitzt ab. Rotkäppchen reagiert auf seine Anspielung nicht. In der Urfassung überhört es seine Frage und fährt mit der Konversation fort, indem es auf die erste Frage, wohin es wolle, antwortet: »Die Großmutter ist krank und schwach, da bring' ich ihr Kuchen und Wein, gestern haben wir gebacken.« Elegant, nicht wahr? Geschickt und diplomatisch zieht sich das Mädchen aus der Affäre.

Bei den Brüdern Grimm sagt es, es habe Kuchen und Wein unter der Schürze, was offenkundig nicht stimmt, also ebenso offenkundig eine Ausrede ist. Wie immer Rotkäppchen auch reagiert haben mag: Es bringt den Wolf von seinem Ziel ab. Er gibt seine direkten und plumpen Annäherungsversuche auf. Ein Punktsieg des geschickten kleinen Mädchens über den groben Wolf.

Die Frage ist: Hat es ihn überhaupt verstanden? Ich denke, es hat. Sonst hätte es nachgefragt oder wirklich naiv geantwortet: »Unter meiner Schürze trage ich ein Kleid.« Ich glaube, es spielt nur die Arglos-Unschuldige.

Wer aber würde in Wirklichkeit einem kleinen Mädchen eine solche Frage stellen! Wer ist in dieser Weise neugierig und an derartigem so sehr interessiert? Der so fragt, wird kein Wolf sein, wird auch nicht drohen und böse sein. Tatsächlich stellen kleine Jungen solche Fragen, Alterskameraden. Sie sind in der Tat brennend daran interessiert, wie kleine Mädchen da unten aussehen, und wenn sie es richtig anstellen, zeigen viele recht gern, was unter ihrer Schürze verborgen ist, und sind auch ihrerseits neugierig, was kleine Jungen da so zu bieten haben.

Aber wer es so plump wie der Wolf anfängt, hat keine großen Chancen. Der elegantere Weg zu diesem Ziel führt über ein Spiel. Das klingt in der Bechstein-Fassung an. Rotkäppchen selbst gibt das Stichwort. »Ihr seid gewiß ein Doktor«, meint es. Darauf geht der Wolf nicht ein. Er kann es auch nicht. Doktorspiele sind tabu, natürlich auch im Märchen.

Für Eltern sind sie problematisch. Viele würden am liebsten davon gar nichts hören, und nicht wenige meinen, ihr Kind täte so etwas nicht. Die meisten täuschen sich. Diese Neugier ist so alt wie die Menschheit. Seit Eva sich im Paradies das Feigenblatt vorband, möchten die Männer dahintergucken. Diese Neugier beginnt sehr früh und hört im Grunde niemals auf. Aber sie ist verpönt.

Darum tritt im Märchen auch kein niedlicher kleiner Junge auf, wie es der Wirklichkeit entsprechen würde, sondern ein garstiger Wolf. Die Moral ist eindeutig: Alles, was mit Sexualität zu tun hat, ist tierisch, böse und so häßlich wie der Wolf. Auch derartige Spiele.

Dabei sind sie allen Kindergenerationen vertraut und weit verbreitet. Im eigentlichen Sinn sind sie nicht einmal sexuell. Jedenfalls sind sich viele Mitspieler dieser Seite der Sache nicht bewußt.

Erwachsene beurteilen derlei kindliche Aktivitäten äußerst zwiespältig. Die offiziellen Stellungnahmen schwanken zwischen Verpönung derartiger Spiele als Sünde, Schmutz oder Schweinkram und freundlicher Duldung. Dazwischen liegen diejenigen, die sie für unwichtig, unwesentlich und für nicht beachtenswert halten.

»Verbotene Spiele« sind für Kinder durchaus nicht unwichtig, denn dabei können sie ihre Neugier wirklich befriedigen. Die hier mögliche Anschauung kann nun einmal keine noch so gute Aufklärung bieten. Weder die schönsten Worte noch die deutlichsten Bilder können die Wirklichkeit ersetzen. Außerdem ist sie viel spannender.

Die Hoffnung, eine vernünftige Sexualerziehung werde sowohl derartige Spiele überflüssig machen wie überhaupt der kindlichen Neugier den Boden entziehen, hat sich nicht erfüllt. Wie sollte sie auch? Die Vertreter der sexuellen Aufklärung haben nämlich etwas sehr Wesentliches übersehen: die schizophrene Rolle, die die Erwachsenen dem Kind gegenüber spielen. Der Zwiespalt, in dem sie sich befinden, ist in der Tat nicht zu überbrücken, und damit stehen sie vor einer faktisch unlösbaren Aufgabe: Sie sollen ihren Kindern mit Worten genau das erklären, was sie täglich durch ihre Taten in jeder Weise vor ihnen verheimlichen und vertuschen. Nicht nur vor ihnen. Wir verstecken unser Liebesleben vor jedermann, besonders aber vor unseren »unschuldigen« Kindern.

Die meisten von ihnen kennen aus eigener Anschauung Küsse nur als unerotische Begrüßungszeremonie. Wir vermeiden vor ihren Augen oft schon einfache Zärtlichkeiten. Wir streicheln uns nicht, wenn sie dabei sind, wir kosen nicht miteinander, und auch mit Worten berühren wir das Thema Liebe nicht. Und seit Jahrhunderten ist das am strengsten gehütete Geheimnis der Eltern die Tatsache, daß sie auch miteinander schlafen. Wir vermeiden alles, was auf unsere diesbezügliche Liebesbindung hinweisen könnte.

Das mag gut gemeint sein, aber wir Eltern sollten uns nicht einbilden, daß wir unsere Kinder glauben machen könnten, wir seien lediglich eine asexuelle Interessengemeinschaft zur Aufzucht unseres Nachwuchses. Diese Rolle nehmen sie uns nicht ab. Das unaufgeklärte Rotkäppchen tat es nicht, schon gar nicht tun es unsere Töchter.

Wie sorgfältig hat Rotkäppchens Mutter das Geheimnis des Wolfes zu wahren versucht, und wie sicher dürfte sie gewesen sein, daß ihr Töchterchen noch ganz arglos und unwissend sei! Sie täuschte sich – wie viele Mütter sich täuschen. Das Märchen zeigt es: Das kleine Mädchen kennt nicht nur den Wolf und begrüßt ihn freundlich. Es weiß noch mehr. Genau beschreibt es ihm den Weg zur (Groß-)Mutter: »Unter den drei großen Eichbäumen, da steht ihr Haus, unten sind die Nußhecken.« Und jetzt kommt's; lässig fügt das Kind hinzu: »Das wirst du ja wissen.« Es weiß also um die Besuche des Wolfs, ahnt vermutlich, daß (Groß-)Mutter Wert darauf legt, kennt also ihr Geheimnis.

Man sollte den Spürsinn, das Ahnungsvermögen (oder was immer es ist) unserer Kinder nicht unterschätzen. Aber andererseits: Was passsiert schon, wenn sie das Geheimnis kennen? Rotkäppchen verhält sich da ganz sachlich und außerdem kooperativ. Es schickt den Wolf sogar noch hin. Mädchen haben in der Regel nichts gegen den Sex ihrer Mütter.

Aber der Wolf läßt sich nicht fortschicken. Er will an des Mädchens Schürze oder gar darunter, denn der Wolf ist die Lüsternheit in Person. Alles andere ist Heuchelei. Rotkäppchen und die Großmutter sind für ihn nichts als »fette Bissen«. Alles, was er scheinbar Gutes sagt, dient nur dem einen Zweck: Er will sie fressen, alle beide. Rücksichten kennt er nicht; ob zarteste Jugend oder hohes Alter, das ist ihm egal, Hauptsache, weiblich.

Unsere Heldin ficht das alles nicht an. Sie und ihre Schürze bleiben unberührt. Auf dem schmalen Grat zwischen Entgegenkommen und Distanz hält sie sich den Wolf erfolgreich vom Leibe. Furchtlos, freundlich und ohne sich etwas zu vergeben, plaudert sie mit ihm. Sie hört ihm auch zu und guckt sich um, als er es dazu auffordert. Denn ist es vielleicht etwas Schlechtes, worauf er hinweist? »Ich glaube«, so sagt er, »du hörst gar nicht, wie die Vöglein so lieblich singen? Du gehst ja für dich hin, als wenn du zur Schule gingst, und es ist so lustig draußen im Wald.« Also schlägt Rotkäppchen die Augen auf und sieht plötzlich die Sonnenstrahlen, die zwischen den Bäumen hin und her tanzen, und daß alles voll schöner Blumen steht. Da besinnt es sich nicht lange, läuft fröhlich in den verbotenen Wald und pflückt der Großmutter einen großen Strauß.

Ja, so kann es einem gehen mit Mädchen: Nach außen erscheinen sie brav und folgsam, artig geben sie Versprechen – aber sie halten sie nicht. Sie bleiben erstaunlich immun gegenüber elterlichen Moralvorstellungen und tun, bei nur scheinbarer Anpassung, doch das, was sie wollen. Das aber geschieht, wie bei Rotkäppchen, nicht eigentlich böswillig oder weil sie sich auflehnten oder trotzig wären, sondern weit eher arglos, und es scheint, als sei es ihnen in solchen Situationen ganz natürlich und selbstverständlich, sich keiner Schuld bewußt zu sein und sich auch nicht von anderen Zweifeln verunsichern zu lassen.

Manche Väter können sich bei dieser »weiblichen Moral« die Haare raufen, und ihre Töchter dürfen auf keinerlei Verständnis hoffen, denn Männer können ein solches Verhalten in der Regel nicht verstehen. Es liegt daran, daß sie es nicht kennen, weil sie anders sind und auch als Jungen anders waren.

Sicherlich haben sie genau wie Rotkäppchen Versprechen nicht gehalten und mütterliche Gebote übertreten. Aber dann hatten sie wenigstens ein schlechtes Gewissen, und manche haben sich sogar geschämt.

Rotkäppchen denkt nicht daran, und ein schutz- und hilfloses Geschöpf ist es auch nicht. Es ist selbständiger und eigenständiger, als man es im allgemeinen von kleinen Mädchen annimmt, und leicht verführbar (zu was auch immer) ist es auch nicht. Es ließ sich durchaus nicht vom Wolf überreden, sondern lief aus eigenem, freiem Entschluß in den Wald, und das tat es noch nicht einmal unüberlegt und bedenkenlos. Allerdings stellte es in der Tat keine moralischen Erwägungen an, wohl aber praktische. Es sagte sich: »Es ist so früh am Tag, daß ich noch zur rechten Zeit ankomme.« Erst nach dieser vernünftigen Überlegung gibt es sich dem neuen Abenteuer hin und gerät bei der Blumensuche immer tiefer in den Wald hinein, kommt dadurch aber durchaus nicht in irgendwelche Gefahren oder Nöte. Als es so viele Blumen hat, wie es tragen kann, macht es sich auf den Weg zur Großmutter. Kein Gedanke, daß es sich verläuft oder nicht zurückfindet.

Der Wolf, von Rotkäppchen plötzlich stehengelassen, muß resignierend auf das »junge, zarte Ding« zunächst einmal verzichten. Es hätte ihm – wie er überlegt – entschieden besser geschmeckt als die Alte. Er beschließt nun, mit ihr vorliebzunehmen, und macht sich geradewegs zum Haus der Großmutter auf.

Er denkt: »die Alte«, und dieser Ausdruck ist ein häufig gebrauchtes Synonym für die eigene Frau. Es wäre denkbar, daß sich im folgenden eine eheliche Szene anbahnt.

Unzweifelhaft erscheint, daß sich in dem vom Dorf getrennten, abgeschiedenen Haus jetzt Sexuelles abspielt, und in den Augen der Heldin dürfte es sich um den vor ihr so streng geheimgehaltenen Sex der Eltern handeln.

Dafür spricht einiges.

Der Wolf klopft an und ist willkommen. Seine Rotkäppchenmaskerade kann man meines Erachtens getrost übersehen. Sie verschleiert den sexuellen Sachverhalt, wie es in unserem Kulturkreis üblich und für ein Kindermärchen notwendig ist.

Auf sein Klopfen antwortet die (Groß-)Mutter bei den Grimms folgendermaßen: »Drück nur auf die Klinke.« Das klingt noch harmlos. Bei Bechstein ruft sie: »Greife unten durch das Loch in der Türe, da liegt der Schlüssel.« In der französischen Fassung heißt es: »Zieh das Pflöckchen, dann fällt das Stöckchen, und die Tür springt auf.« Nach diesen Worten erscheint es wenig wahrscheinlich, daß sie ihre Enkelin erwartet.

Der Wolf geht hinein und sagt nicht einmal guten Tag. Er findet auch keine sonstigen freundlichen Worte und schon gar nicht so schöne und verführerische, wie er sie gegenüber Rotkäppchen gebrauchte. In der Tat sagt er gar nichts; ohne ein Wort zu sprechen, geht er zum Bett und verschluckt die Großmutter. Vorher muß er ihr allerdings noch das Nachthemd ausgezogen haben, denn das zieht er anschließend an.

Es ist klar: So verhält sich kein Liebhaber. Da der Wolf aber – wie wir mit einigem Recht vermuten dürfen – auch kein böser Einbrecher ist, bleibt nur eine andere Lösung: Er ist der eigene Mann. Nur altgediente Ehemänner dürften Sex in derartig abgekürzter und lieblos-mechanischer Form praktizieren.

Das Bild des Fressens, welches das Märchen hier wählt, entspricht den Vorstellungen vieler Kinder. Sie verbinden die ihnen fremde Sexualität sehr häufig mit Aggression, Gewalttätigkeit und Kampf.

Für unsere Heldin ist an dieser Szene eine Nebensache wichtig: Die Tür blieb offen. Dies wird bei den Brüdern Grimm und bei Bechstein ausdrücklich erwähnt, und es heißt in beiden Fassungen, daß Rotkäppchen sich sehr darüber wundert, alles offen zu finden, »da doch sonst die Großmutter sich selbst gern unter Schloß und Riegel hielt«, wie Bechstein ergänzt.

Das ist verständlich: Dieser abgeschiedene Bereich wird von Eltern verschlossen gehalten, und sie achten besonders darauf, daß Kinder keinen Zutritt und keinen Einblick bekommen. Aber Pannen gibt es immer einmal. So wie hier. Rotkäppchen kommt also in die Stube, die eigentlich hätte verschlossen sein müssen, stutzt und sagt dann guten Tag, erhält aber keine Antwort. Zu sehen ist noch nichts, und was es jetzt vermutet oder hört, weiß man nicht. Bei den Grimms denkt es: »Ei, du mein Gott, wie ängstlich wird mir's heute zumut«, und die Situation kommt ihm seltsam vor. Bei Bechstein heißt es: »[...] wurd' ihm schier bänglich um das junge Herzchen.«

Jetzt wäre es wohl naheliegend, daß das unsicher gewordene und verängstigte Kind auf der Stelle umkehrte und das Haus verließe. Aber Rotkäppchen denkt nicht daran, scheint es nicht einmal zu erwägen, sondern tut das Gegenteil: Statt erschreckt zu fliehen, tritt es näher, geht zum Bett und zieht die Vorhänge zurück.

So erstaunlich, scheint mir, ist dieses Verhalten nicht. Nach des Wolfes Erkundigungen und Rotkäppchens genauer Beschreibung müßte man schon sehr naiv oder arg dumm sein anzunehmen, die Großmutter sei allein. Rotkäppchen ist weder das eine noch das andere. Es mag ängstlich und irritiert sein – denn schließlich ist es ja keine Kleinigkeit, den Eltern »dabei« zuzusehen –, vor allem aber ist es neugierig, und ganz sicherlich hat es diese Situation gewünscht. Vielleicht hat es sie gar geplant. Denn mit welchem Eifer und wie genau hat es dem Wolf den Weg beschrieben! Wenn dem so ist, dann hätte nicht der große, gefährliche Wolf den Gang der Handlung bestimmt, sondern das »allerliebste, niedliche kleine Rotkäppchen«. Ich würde es ihm zutrauen und ähnliche Aktivitäten und ebensolche Manipulationen allen kleinen Mädchen in Vergangenheit, Gegenwart und Zukunft. Ich fürchte, wir neigen dazu, unsere Töchter zu unterschätzen.

Rotkäppchen hat es geschafft. Es sieht jetzt, was Kinder, auch heutzutage, so gut wie niemals sehen, und es macht erstaunliche Entdeckungen. Die Großmutter ist auf eine fast unheimliche Weise verändert und erscheint gar nicht mehr vertraut. Ihr Bild ist mit dem des Wolfs auf merkwürdige Weise vermischt, und was trotz Schlafhaube und Nachthemd zu erkennen ist, sieht »gar schrecklich aus«, wie beispielsweise die behaarte Hand. Es muß nicht die Hand gewesen sein. In Märchen wie in Träumen kann jedes Organ durch ein beliebiges anderes dargestellt werden. Das gilt natürlich auch für die Ohren, die Augen, das Maul.

Rotkäppchen ist jedenfalls fasziniert. Es bestaunt, was es da alles sieht, und kommentiert seine Entdeckungen. Dabei beginnt es alle Sätze mit »Ei, Großmutter«, was erheblich dagegen spricht, daß die arme Heldin vor Angst und Schrecken schier gelähmt sei. Kleine Mädchen sind nicht so leicht zu erschrecken.

»Ei, Großmutter«, sagt Rotkäppchen staunend, »was hast du für große Ohren!«

Es stellt hier durchaus keine Frage; auch im weiteren Verlauf fragt es nicht. Man nimmt dies nur darum an, weil es Antworten bekommt. Tatsächlich sind es aber Feststellungen, überraschte Feststellungen, Ausrufe, die das Mädchen macht, und ich glaube, daß es in Wirklichkeit kein einziges Wort davon laut sagt. Es denkt das alles nur, denn es ist hier Zeuge einer Szene, bei der Erwachsene niemals die Anwesenheit von Kindern dulden würden. Sagte es nur einen Mucks, so wäre es sofort mit seiner Rolle als Zuschauer vorbei.

Rotkäppchen wird sich nicht unbedingt über die Organe so gewundert haben, die das Märchen zitiert. Dennoch sind sie gewiß nicht zufällig gewählt. »Große Ohren« machen Kinder, wenn sie etwas hören wollen, was sie nicht hören sollen. Und wenn sie etwas über das Liebesleben ihrer Eltern erfahren, dann meist über die Ohren. Auch Rotkäppchen dürfte zunächst etwas gehört haben. Seltener wird es gelingen, »große Augen« zu machen und dieses Geheimnis nicht nur zu belauschen, sondern es tatsächlich auch zu sehen. So gut wie keinem Kind wird es jedoch jemals möglich sein, ein so direkter, fast hautnaher Zeuge der »Urszene« zu sein, wie es die Heldin dieses Märchens ist. Sie hat die Möglichkeit und hat den Mut, der geheimnisvollsten Sache von der Welt auf den Grund zu gehen. Sie sieht nicht weg, sie verdrängt nicht, und sie schämt sich nicht. Sie zieht den Vorhang auf und sieht hin, sieht sehr genau hin, und alle neugierigen Kinder dürfen ihr dabei über die Schulter gucken, mitsehen, mithören und sogar mitfühlen, was da alles Geheimnisvolles und Unheimliches vorgeht. Rotkäppchen bietet allen Kindern einen Proszeniumsplatz bei der menschlichen Urszene.

Damit können wir nun wirklich nicht konkurrieren. Gegen diese sinnenhaft-anschauliche Szene mit ihren unmittelbar wirkenden Symbolen kommen wir nicht an. Da hilft uns auch alle Technik nichts. Bild und Film wirken im Vergleich zum Märchen vordergründig und platt, und unsere Worte, seien sie auch noch so sorgfältig gewählt, klingen dürr. Damit können wir kein Kind über die komplizierteste menschliche Beziehung aufklären. Wir können

Kindern nicht annähernd Gefühle erläutern. Wir können nur kärglich über Sachverhalte informieren. Das schadet zwar meist nichts, aber es nutzt auch nicht sehr viel.

Rotkäppchen geht noch einen Schritt weiter. Es sieht nicht nur zu und beschreibt nicht nur die vielfältigen sinnlichen Eindrücke. Es will noch mehr, will es ganz genau wissen. Dafür gibt es die – gegenüber dem folgenden – relativ sichere Zuschauerposition auf und läßt sich in die Szene einbeziehen. Auch das geschieht natürlich nicht real. Sowenig das Mädchen fragt, sowenig bekommt es Antworten. Tatsächlich steht es weiterhin nur daneben und sieht zu. Es bezieht sich nur über seine Vorstellung, über seine Phantasie in die Handlung ein. Aber bei Kindern ist die Grenze zwischen Phantasie und Wirklichkeit sehr viel verschwommener. Sie erleben sehr oft tatsächlich das, was sie sich ausdenken.

Und noch eins können Kinder: Sie identifizieren sich mit anderen, vorzugsweise mit den Eltern, und Mädchen in besonderem Maße mit der Mutter.

Beides tut Rotkäppchen in dieser Situation.

»Ei, Großmutter, was hast du für große Augen?« sagt es. »Damit ich dich besser sehen kann«, lautet die Antwort. Und nun richten sich, fast tatsächlich, die Augen des Wolfs auf das Kind. Es ist jetzt nicht mehr passiv, sondern spielt mit und erlebt, wie es ist, vom Wolf so angesehen zu werden. Es stellt dabei fest, daß diese Augen sich sehr von denen der Großmutter unterscheiden, sehr anders, sehr groß sind. Noch fremder sind die großen, behaarten Hände. »Daß ich dich besser packen kann«, heißt es bei den Brüdern Grimm. Bei Bechstein: »Daß ich dich damit gut fassen und halten kann.« Und schließlich in der französischen Fassung: »Damit ich dich besser umarmen kann.«

Über derartige Funktionen der männlichen Arme steht nichts in den Lesebüchern. Niemand erzählt Kindern darüber etwas, und selbst in Liebesromanen streicheln die Liebhaberhände nur. Hier greifen sie nach der Heldin: herrisch, besitzergreifend, grob, aber auch sinnlich-zärtlich.

Rotkäppchen nimmt es zur Kenntnis. Es erschrickt nicht darüber. Vielleicht denkt es: »So ist das also.« Dann wendet es sich dem letzten, allerdings sehr befremdlichen Organ zu. Hier sagt es nicht mehr »Ei, Großmutter«, sondern: »Aber Großmutter, was hast du für ein entsetzlich großes Maul!«

Dieses entsetzlich große Ding bringt selbst das bisher so mutige und selbstsichere Rotkäppchen ein wenig aus der Fassung, und das ist verständlich.

Dennoch läuft es auch jetzt nicht davon. Es zeigt keinerlei Zeichen von Schrecken oder Angst und gibt auch nicht zu erkennnen, ob es nun genug gesehen habe. Nein, es wartet ab, was es mit diesem Organ auf sich hat. »Damit ich dich besser fressen kann«, erfährt es, und dann springt der Wolf, laut Urfassung, auf das arme Rotkäppchen und verschlingt es.

So ist das also, aber das kann ein kleines Mädchen nun wirklich nicht verstehen, weder die Worte noch was dann folgt. Der »kleine Tod« – so sagen die Franzosen –, den Rotkäppchen hier miterlebt, stürzt es in tiefe Dunkelheit; es ist am Ende seiner Möglichkeiten und der Situation, die es heraufbeschwor, nicht mehr gewachsen. Was es hier erlebt, kann es nicht verstehen, nicht einordnen, nicht verarbeiten.

Ganz anders befindet sich der Wolf. Der hatte, wie es bei Grimm heißt, »sein Gelüsten gestillt« und tut nun, was auch so viele (Ehe-) Männer hiernach tun: Er dreht sich um, schläft ein und schnarcht.

Unsere Heldin hatte sich überschätzt. Sie ist in eine Lage geraten, aus der sie ohne Hilfe nicht mehr herauskommt.

Jetzt mögen sich Moralisten die Hände reiben und befriedigt feststellen: Das hat sie nun davon. Wäre sie den Ermahnungen der Mutter gefolgt, wäre ihr nichts passiert. Und weiter könnten sie folgern: Sollen doch die Kinder ihre Nase aus Dingen heraushalten, die sie noch nichts angehen.

Na, schön.

Aber wenn Kinder ihre Nase nicht in alles mögliche steckten, wenn sie immer nur brav wären und gehorchten, dann machten sie auch keine eigenen Erfahrungen, und durch die lernt man letztlich doch am meisten. Und wenn Kinder nicht gelegentlich ihre Grenzen ausprobierten und dabei hereinfielen oder scheiterten, dann lernten sie weder sich selbst noch ihre Kräfte kennen. Außerdem bringen solche Experimente sie in aller Regel nicht um. Das zeigt die Heldin. Sie hat das Abenteuer überstanden, ohne Schaden zu nehmen, denn kaum ist sie aus dem Wolfsbauch heraus, da sagt sie freundlich »guten Morgen« (bei Bechstein). Es zeigt sich aber auch, daß sie aus den gemachten Erfahrungen gelernt hat. Was die Worte der Mutter nicht bewirkten, geschieht nach ihrem Erlebnis:

Sie läuft sofort los, holt Steine und füllt dem Untier damit den Bauch. Der Wolf, mit dem sie eben noch so freundlich geplaudert und so selbstsicher geflirtet hatte, ist für sie böse geworden. Sie ist zur Mutter, in deren Schutz und zu deren Normen zurückgekehrt und befindet sich nun wieder in Sicherheit. Der Jäger zieht dem »alten Sünder« den Pelz ab. Danach sind »alle drei vergnügt«. Die Großmutter liegt nicht mehr im Bett; sie ist nach ihrem Erlebnis mit dem Wolf zwar noch etwas außer Atem, was man gegebenenfalls verstehen kann, aber ansonsten »wieder frisch und gesund«, also nicht mehr krank und schwach. Man trinkt zusammen den Wein und ißt den Kuchen.

Das war's. Die Welt ist wieder in Ordnung, und jedermann ist zufrieden. Rotkäppchen mußte wieder brav werden, und das ist gut so, denn für den Wolf ist es zu jung und folglich unverdaulich. Es braucht noch die Eltern und etliche Jahre Zeit, bis es den Sex nicht mehr als »Fressen« mißversteht. Dann allerdings wird es am Wolf und an seinen Ambitionen nicht nur akademisches Interesse haben. Aber auch als großes Mädchen wird es mit ihm umzugehen wissen und auch dann sehr häufig den Gang der Handlung bestimmen. Viele Wölfe werden es allerdings nicht merken.

Aber so ist das Leben nun einmal, denn so sind eben die Mädchen, die kleinen wie die großen, und so müssen wir halt mit ihnen leben. Zwar kann ich mich nicht zu Charles Dickens' Enthusiasmus aufschwingen. Aber nett finde ich Rotkäppchen auch.

Das Gruseln

Die Geschichte eines von allen verspotteten Jungen, der sich trotzdem nicht von seinem Ziel abbringen läßt, vom Vater verstoßen wird, mit Leichen plaudert, sich mit Gespenstern herumschlägt und dafür am Ende mit einer Prinzessin glücklich wird

Ein Vater hat zwei Söhne. Der ältere heißt Matthes, und ihn gruselt's. Er ist furchtsamer Natur. Im Dunkeln mag er nicht an einem Friedhof vorbeigehen, und ihm schaudert die Haut, wenn abends am Feuer Gespenstergeschichten erzählt werden. Das aber ist sein einziger Mangel. Ansonsten ist er durchaus nicht auf den Kopf gefallen, sondern klug und gescheit. Er weiß sich in alles wohl zu schicken, gibt sich Mühe, und wenn etwas zu tun ist, dann macht er es gut.

Der zweite Sohn, Hans, beneidet seinen älteren Bruder, aber nicht etwa um dessen positive Eigenschaften. Die sind ihm gleichgültig. Er beneidet ihn, weil es Matthes gruselt – im Gegensatz zu ihm. Hans macht es nichts aus, über den finsteren Friedhof zu gehen, und bei Gespenstergeschichten empfindet er nicht das geringste. Darum will er das Gruseln lernen und meint: »Das wird wohl eine Kunst sein, von der ich auch nichts verstehe.«

Verständlicherweise lacht Matthes ihn aus und denkt: »Du lieber Gott, was ist mein Bruder ein Dummbart, aus dem wird sein Lebtag nichts.« Der Vater ist der gleichen Meinung und findet, daß bei Hans Hopfen und Malz verloren sei. Und auch die Leute denken so. Sie glauben, daß der Vater mit Hans noch seine Last haben werde.

Hans gilt als dumm. Er sei, so heißt es, schlecht beschlagen, könne nichts begreifen und lernen, richte alles falsch aus und habe ein Brett vor dem Kopf.

Aber so, wie es Hänschen nicht gruselt, macht ihm auch die schlechte Meinung der Leute nichts aus. Sie stört ihn nicht und ärgert ihn nicht, denn er lebt »ganz sorglos und arglos in die Welt hinein, wie die Dummen leben«, nach der Devise: »Hänschen, lerne nicht zuviel, du mußt sonst zuviel tun.«

Wer hätte schon gern einen solchen Sohn?

Da ist Matthes doch von ganz anderer Art! Er ist nicht nur klug und gescheit, sondern auch »anstellig und pfiffig über alle Maßen«. Und was macht es schon, daß er sich im Dunkeln fürchtet? Viele Jungen würden nachts nicht freiwillig über einen Friedhof gehen.

Dennoch: Nicht der brave und allerseits beliebte Matthes ist der Held dieses Märchens. Er ist nur eine belanglose Nebenfigur, die nach der ersten Seite nicht mehr erwähnt wird. Die Hauptrolle spielt Hans. Stets wird er überlegen mit allen Widrigkeiten fertig, besiegt alle Gegner und bekommt am Schluß die schöne Königstochter.

Was ist so Besonderes an ihm?

Nichts, meine ich. Er ist, was viele Märchenhelden sind, ein typisches Kind, ein typischer Junge in diesem Fall.

So, wie viele Jungen von Natur aus nicht sehr fleißig sind und versuchen, sich das Leben möglichst angenehm und bequem zu machen, reißt auch Hans sich nicht um Arbeit. So, wie viele Jungen sich nicht für das interessieren, was sie lernen sollen, sondern mehr dafür, was sie lernen wollen, interessiert Hans sich fürs Gruseln und für nichts anderes.

Nur in einem Punkt ist er anders: Er sagt, was er denkt, er verrät die Devise, nach der er lebt – und das tut man eben nicht. Diese Ehrlichkeit ist unerwünscht, und prompt spürt Hans die Folgen: Er wird wegen seiner Einstellung diffamiert und als dumm und naiv bezeichnet. Das ist er jedoch ganz und gar nicht, jedenfalls nicht dumm. Sein Motto ist keineswegs unintelligent. Es ist praktisch, nützlich und nicht zuletzt erfolgreich: Wann immer der Vater »etwas verrichtet haben« will, so muß er's Matthes tun lassen. Das »dumme Hänschen« kann in seiner Ecke sitzen bleiben und sich ins Fäustchen lachen.

Hans gruselt es nicht. Das heißt indessen nicht, daß Jungen allgemein sich nicht fürchten. Sie haben auf diesem Gebiet erhebliche Schwachpunkte, und in mancher Hinsicht sind sie ängstlicher als Mädchen. Aber Angst vor Friedhöfen gehört nicht zu ihrem typischen Verhalten. Im Gegenteil, hier überwiegen sehr häufig Neugier und Abenteuerlust jede Scheu.

In einem der besten Kinderbücher, in ›Die Abenteuer des Tom Sawyer‹ von Mark Twain, ist eine Friedhofszene. Der junge Held und sein Freund Huckleberry Finn schauen zu, wie um Mitternacht im Laternenschein ein Toter ausgegraben wird. So etwas fasziniert Jungen, und mancher mag davon träumen, in einer Gruft unter Totengebein einen Schatz zu finden.

So sind viele Jungen.

Aber natürlich ist auch Matthes typisch. Er ist typisch dafür, wie sich Eltern ihre Söhne wünschen. Nach einem solchen Leitbild haben seit Beginn der Neuzeit die Bürger ihre Söhne erzogen, und in der Regel waren ihre Bemühungen erfolgreich. Die Eltern wurden dabei von der Gesellschaft unterstützt. Ob Schule, Kirche oder Publizistik, es gab nur einen Jungentyp: den des Matthes. Ausnahmen und Abweichungen wurden nicht geduldet, von den Vätern nicht, von den Lehrern und Pfarrern auch nicht. Ludwig Richter und andere Illustratoren zeichneten in Lese-, Kinder- und Märchenbücher nur folgsame und brave Jungen. Die dazugehörigen Kindergeschichten, -gedichte und -verse handeln auch von nichts anderem.

Böse Kinder erscheinen im berühmten ›Struwwelpeter‹ des Arztes Heinrich Hoffmann. Aber denen geht es schlecht. Zur Warnung und Abschreckung wird gezeigt, wohin abweichendes Verhalten führt: Wer mit dem Feuerzeug spielt, muß elendiglich verbrennen, der Suppenkasper endet im Grab, auch wer nur träumt, wird bestraft und muß fast ertrinken, und dem Daumenlutscher werden »klipp-klapp« beide Daumen abgeschnitten. Das Kind schreit, und das Blut spritzt.

Auch Wilhelm Busch stellt mit Max und Moritz böse Buben dar. Er erzählt zwar genußreich ihre Streiche, aber am Ende müssen seine beiden Helden sterben, werden buchstäblich durch den Wolf gedreht, zur eindringlichen Warnung für jeden etwaigen Nachahmer.

Die Zusammenarbeit in der Gesellschaft war perfekt. So wurden aus den faulen, frechen, abenteuerlustigen, neugierigen, phantasievollen, schmutzigen, originellen männlichen Kindern brave, saubere, angepaßte Knaben, die sich »in alles wohl zu schicken« wußten. Bei Matthes ist der Prozeß so vollkommen gelungen, daß er sich mit diesen Erziehungsmaximen identifiziert und selbst verkündet: »Was ein Häkchen werden will, muß sich beizeiten krümmen.« Also krümmt er sich und verspottet seinen Bruder, der sich gerade hält.

Eine einzige Kunstgattung machte den allgemeinen Trend nicht mit: das Märchen. Die Märchen konnten es sich leisten, denn sie galten als »Ammengeschichten«; man nahm sie nicht für voll und kontrollierte sie folglich nicht. Märchen boten (und bieten) Alternativen. So wie dieses.

Aber auch das Märchen läßt jungenhafte Faulheit nicht ins Kraut schießen. Der Märchenvater schreckt Hans in dessen Ecke auf und findet, daß der Junge endlich etwas lernen müsse. Er schilt ihn einen großen, starken Lümmel und nennt ihn »Hans Dampf«, was zeigt, daß Hänschen ganz sicherlich kein Stubenhocker war und genügend Unternehmungslust gehabt haben muß, wenn auch wohl kaum auf den vom Vater gewünschten Gebieten. Nun aber soll er etwas lernen, womit er später sein Brot verdienen kann. Hans will das Gruseln lernen.

Darüber kann der Vater nur seufzen. Er versichert seinem Sohn, daß er damit nicht einmal ein Körnchen Salz verdienen könne, und meint, Hans müsse »ein wenig zugestutzt« werden. Er gibt ihn zu seinem Nachbarn, dem Küster und Schulmeister. Der ist überzeugt, dem Jungen das Gruseln ohne weiteres »anlehren« zu können. »Das kann er bei mir prächtig lernen«, versichert er und führt Hans in seine Schule. Schon damit, so glaubt er, könne er ihm das Gruseln beibringen.

Er hat so unrecht nicht. Mit der Einschulung ist es um die kindliche Freiheit geschehen. Es ist vorbei mit dem unbegrenzten Spielen, mit der Möglichkeit, sich nur dem zuzuwenden, wozu man Lust hat. Selbst der Bewegungsdrang wird drastisch eingeschränkt, und man muß Sachen lernen, deren Sinn man nicht einsieht. Der Satz, den Generationen von Eltern Generationen von Kindern predigten und noch predigen, daß man in der Schule fürs Leben lerne, ist durchaus richtig, aber für kein Kind einsichtig. Den Satz versteht man erst, wenn man selbst erwachsen ist. Prinzipiell ist Schule für Kinder Einengung, Freiheitsentzug, Zwang. Einsichtige Pädagogen wissen das. Auch der Märchenschulmeister scheint sich dessen bewußt zu sein, oder er erinnert sich noch sehr deutlich seiner eigenen Erfahrungen als Schüler. Jedenfalls schildert er seine Schule als das »allerelendeste Nest von einem Haus im ganzen Ort« und fährt fort: »Mich gruselt's den ganzen Tag, daß mir's über dem Kopf zusammenfällt und einmal die hoffnungsvollen Rangen untereinander erschlägt.«

Kann Schule »hoffnungsvolle Rangen« erschlagen? Gewiß kann sie, denn in der Schule sind kindliche Spontaneität und Ursprünglichkeit nicht gefragt. Phantasie und Originalität werden unterdrückt, kindliche Eigeninitiative ist unerwünscht, Abenteuerlust wird nicht gelehrt, spontanes Interesse nicht beachtet. Für die notwendigen Anforderungen gibt es bei Kindern keine natürliche Motivation, und starre Regeln und Bestimmungen stehen dem kindlichen Freiheitsdrang entgegen. Für viele ist Schule in der Tat ein Platz zum Gruseln. Von dieser Institution werden bestimmt all jene Kinder »erschlagen«, die hier nur Mißerfolge erleben, die plötzlich feststellen müssen, daß sie zwar wunderbar auf Bäume klettern und tolle Höhlen bauen können, aber das Rechnen, Schreiben und Lesen nicht begreifen.

Leicht haben es die Matthes-Typen. Sie haben sich schon bedingungslos dem Vater angepaßt und merken, daß der Lehrer auch nichts anderes verlangt. Sie setzen also ihre Entwicklung nahtlos fort, und ihre Zukunftsaussichten sind nicht schlecht. Sie werden sich auch weiterhin anpassen, richtig finden, was alle richtig finden, tun, was »man« tut, glauben, was die Mehrheit glaubt, und sie werden sich schämen, wenn sie anders sind. Diese Jungen machen ihren Weg, sie finden ihr Auskommen und die notwendige Anerkennung. Sie werden in ihrem durchschnittlichen Leben durchschnittliche Schwierigkeiten und Freuden haben, und mehr wollen sie in der Regel auch nicht. Man kann sie beruhigt ziehen lassen.

Schwer setzt die Schule den Originellen zu. Ganz gleich, welcher Art ihre Originalität ist, und sei es nur, daß sie über Mutterwitz verfügen – die Institution Schule bekämpft sie. Schon eine bestimmte Art von Lächeln kann Schülern zum Verhängnis werden, wenn ein Lehrer sich davon provoziert fühlt – wozu mancher Lehrer neigt. Eigene Meinungen sind selbstverständlich verpönt, und Kritik ist ganz und gar unbeliebt. Aber auch Träumer und die Stillen im Lande werden nicht akzeptiert; man nötigt sie, aufzuwachen und zu tun, was allein richtig und wichtig ist: fürs Leben lernen. Künstlerische Naturen mögen noch so viel können – es imponiert der Schule nicht. Sie müssen das Übliche tun, und zwar nicht anders als in der dafür vorgeschriebenen Art und Weise.

Die Institution Schule steht auf dem Standpunkt: Intelligenz ist Anpassung. Wer sich nicht anpaßt, ist folglich dumm, erhält entsprechende Zensuren, und nicht selten bleibt er sitzen.

Für einige kann die Schule auch ein Segen sein: für die wissenschaftlich Begabten. Sie nämlich sind häufig bei ihren Vätern unbeliebt, werden im Haus und oft auch auf der Straße nicht anerkannt und finden in der Schule zum erstenmal ein ihnen angemessenes Tätigkeitsfeld. Sie wachen dort auf, entwickeln sich und gewinnen Selbstvertrauen und Stärke.

Hans läßt die Schule völlig kalt. Sie interessiert ihn nicht und tangiert ihn nicht. Das wackelige und von Einsturz bedrohte Schulhaus ist ihm »gerade so einerlei« wie »dem Schulzen und der ehrsamen Gemeinde«, und das Gruseln lernt er da selbstverständlich nicht.

Also sinnt der Küster »auf ein andres Stücklein«; das, so meint er, werde dem Hans das Gruseln auf alle Fälle beibringen. Er weckt ihn um Mitternacht, heißt ihn aufstehen, in den Kirchturm steigen und die Glocke läuten. Er geht heimlich voraus, hüllt sich in ein weißes Bettuch, stellt sich auf der Treppe, dem Schalloch gegenüber, auf und beginnt schrecklich zu stöhnen, als Hans zum Glockenseil greift.

Offensichtlich kennt der Küster Jungen schlecht. Alte Kirchtürme sind für sie ungeheuer anziehend, haben jedoch in der Regel den Nachteil, nicht nur verboten, sondern auch verschlossen zu sein. Jetzt darf Hans den Turm sogar ganz offiziell betreten und dann auch noch zu nächtlicher Stunde die Glocke läuten und damit ungestraft alle Leute wecken. Das ist nichts zum Erschrecken, das ist ein Spaß. Und noch eins kommt hinzu: Hans vertritt den Küster, und alle Jungen spielen gern große Rollen. Hans spielt jetzt den Küster, also den Hausherrn. Jemand Unbefugtes tritt auf, und der Junge stellt ihn zur Rede. »Wer bist du?« ruft er ihn an. »Was willst du?« Die Gestalt schweigt. Hans wiederholt seine Frage mit »stärkerer Stimme« und rät dem Wesen: »Gib Antwort oder mache, daß du fortkommst, du hast hier in der Nacht nichts zu schaffen.«

Hans läßt sich also durchaus nicht gleich zu unüberlegten Handlungen hinreißen, überschreitet seine Kompetenzen nicht. Er spielt seine Rolle nicht schlecht.

Der Küster bleibt »starr und unbeweglich« stehen, damit der Junge glauben soll, er sei ein Gespenst. Hans kommt nicht auf diese Idee; er assoziiert ihn mit etwas ganz anderem. »Hast du kein Maul, Schneemann?« fragt er ihn und droht dann, wenn er nicht antworte, werde er ihn die Treppe hinabwerfen.

Allerspätestens hier hätte dem Küster klar sein müssen, daß sein Plan fehlgeschlagen ist. Aber nein, er versucht es weiter, gibt keinen Laut von sich und bleibt stehen, als wenn er »von Stein wäre«. Er macht noch einen Fehler; er denkt: »Das wird so schlimm nicht gemeint sein.« Auch hier täuscht er sich in der Mentalität von Jungen. Oft sind sie im Gegensatz zu ihren Eltern konsequent und halten ihr Wort.

Hansens Drohungen sind nicht leer, aber er ruft die Erscheinung trotzdem noch einmal an. (Man kann ihm wirklich nichts vorwerfen.) Erst als auch das vergeblich ist, nimmt er einen Anlauf und stößt die Gestalt die Treppe hinab, daß sie in der Ecke liegenbleibt. Danach erfüllt er die ihm übertragene Aufgabe und »schwingt gar wacker den Glockenstrang«.

Der Küster hat seine Aufgabe nicht erfüllt. Dabei war er so zuversichtlich gewesen! Er durfte es sein, denn normalerweise respektieren die Menschen die Instanzen, die er vertritt. Sie kuschen in der Schule, und sie fürchten Gott und seine Kirche. Schon das Bauwerk macht ihnen deren Stellenwert klar: Hoch erhebt es sich über ihre Häuser, lauter als alles andere tönt seine Glocke.

Doch Hans haben weder Schule noch Kirchturm imponiert, und den Küster hat er nicht respektiert; vielmehr hat er sich mit ihm identifiziert und ihn imitiert. Ein solches Verhalten mag der Küster berücksichtigt haben, denn er ist dem Jungen nicht persönlich gegenübergetreten, weder als Amtsperson noch von Mensch zu Mensch, sondern als eine anonyme Größe. So erscheint er ihm in der Dunkelheit der Nacht, zu bedeutsamer Stunde und auf überhöhtem Platz. Die meisten Leute wären von diesem Auftritt entsprechend beeindruckt gewesen. Sie hätten in dieser unheimlichen Gestalt einen Geist gesehen, und da er im Turm des Gotteshauses auftritt, vermutlich nicht den Teufel.

Das will der Küster. Seine Erscheinung, so hofft er, soll die anonyme Autorität der Instanzen darstellen, denen er normalerweise dient. Er demonstriert deren Macht. Damit will er Hans in die Knie zwingen und ihn gruseln machen.

Hans gruselt es nicht. Das Unbekannte erschrickt ihn nicht. Er will nur wissen, wer es ist und was es will. Aber er bekommt keine Antwort, auch auf seine weiteren Fragen nicht.

Die altehrwürdigen gesellschaftlichen Institutionen beantworten keine Fragen. Sie haben schon alle Antworten gegeben und der Menschheit verkündet. Als geschriebene und ungeschriebene Gesetze, als Dogmen und Glaubenspostulate stehen sie »starr und unbeweglich« und wie in Stein geschlagen fest. Der kleine, unbedeutende Mensch hat sich danach zu richten, zu gehorchen, zu glauben, sich den Forderungen und Weisungen entsprechend zu verhalten. Zu fragen hat er nicht, denn gesellschaftliche Normen stehen nicht zur Disposition und nicht zur Diskussion, mögen sie auch wie die Stiegen der Dorfkirche »ausgetreten, verrottet, eng und voll jahrhundertealten Staubes« sein oder so wackelig und baufällig wie das alte Schulhaus.

Aber dies kann unser Held noch nicht erkennen, diese Dimensionen vermag er nicht zu erfassen. Er reagiert auf seine Weise: naiv-jungenhaft mit physischer Aktion. Damit kann er naturgemäß das hier gestellte Problem nicht lösen, und darum stürzt er auch nicht etwa den unzulänglichen Vertreter eines überlebten Prinzips von morschem Sockel, sondern nur den armen Küster die Treppe hinunter.

Aber so ganz unverdient, finde ich, erleidet dieser sein Schicksal nicht, hat er sich doch seine Aufgabe reichlich leichtgemacht und sein Amt schlecht versehen, denn er hat nicht einmal den Versuch unternommen, dem Jungen, wie er versprach, etwas »anzulehren«, ihm etwas beizubringen. Das einzige, was ihm einfiel, war, ihn zu erschrecken und ihm eine fragwürdige Machtdemonstration zu bieten.

Wenn schon Institutionen zu den wißbegierigen Fragen kleiner Jungen schweigen müssen, so hätte der Küster doch als Mensch antworten, seine dumme Verkleidung – von der er ja gemerkt hat, daß sie nichts nutzte – ablegen und mit Hans auf dem nächtlichen Turm ein vertrautes Gespräch führen können. Das tat er nicht, so weit ging er nicht. Wie der Vater läßt er den Jungen mit dessen Problemen allein, hilft ihm nicht, erklärt ihm nichts, wendet sich ihm nicht zu, zeigt kein Verständnis.

Er handelt wie viele Väter und Erzieher, die nichts weiter tun, als den Kindern durch Ängstigen und Erschrecken die notwendigen Normen beizubringen und unlebendiges Wissen in sie hineinzustopfen.

Manche Knaben nehmen das hin, andere nicht, und weit mehr, als wir denken, machen sich ihre eigenen Gedanken und verhalten sich auf ihre eigene Weise. Aber das zeigen sie uns nicht, darüber reden sie nicht, denn sie wissen, wie wir reagieren: wie der Vater und der Küster. Wer setzt sich schon freiwillig solcher Behandlung aus? Von Hans erfahren wir, wie er denkt; er sagt laut, was er meint, und zeigt seine Gefühle. So ist er sich nach dem Treppensturz keinerlei Schuld bewußt; er läutet die Glocke zu Ende, »als wäre nichts vorgefallen«, und klettert »wohlgemut die Stiege hinab«. Um den jammernden »Geist« kümmert er sich nicht; er läßt ihn liegen. Und als er erfährt, daß es der Küster war, den er die Stiegen hinuntergeworfen hat, sagt er nur lapidar und reichlich unbeeindruckt: »So!«

So können Jungen sein. Viele verfügen über eine solche naive, folgerichtige, aber ebenso rigorose Moral. Aber wir lassen sie nicht so. Durch unsere Erziehungsmaßnahmen nötigen wir sie, sich unseren Maßstäben anzupassen. Die meisten tun das, mehr oder weniger äußerlich. Wer sich jedoch offen weigert, sich sperrt, Widerstand leistet, dem ergeht es schlecht, so wie jetzt unserem Märchenhelden.

Sachlich und wahrheitsgemäß teilt er der Küstersfrau mit, was oben im Turm passiert ist. In der Bechstein-Fassung sagt er: »Es stand ein weißer Labutzel an der Treppe, der wollte mir nicht Red' und Antwort geben, da hab' ich ihn die Treppe hinabgestoßen, er liegt noch drüben und krächzt.« Etwas verbindlicher äußert er sich bei den Grimms: »Geht nur hin, so werdet Ihr sehen, ob er's gewesen ist, es sollte mir leid tun.« Aber in beiden Varianten übernimmt er für die Folgen seiner Tat keine Verantwortung, fühlt sich dafür nicht zuständig; er kommt daher auch nicht auf den Gedanken, der Küstersfrau etwa seine Hilfe anzubieten. Er schickt sie nur hin.

Für sie ist die Folge von Hansens Tat der entscheidende Punkt: Ihr Mann ist verletzt, der Junge hat es getan; darum hat er die Schuld, darum ist er böse. Sie schreit ihn an und entreißt ihm die Schlüssel. Das ist vielleicht dem Jungen gegenüber nicht gerecht, aber menschlich verständlich. Sie schilt ihn einen Galgenstrick, läuft dann mit lautem Geschrei zu Hansens Vater und erzählt ihm, welches Unglück sein Sohn angerichtet hat.

Man mag hier eine kurze Pause machen und sich überlegen, wie jetzt der Vater reagieren könnte. Er hat zweifellos eine Reihe von Möglichkeiten. Aber er ist sich dieser Auswahl offenkundig nicht bewußt, und irgendwelche Überlegungen, wie er sich verhalten soll, stellt er anscheinend auch nicht an. Jedenfalls zögert er keine Sekunde mit seiner Reaktion, wird sofort »ganz wild«, schreit, schimpft Hans einen Taugenichts, drückt ihm Geld in die Hand und sagt: »Fort, marsch!« Und dann noch: »Laß dich henken, wo du willst.« In der Grimmschen Fassung meint er, daß Hansens Streiche gottlos seien und sie ihm der Böse eingegeben haben müsse.

Besonnen und sachlich rechtfertigt Hans sich. Er hat dafür schließlich gute Gründe. Doch die nutzen ihm nichts.

»Ach«, sagt der Vater, »mit dir erleb' ich nur Unglück, geh mir aus den Augen, ich will dich nicht mehr ansehen.«

Ich fürchte, mit seinem »Ach« bedauert der Vater nicht etwa seinen Sohn, sondern sich selbst. Er will mit seinem Sprößling nichts mehr zu tun haben, schämt sich seiner und legt seine Vaterschaft nieder. »Geh in die weite Welt«, sagt er zu Hans, »und sage keinem Menschen, wo du her bist und wer dein Vater ist.«

Hans muß hier die Realitäten des Lebens kennenlernen. Er erfährt, daß es wie ein Verbrechen geahndet wird, wenn man von der Welt der Erwachsenen und ihren Institutionen unbeeindruckt bleibt, und daß man mitleidlos verstoßen wird, wenn man sich auch nur einem ihrer Vertreter gegenüber als überlegen erweist. In einem solchen Fall endet sogar die Solidarität der Eltern mit ihren Kindern. Dem Vater sind die Nachbarn und sein Ansehen in der Gemeinde wichtiger als sein Sohn. Er läßt ihn fallen und jagt ihn davon.

Auch mit der Gerechtigkeit in dieser Welt ist es nicht weit her, erfährt Hans. Die Küstersfrau hält ihn für einen Gauner, der ihren Mann übel hereingelegt hat, und verflucht ihn. Nicht im mindesten bedenkt sie, daß schließlich der Küster Hans hereinlegen wollte und der Junge nur darauf reagierte und sich wehrte. Außerdem kommt Hans zu der Erkenntnis, daß es Größen in dieser Gesellschaft gibt, die weit höher stehen als die Erwachsenen. Man muß sie kennen und respektieren. Wehe, man verkennt sie als »Schneemann« und macht sie lächerlich! Wer dies tut, wird für gottlos gehalten, verdächtigt, mit den »bösen Mächten im Bunde« zu sein, und es wird ihm ein Ende am Galgen prophezeit.

Hans nimmt das – und alles andere auch – gelassen zur Kenntnis. Es tangiert ihn nicht, und er fühlt sich nicht verpflichtet, sich entsprechend zu verhalten. Er bleibt ein unbekümmerter Ignorant.

In Elternhaus, Schule und Kirche hat Hans das Gruseln nicht gelernt. Er wendet sich folglich anderem zu, Neuem, Menschen und Dingen außerhalb der Familie und des engen Dorfs. Er geht hinaus auf die »große Landstraße«. Sein Ziel hat er nicht aufgegeben. »Wenn mir's nur gruselte!« spricht er vor sich hin. Das hört ein Mann, und der verhält sich völlig anders, als Hans es gewohnt ist. Er verspottet ihn nicht, lacht ihn nicht aus, sondern begegnet ihm ganz sachlich. Er macht ihn auf einen Galgen mit sieben Toten aufmerksam und rät ihm, dort eine Nacht zuzubringen. Er ist freundlich und nennt Hans einen guten Gesellen. Hans verspricht dem Mann seine fünfzig Taler, falls er auf diese Weise das Gruseln lerne.

So geht es Jungen häufig: Außerhalb werden sie durchaus schon anerkannt; in der Familie aber nimmt man sie nicht für voll. Nur zu oft sind Familien Entwicklungsbremsen und wehren sich dagegen, wenn aus einem kleinen Jungen ein großer Junge werden will. Das ist allerdings nicht nur negativ, denn der Junge muß diesen Widerstand überwinden und kann daran wachsen. So wie Hans. Der hat es geschafft, ist der engen Elternbindung entwachsen, und der Lohn für diesen notwendigen Entwicklungsschritt ist das Geld. Wer Geld hat, heißt es, den braucht es nicht zu gruseln. Hans ist in der Lage, selbstbewußt und sicher mit einem fremden Mann umzugehen.

Er folgt dessen Rat, setzt sich unter den Galgen und macht ein Feuer an. Es beleuchtet die sieben »schlotternden Körper« über ihm, die der scharfe Nachtwind hin und her bewegt. Hans sieht durchaus nicht weg, sondern sehr genau hin und stellt fest, daß es arme Teufel sind, die da oben hängen. »Euch friert ja, daß ihr schnappert und klappert«, sagt er, steigt dann »nicht faul« die Galgenleiter hinauf, knüpft die Gehenkten los und setzt sie an sein Feuer, um sie zu wärmen. Er beobachtet sie eingehend und findet, daß sie gottserbärmlich ausschauen, »grün, gelb und jämmerlich, blitzblau, abscheulich«, und regen und rühren tun sie sich auch nicht, sondern lassen vielmehr ihre Lumpen und Fetzen anbrennen. Das erbost Hans. Er nimmt die »toten Leichname« und hängt sie »einen nach dem andern« wieder auf. Danach hüllt er sich in seinen Mantel, streckt sich behaglich aus und schläft ein.

Bislang gruselt's ihn nicht. Dafür ist er in der Tat noch zu dumm, genauer gesagt: noch zu jung. Seine Unbeeindruckbarkeit ist kein Verdienst; sie liegt an seinem Alter. Ihm bedeutet der Tod noch nichts, er muß noch nicht mit dem Gedanken leben, mit jeder

Minute seines Daseins dem Grab näher zu kommen. Er ist in einer weit besseren Position als wir. Wir wissen um den Tod, fürchten ihn, und wenn er uns begegnet, sind wir betroffen. Zutiefst erschrickt uns seine Fremdheit, sein unwiderrufliches Schweigen. Allein mit einem Toten zu sein, der nicht mehr, der nie mehr reagiert, der entrückt ist, ein Mensch und doch kein Mensch mehr ist, läßt uns Leere und Einsamkeit empfinden. Das Gesellschaftswesen Mensch erträgt solches nicht. Es ist auf Reaktionen eines Gegenübers angewiesen, auf Austausch. Der Tod verweigert dies.

Unser Held schert sich nicht um diese Realität. Kraft seiner Phantasie verändert er sie und spricht fröhlich zu den verfärbten Leichen. So kann nur ein Junge reagieren.

Kinder kennen den Tod nicht. Wenn sie erfahren, daß jemand gestorben ist, können sie fragen: Wann kommt er denn wieder? Totsein hat für sie zunächst keine andere Bedeutung als Fortsein. Erschreckend und unbegreiflich wird der Tod erst durch die Reaktion der Erwachsenen. Wenn Vater oder Mutter trauern, weinen, verzweifelt sind, ihre seelische Stabilität verlieren, dann sind Kinder verwirrt und reagieren mit Angst. Wir denken dann, auch sie empfänden Trauer. Das ist in aller Regel jedoch nicht so. Man kann Kinder unbeschadet zu Beerdigungen mitnehmen. Solange die Eltern anwesend und in der Lage sind, sich ihnen zuzuwenden, ängstigt sie die Zeremonie genausowenig wie Hans der Galgenberg. Kinder haben nicht unsere Assoziationen. Mit Sarg, Blumen, Orgelspiel und dem Loch in der Erde verbinden sie nicht die verstorbene Oma.

Warum sollten sie?

Viel später, wenn sie die Großmutter in der vertrauten Umgebung nicht mehr – nie mehr – vorfinden, dann mag ihnen klarwerden, daß es etwas Endgültigeres gibt als Fortsein. Dann sind sie traurig – nicht aber bei der Bestattungszeremonie. Jungen wie Hans machen sich dabei möglicherweise Gedanken technischer Art, überlegen vielleicht, was passiert, wenn beim Niederlassen des Sargs ein Strick reißt.

So sind sie.

Aber sie bleiben nicht so. Sie lernen dazu und werden bald wissen, wie man sich gegenüber dem Tod verhält. Sie erfahren dies nicht durch Unterweisung; niemand lehrt es sie, erklärt es ihnen. Sie schauen uns lediglich unser Verhalten ab. Sie gruseln sich, weil es uns gruselt, sie machen einen Bogen um den unheimlichen Galgenberg, weil wir es tun. Sie sind traurig, weil wir traurig sind, und sie fürchten den Tod, weil alle ihn fürchten. Sie übernehmen unsere Gefühle.

Auf diese Weise lernen Kinder. Sie tun dies unreflektiert und unwillkürlich. Ohne weiter darüber nachzudenken, werden sie Trauer zeigen, wenn ein Anverwandter stirbt, auch wenn es eine Tante ist, die keiner mochte, oder ein reicher Erbonkel. Sie werden sich freuen, wenn ein böser Feind stirbt, auch wenn er ein guter Mensch war. Sie werden nicht trauern, wenn ein Verbrecher gehenkt wird. Sie werden keinen Mörder bemitleiden, aber einen Krieger als Helden feiern, weil er viele Feinde tötete. Als Soldaten werden sie freudig fürs Vaterland, für die gute Sache oder für was auch immer töten und sterben.

Durch Unterweisung und Belehrung lernen sie als fünftes Gebot den Satz: Du sollst nicht töten. Im Ernstfall nutzt er nichts. Lernen durch Nachahmung ist wirksamer.

Hans ist der Held dieser Geschichte, weil er sich weigert, auf diese Weise zu lernen. Er übernimmt nicht unbesehen, was Vater und Küster denken und empfinden, was andere für richtig halten oder was »man« tut. Hans hält sich frei von diesen Einflüssen. Von daher ist er eine interessante Konstruktion, ein Junge in Reinkultur sozusagen, ohne zivilisatorische Tünche, aber auch ohne kulturelle Verfeinerung.

Wollte er etwas über den Tod wissen, so würde er fragen, warum wir um den reichen Onkel weinen, von dem wir doch all sein vieles Geld erben, oder um die Tante, die doch ein Ekel gewesen ist. Er würde wissen wollen, warum ein Kriegsheld kein Mörder ist, obwohl er mit Absicht Leute umbringt, und ob es tatsächlich stimmt, daß wir nach dem Tod in den Himmel kommen, wo doch von dort noch niemals jemand zurückgekommen ist.

Kleine Jungen stellen solche Fragen. In der Regel tun sie das jedoch nur einmal, denn sie merken unschwer an unseren Reaktionen, wie unpassend und wie unbequem uns diese Fragen sind, und stellen daraufhin ihre diesbezügliche Neugier ein. Sie passen sich an. Das tun sie auf Kosten ihrer unverbildeten Natürlichkeit. Wir schaden ihnen, wenn wir ihre Fragen als dumm abtun. Sie sind nicht dumm, sondern von einer realistischen, wenn auch pietätlosen Logik. Wir sollten sie beantworten, wahrheitsgemäß und ohne

Heuchelei. Nimmt man durch aufrichtige Antworten die Anliegen seiner Kinder ernst, so stärkt man ihr Vertrauen und fördert ihre Selbstsicherheit.

Unser Held findet kein Verständnis für sein Anliegen und erhält keine Antworten auf seine Fragen. Darum zieht er auf Abenteuer aus, um eigene Erfahrungen zu machen.

Die Nacht auf dem Galgenberg hat ihm kaum zu Erkenntnissen verholfen. Er kann allerdings seine fünfzig Taler behalten, und der Mann geht leer aus. Der wundert sich, findet, daß ihm so einer noch nicht vorgekommen ist, und meint, daß Hans das Gruseln niemals mehr lernen werde.

Er will es aber lernen, und er muß es auch lernen. Vor irgend etwas muß diesen Knaben gruseln, er muß einmal beeindruckt, angerührt, innerlich bewegt werden, sonst bleibt er in seinem kindlichen Realismus stecken, wird nicht reif, nicht erwachsen, kein Mann. Vielleicht spürt er es. Jedenfalls murmelt er weiter vor sich hin: »Ach, wenn mir's nur gruselte!«

Das hört ein Fuhrmann und erzählt ihm seine Version vom Gruseln. Ihn gruselt's im Wirtshaus, weil der Wirt so »hautschaudrige« Zechen macht. Dabei habe es ihn »noch jedesmal überlaufen«. Wenn Hans Geld habe und dort einkehre, meint er, werde er das Gruseln schon lernen.

»Das wollen wir sehen!« sagt Hans. Er scheint wenig überzeugt, dadurch sein Ziel zu erreichen. Dennoch bedankt er sich bei dem Fuhrmann und betritt das Wirtshaus. Vom Wirt nach seinem Begehr gefragt, erklärt er: »Möcht 's Gruseln lernen« und fährt fort: »Die Leute auf der Landstraße sagen, bei Euch wär's leicht zu lernen, ihr machtet so grusliche Rechnungen und führtet eine so grusliche Kreide!« Damit dürfte er bei den Gästen die Lacher auf seiner Seite gehabt haben. Der Wirt ist weniger begeistert und denkt: »Dir will ich wohl was lehren, daß dich das Gruseln ankommt.« Laut erklärt er Hans freundlich, daß ihm »Unwahrheit berichtet worden« sei und er mitnichten seine Gäste so bediene, wie es ihm, Hans, »irgendein Schalksnarr vorgelogen hat«.

In dieser Situation ist der Held gar nicht naiv. Er kennt sich aus, weiß sich auszudrücken, findet den richtigen Ton und nimmt den Wirt keck auf die Schippe. Seine fünfzig Taler sind nicht in Gefahr, hier den Besitzer zu wechseln.

Zum Gruselnlernen empfiehlt der Wirt ein verwunschenes

Schloß. Wer es von seinen Poltergeistern befreie, werde reich belohnt und bekomme die Königstochter zur Frau. Selbstredend nur, wenn er mit dem Leben davonkomme. »Und wenn ich nicht mit dem Leben davonkomme, was dann?« fragt Hans.

Hier stellt er also diese Frage. Aber der Wirt lacht ihm ins Gesicht. »Ich merke schon«, sagt er, »Ihr seid ein Schlaukopf, Ihr hättet sicher das Pulver erfunden, wenn's noch nicht erfunden wär!«

Hans wird demonstriert, daß man solche Fragen nicht stellt. Das Pulver ist schon erfunden. Die Fragen sind von den entsprechenden Institutionen ein für allemal geklärt, und die Antworten sind bekannt. Jugendliche fragen dennoch.

Hans will zum Schloß. Er geht »dort hinauf«, nach »da droben«. Er verläßt die bisherige Ebene. Hinter sich läßt er den »Mann auf der Straße«, der sich vor (harmlosen) Toten fürchtet; den Fuhrmann, der sein Verhalten nicht selber bestimmen kann, der schwach ist und sich das Geld aus der Tasche ziehen läßt; den Wirt, der Kapital aus der Schwäche seiner Mitmenschen zieht und zu feige ist, selbst auf dem Schloß die Königstochter zu gewinnen und reich zu werden.

Sie können ihm nicht imponieren, genausowenig wie der Vater, die Schule, der Küster. Jungen sind nicht nur unsentimentale Realisten, sondern auch sehr puristische Moralisten. Mit diesen Maßstäben messen sie uns, erkennen sie unsere Fehler und Schwächen, unsere Alltäglichkeit und wenden sich enttäuscht von uns ab. Sie halten sich für etwas Besseres, für anständiger, moralischer, gerechter und sogar auch für toleranter. Zweifel daran haben sie keine.

Dieser Einschätzung entsprechend begibt sich Hans also nach oben. Von dort kann er auf uns herabschauen, was ihm angemessen erscheinen wird. Er muß aber auch die Konsequenzen für diese selbstgewählte Isolation ertragen, wird einsam und allein sein. Er ist dazu bereit und mit den Bedingungen einverstanden.

Er geht zum König. Den erkennt Hans an, und er sagt mit ausgesprochener Höflichkeit (die diesem Alter oft abgeht): »Wenn's erlaubt wäre, so wollte ich wohl drei Nächte in dem verwünschten Schlosse wachen.« (Grimm) Der König sieht ihn an, mag ihn sogleich, nennt ihn freundlich »Sohn« und gestattet ihm, drei Dinge mit aufs Schloß zu nehmen, die allerdings leblos sein müssen.

Der König ist auch ein Vater, aber von ganz anderer Art als der bisherige. Er nimmt Hans für voll und versucht nicht, ihn von seinem Entschluß abzubringen. Er behauptet nicht, Hans sei dafür noch zu jung, zu dumm, zu unreif oder überhaupt ungeeignet. Er moralisiert nicht und lamentiert nicht. Er respektiert Hansens Wunsch und unterstützt ihn mit nützlichen Dingen. Er handelt wie ein vernünftiger, verständnisvoller Freund. Ein vorbildlicher Vater!

Er hat nur einen Fehler: Er ist nicht real, es gibt ihn in Wirklichkeit nicht. Er ist ein Wunschbild, Hansens Wunschbild. So stellt er sich einen Vater vor, und an diesem Bild mißt er Väter. Nicht nur er ist so eingestellt. Dieses ideale Verhalten erwarten mehr oder weniger alle pubertierenden Söhne von ihren Vätern. Es ist daher kein Wunder, daß es zu Konflikten kommt. Viele nennen sie Generationskonflikte. Das stimmt nur bedingt. Sie entstehen, weil unsere Söhne zuviel verlangen. Wir können ihren Vorstellungen nicht entsprechen. Es ist nicht möglich, daß wir so tolerant, großzügig, freizügig und was weiß ich noch alles sein können. Damit ist der Konflikt zwangsläufig. Er ist entwicklungsprogrammiert. Es muß zu den bekannten Auseinandersetzungen kommen, damit unsere Jungen sich lösen können, damit sie von uns freikommen. Das geht ganz einfach besser, wenn sie uns schlecht finden können, negativ, altmodisch, autoritär, eng, verständnislos. Das gibt ihnen die Möglichkeit, uns abzulehnen. Sie können die Verbindung zu uns abbrechen und eigene Wege gehen. Das ist genau das, was sie jetzt müssen.

Vielleicht fallen uns die zermürbenden Auseinandersetzungen leichter, wenn wir um diese Dynamik wissen. Vermeiden lassen sie sich kaum. Unsere heranwachsenden Kinder brauchen sie. Wir hülfen ihnen auch nicht, wenn wir nachgäben. Sie brauchen unseren Widerstand. Obwohl sie das Gegenteil behaupten, verlören wir ihre Achtung, wenn wir ihnen zuliebe (um uns ihrem Idealbild anzunähern) eigene Positionen verleugneten. Sie würden uns für so schwach halten wie Hans den Fuhrmann.

Hans hat sich gelöst, er ist fähig geworden und auch bereit, es allein zu versuchen, auf sich selbst gestellt Abenteuer zu erleben und Erfahrungen zu machen. Das ist so einfach nicht, und wer es probiert, muß in der Tat mit einer Szenerie rechnen, wie sie das Märchen beschreibt: einem von allem Lebendigen verlassenen Spukschloß auf einsamer Höhe.

Dort sitzt Hans nun. In einer Kammer mit großem Kamin hat er sich ein helles Feuer angemacht, denn ein Feuerzeug war eines von den leblosen Dingen, die er wählte. Dazu bat er um eine Drehbank und eine Schnitzbank. Bei Tage hat der König die Sachen ins Schloß tragen lassen.

Nun wird es Nacht, und es muß sich zeigen, ob der Junge den Prüfungen gewachsen ist, die das Leben für ihn – und seine Altersgenossen – bereithält. Bei den Aufgaben und Problemen, die ihn jetzt erwarten, kann ihm keiner helfen. Niemand ist mehr da, an dem er einen Halt hätte oder der ihn trösten könnte. Er muß jetzt mit allem allein fertig werden.

Diese Aussicht schreckt ihn nicht. Er hockt auf seiner Drehbank, läßt sich vom Feuer wärmen, sagt seinen alten Spruch: »Ach, wenn mir's nur gruselte« und glaubt, daß er es auch hier nicht lernen wird.

Wir mögen oftmals über die Selbstherrlichkeit und Arroganz unserer Heranwachsenden klagen. Aber sie müssen so überheblich sein und so von sich überzeugt, sonst würden sie kleinmütig werden und zu Papa und Mama ins sichere Nest zurücklaufen. Wer, außer einem Jungen in diesem Alter, hätte noch den Nerv, so gelassen den lebensgefährlichen Ereignissen im Schloß entgegenzusehen? Ehrlich: Spätestens an dieser Stelle hätte ich das Abenteuer abgebrochen. Sehr zu Recht, wie die nächsten Ereignisse zeigen, denn plötzlich, um Mitternacht, schreit es aus einer Ecke: »Au, miau! Was uns friert!«, und zwei große schwarze Katzen starren Hans mit Augen »wie von grünem Feuer« an.

Eigentlich hat der Junge hier doch gar keine andere Möglichkeit, als gewaltig zu erschrecken und dann voller Angst das Weite zu suchen. Er hätte das Gruseln gelernt, die Geschichte wäre zu Ende.

Aber unser Held reagiert mitnichten so. Im Gegenteil, er lädt die häßlichen Tiere auch noch ein, zu ihm ans Feuer zu kommen – und das tut er nicht etwa eingeschüchtert oder auch nur höflich. O nein. »Ihr Narren«, ruft er, »was schreit ihr? Wenn euch friert, kommt, setzt euch ans Feuer und wärmt euch.«

Er tut genau das Richtige. Nur so, nur durch dieses Verhalten hat er eine Chance, den Katzen gewachsen zu sein. Hier braucht er die Eigenschaften, die wir so wenig schätzen. Er muß so großspurig und unverfroren auftreten, sonst hätte er schon jetzt verspielt.

Dennoch hat er damit die erste Runde noch lange nicht gewonnen, denn nun setzen die beiden Katzen zu einem gewaltigen Sprung an; eine landet links, eine rechts neben ihm, und sie sehen ihn »mit feurigen Augen ganz wild an«.

Hans macht das nicht irre; er wartet ab. »Die Zeit wird uns lang«, beklagen sich die Tiere. Sie wollen mit ihm Karten spielen und zeigen auf Hansens Verlangen ein Kartenspiel vor. Dabei mißfallen Hans ihre fürchterlichen Krallen an ihren schwarzen Pfoten. »Zeigt einmal eure Pfoten her!« verlangt er nun auch noch. Die Tiere strecken ihre Krallen aus.

Damit ist der Konflikt eingeleitet. Der Held muß nun nicht nur passiv ertragen, was ihm hier Unheimliches widerfährt, er muß sich aktiv wehren. Das tut er ebenso unbeeindruckt. »Ei«, sagt er, »was habt ihr lange Nägel? Wartet, die muß ich euch erst abschneiden.« Bei Bechstein meint er: »Mit Verlaub, eure Frau Mutter hat euch die Nägel recht lange nicht geschnitten, schämt euch was, kommt, ich will sie euch putzen!«

In beiden Versionen packt er die Tiere und schraubt ihre Pfoten fest. Das lassen sie sich selbstredend nicht gefallen, und beißen nach ihm. »Euch habe ich auf die Finger gesehen, da vergeht mir die Lust zum Kartenspielen«, sagt er, schlägt sie tot und wirft sie aus dem Fenster in den Schloßgraben.

So geht das, ganz einfach: Er überlegt nicht, wägt kein Wenn und Aber ab und konsultiert sein Gewissen nicht. Er handelt und hat keine Skrupel. Hätte er welche, und wäre er nicht so rigoros, dann ginge er jetzt unter.

Wir beklagen diesen Rigorismus unserer Jugend. Manche zeihen sie der Roheit und Brutalität. Das sind gewiß schlechte, fürs spätere Leben wenig nützliche Eigenschaften. Aber diese Übergangsphase ist noch nicht das spätere Leben; die Jugendlichen brauchen jetzt alle Kräfte, um den vielfältigen Anfechtungen gewachsen zu sein. Auch Hans braucht sie, denn es kommt noch schlimmer: Aus allen Ecken taucht ein ganzes Rudel greulich schreiender schwarzer Katzen und Hunde auf. Sie treten in sein Feuer, zerren es auseinander und wollen es ausmachen. Hans sieht dem Treiben eine Weile gelassen zu, aber als es ihm zu arg wird, faßt er sein Schnitzmesser, ruft: »Fort mit dir, du Gesindel!« und »haut auf sie los«. Ein Teil entflieht, die anderen schlägt er tot und wirft sie hinaus.

Damit gewinnt er tatsächlich die erste Runde.

Die Katzen sind Alterskameraden von Hans, genauer gesagt: Sie stellen eine typische Verhaltensweise männlicher Altersgenossen dar, nämlich deren Vorliebe, sich zu negativen Gruppen zusammenzuschließen. Diese Gruppen gab es schon immer; beliebt waren sie verständlicherweise nie. Sie ziehen gern randalierend (greulich schreiend) durch die Straßen und haben eine Abneigung gegen bürgerliche Tugenden, unter anderem gegen Sauberkeit. Schwarze Pfoten und lange Nägel sind Ausdruck ihrer Auffassung von persönlicher Freiheit, und ihre Spiele sind keine Kinderspiele mehr. Mit den Eltern haben sie sich verkracht und sich deren Einfluß entzogen. Sie kommen sich sehr stark und männlich vor. Sie sind es aber nicht; die armen Kerle fühlen sich in Wirklichkeit ziemlich allein, manche tatsächlich einsam und verlassen. »Au, was uns friert!« jammern sie im Märchen. Ein treffendes Bild.

Sie sind nämlich ihren Eltern noch gar nicht entwachsen, sie können sie eigentlich noch nicht entbehren; darum flüchten sie in die Gruppe. Dort finden sie wenigstens ein wenig Wärme, auch Anerkennung, Halt und nicht zuletzt Verständnis.

Wir sehen diese Gruppen immer nur von außen und erleben ihre Aggressivität. Untereinander verhalten die Mitglieder sich anders. Von internen Machtkämpfen abgesehen, halten sie zusammen und helfen sich gegenseitig. In der Gruppe fühlen sie sich stark. Das brauchen sie besonders, denn allein sind sie schwach und unsicher, und ganz wohl fühlen sie sich in ihrer Rolle auch nicht. Das ist ein Grund, weitere Mitglieder zu werben, denn je größer der Anhang, desto kleiner die Zweifel. Es wird also missioniert, und dabei geht es traditionsgemäß nicht zimperlich zu. Einschüchterung und Drohung sind probate Mittel: Mit einem gewaltigen Sprung setzen sich die beiden Katzen neben Hans, nehmen ihn in die Mitte, rollen gewaltig mit den Augen und lassen ihm eigentlich nur geringe Chancen, das Spiel nicht mitzumachen.

Die Szene zeigt, wie groß die Sogwirkung dieser Gruppen ist. Dabei gewinnen diejenigen, die von ihnen eingemeindet werden, nichts. Sie vertauschen eine Abhängigkeit gegen die andere. Für die häuslichen Bindungen finden sie in der Gruppe einen schlechten Ersatz. Dort nämlich verlieren sie ihre Individualität, sind nur noch ein Teil des Ganzen und kompromißlos gezwungen, das zu tun, was die anderen tun. Das Märchen billigt diesen Jugendlichen nicht einmal den Status des Menschen zu und zeigt sie als Tiere.

Hans erschrickt nicht vor ihnen, denn sie gehören zu seiner Welt und sind ihm vertraut. Gelassen kann er ihrem Treiben zusehen. Seine Abwehrkräfte braucht er, als sie ihm zu nahe treten, gewaltsam in seinen Bereich eindringen. Da muß er sich wehren. Wie schwer das ist, kann hier jeder nachfühlen.

Um dem Druck und dem Einfluß dieser Kräfte gewachsen zu sein, ist die jugendliche Rigorosität sehr nützlich. Allzu brave Knaben sind in derartigen Situationen weit schlechter dran. Wer sich nie gegen seine Eltern gewehrt und sich immer angepaßt hat, ist in Gefahr, dies auch hier zu tun. Matthes hätte keine Chance.

Allerdings retten Großspurigkeit und Unverschämtheit allein hier niemanden. Es bedarf weiterer Kräfte und Fähigkeiten. Hans hat sie: Er verfolgt ein Ziel und weiß, was er will, ist sogar bereit, für Erkenntnisse und Erfahrungen sein gutes Geld auszugeben. Er leidet nicht unter Langeweile, kann mit Schnitz- und Hobelbank umgehen, und er hat nicht mit allem gebrochen, was seine Eltern ihm beibrachten. Er blieb selbst dann seinem Vater gegenüber höflich, als dieser ihn ungerecht und verständnislos behandelte. Dennoch kann er Widerstand leisten und nein sagen, und er kann, was so wenige in seinem Alter können: allein sein.

Hans weiß auch mit den Katzen umzugehen. Er vergibt sich nichts durch zu große Freundlichkeit, provoziert aber auch nicht gleich einen Konflikt. Er lädt sie ein, sich an seinem Feuer zu wärmen.

Er zeigt damit seine Lösung des Problems und empfiehlt sie weiter. Er hat keinen Ersatz für die verlorene Nestwärme bei anderen gesucht, sondern sich selbst ein Feuer gemacht. Er ist auf diese Weise zur notwendigen Wärme gekommen und muß nicht frieren.

Die Katzen wollen Karten spielen, aber nicht etwa Sechsundsechzig, sondern »Pochen«, ein Glücksspiel, ehedem verpönt und verboten, besonders für Jugendliche. Das Kartenspiel, das sie dafür aus der Tasche ziehen, galt früher als des Teufels Gebetbuch.

Hans ist durchaus kein Musterknabe und kennt sich auch hier aus. Er ist zwar nicht begeistert, aber dennoch bereit, mit ihnen

»Pochens« zu spielen. Als er aber ihre schwarzen Pfoten und ihre langen Nägel gesehen hat, überlegt er es sich anders.

Hans hat noch etwas, wovon seine augenblicklichen Partner nicht einmal eine Vorstellung haben dürften: Er besitzt Stolz. Er spielt nicht mit jedem. Und ein Weiteres zeigt sich: Weil er nicht sämtliche im Elternhaus angenommenen Regeln, Verhaltensweisen und Gebräuche ablehnt, findet er, Nägel müsse man schneiden, und wer das nicht tue, solle sich schämen. Das sagt er auch.

Hans hat es nicht nötig, durch Zurschaustellen von Äußerlichkeiten seine Unabhängigkeit zu betonen. Ungepflegtsein macht nicht männlich, und lange Nägel (oder Haare) machen nicht frei. So war es damals, so ist es heute.

Hans entscheidet sich gegen diese Gesellschaft; er verzichtet auf das Mitspielen, auf die Teilnahme am verbotenen Spiel. Das ist eine moralische Entscheidung. Er riskiert damit den Konflikt. Das macht seinen Entschluß noch gewichtiger.

Auch die andere Gruppe, die nur laut ist, randaliert und zerstört, imponiert ihm nicht. Er trennt sich von ihr; sein Messer symbolisiert diese Entscheidung. Er bringt sie also nicht tatsächlich um. Die Katzen springen aus dem Fenster und werden weiter streunen.

Hans hat keine Gelegenheit, sich auf seinen Lorbeeren auszuruhen. Diese Entwicklungsphase ist eine außerordentlich bewegte Zeit. Ein Problem jagt das andere. Er kehrt zum Feuer zurück und findet dort abermals Besuch. Ein großer Hund sitzt da, bleckt die Zähne, und eine feurige Zunge hängt ihm »armslang zum Halse heraus«.

Ich will hier nicht lange um ein auch heute noch peinliches, immer noch umstrittenes und gern verschwiegenes Thema herumreden: Was unseren Helden hier so unschön anbleckt, das ist der Trieb, die Sexualität, und was dem großen Tier armlang heraushängt, ist sehr eindeutig ein Phallussymbol, ist das groß gewordene Glied. Hans hat eine Erektion, er befindet sich in einem Zustand sexueller Spannung. Diese Erscheinung ist alterstypisch; jeder Junge hat sie, und die meisten haben sie sehr häufig.

Den Einbruch sexueller Triebkraft in Hansens zu der Zeit sowieso schon arg strapazierten seelischen Haushalt schildert das Märchen sehr treffend als Hund. Der gar nicht einfachen oder geringen Problematik angemessen, ist es weder ein Schoßhund noch ein edles Tier, und schön ist der Hund auch nicht. Genausowenig schön sind die derzeit noch recht rohen Naturkräfte.

Man kann es dem Helden nachfühlen, daß ihm diese neue Erscheinung nicht gefällt. Aber da steht sie nun, eine Herausforderung, und er muß mit ihr fertig werden. Alle heranwachsenden männlichen Kinder müssen damit fertig werden, und das ist keine leichte Aufgabe, denn vor diesem Problem stehen sie völlig allein. Es hilft ihnen keiner, es rät ihnen keiner, und kaum jemand hat Verständnis für ihre Schwierigkeiten und Nöte. Die Gesellschaft schweigt dazu. Trotz aller Aufklärung und der vielzitierten Sexwelle redet die Mehrheit darüber immer noch nicht.

Das wäre noch nicht so schlimm, wenn dieses Schweigen neutral wäre. Das ist es jedoch nicht. Trotz des allgemeinen (peinlichen) Schweigens weiß jedermann, wie man in unserem Kulturkreis über diese Sache denkt. Auch der betroffene Jugendliche ist sich darüber klar. Diesen Hund, so weiß er sehr wohl, sollte er ignorieren; er sollte sich nicht mit ihm einlassen, sondern stark sein, sich abwenden und seiner Wege gehen.

Klappt es damit nicht, vermag er dem Trieb nicht zu widerstehen, wird er schwach, dann tut er, was etwa neunzig Prozent aller jungen Leute tun. Unser Märchenheld gehört nicht zu den Ausnahmen. Er zögert nicht, stellt keine langen Überlegungen an und erwägt keine Sekunde, den Hund zu ignorieren. Für ihn ist ein solcher Versuch zweifellos unrealistisch. Hans handelt und haut dem Hund mit seinem Schnitzmesser »zwischen die Zähne in den Rachen«.

Hier zu behaupten, dies sei ein Bild für jugendliche Onanie, mag wenig überzeugend klingen, denn in dieser Handlung liegt so gar nichts von Lust und Genuß; nichts Sinnliches ist daran und keine Spur von Freude. Aber so ist es: Die Triebbefriedigung Jugendlicher ist nicht lustig. Sie wird schnell und heftig ausgeführt, dauert meist kaum länger als eine Minute und ist für viele gar kein so großes Vergnügen. Man kann das sehr eindeutig an den Ausdrücken ablesen, die Erwachsene oft nicht mehr kennen, die aber unsere Jungen seit Generationen benutzen. Keiner ist fröhlich oder drückt auch nur Sex oder Lust aus. Jungen sagen, daß sie wichsen, hobeln, sich einen abhauen, sich einen herunterschlagen.

Die letzten Ausdrücke könnten bei dem Bild, welches das Märchen wählt, Pate gestanden haben, denn Hans tut etwas sehr Ähnliches: Er haut dem Tier die feurige Zunge ab; sie fällt herunter und hört damit auf, feurig zu sein. Er handelt schnell und heftig und hat danach seine Ruhe. Genau das war der Sinn seiner Aktion.

Hans und die meisten seiner Altersgenossen streben primär nicht nach Lustgewinn, sondern sie onanieren, um vor den starken Trieben, die sie bedrängen, wieder Ruhe zu haben, um ihre Erregung, ihre nervöse Spannung loszuwerden.

In der Tat ist der Triebdruck während dieser Entwicklungsphase größer als zu jeder anderen Lebenszeit, und auch der Höhepunkt sexueller Betätigung liegt nicht im Mannesalter, wie (verständlicherweise) so viele glauben, sondern im Alter von sechzehn bis siebzehn Jahren. Das bestätigen alle Untersuchungen.

Hans hat sein Ziel erreicht, denn es heißt: »Der Kopf nahm Abschied von seinem Unterteil.« Das mag bedeuten, daß sein Kopf wieder frei ist, er wieder klar denken kann und die Unruhe, die vom Unterteil ausging, aufgehört hat, verschwunden ist, verschwunden wie der große, hechelnde Hund; der ist plötzlich nicht mehr da. Damit hat Hans zwar seine Ruhe wieder, aber mit dem Problem ist er nicht fertig geworden, denn der Hund wird wiederkommen, vielleicht jeden Tag, bestimmt aber einige Male in der Woche, und dann wird sich diese Szene wiederholen: Hans wird immer wieder die lange, feurige Zunge abhauen und sich doch nicht endgültig von der Bedrängnis befreien können.

Unter den Voraussetzungen abendländischer Erziehung, abendländischen Glaubens und Aberglaubens hat unser Held auf die Herausforderung, die der Hund darstellt, noch ganz gut reagiert und auch diese Prüfung jedenfalls überstanden. So zufrieden, wie es unter den gegebenen Umständen möglich ist, legt er sich zu Bett.

Aber er ist noch nicht eingeschlafen, da fängt »das Bett an zu fahren wie ein Dampfwagen«. Es fährt im ganzen Schloß herum, treppauf, treppab, durch Säle und Zimmer. Das gefällt Hans. »Nun spüre ich doch, wie's tut, wenn die großen Herren fahren«, sagt er, und dann meint er: »Fahre du nur immerzu.« Das Bett tut ihm den Gefallen.

Das hört sich so recht märchenhaft und unwahrscheinlich an, und doch ist dies ein allen bekannter Vorgang, der sich besonders häufig vor dem Einschlafen einstellt: Auf der Grenze zwischen Schlafen und Wachen, wenn die bewußten Kontrollen nicht mehr sehr wirksam sind, fangen wir an zu träumen, können unter Vernachlässigung des Hier und Jetzt jede Rolle spielen und uns alle Wünsche erfüllen.

Das tut Hans auch, und das kann man verstehen; schließlich haben ihm innere und äußere Realitäten reichlich zugesetzt. Unser Held baut sich also im wahrsten Sinn des Wortes ein Luftschloß und läßt sich bequem darin herumfahren. Dabei fühlt er sich, wie sich viele Jungen gern fühlen: als großer Herr, und er genießt es.

Unsere Knaben brauchen für derartige Träume nicht auf das Einschlafen zu warten. Sie sind nicht auf das Unwirksamwerden bewußter Kontrollen angewiesen, denn noch haben sie keine Hemmungen vor Phantasiegespinsten. Sie bauen sich ihre Luftschlösser in jeder Lage, besonders gern in langweiligen Schulstunden. Man sieht es an ihrem abwesenden Blick. Zwar weiß man nicht, was in ihnen vorgeht, aber man darf ziemlich sicher sein, daß im Mittelpunkt ihrer Phantasien ein starker und unbesiegbarer Held steht, der allen Situationen gewachsen ist. Dieser Held ist der Träumer selbst.

Einige, glaube ich, haben ihre kindlichen Phantasien ins Erwachsenenleben hinübergerettet und aufgeschrieben. Bücher und Comics mit derart omnipotenten Helden erfreuen sich großer Beliebtheit bei Kindern. Klassiker dieser Figuren sind Tarzan und Old Shatterhand. Superman und Batman, vielleicht auch Asterix und sein starker Freund Obelix sind moderne Nachfolger. Auch viele Märchenhelden gehören in diese Rubrik, nicht zuletzt unser Hänschen.

Solche Träume sind gut und nützlich, und Kinder dürfen sich gern einmal als »starker Mann« oder »großer Herr« fühlen. Hans verhilft sein Träumen nach aller Aufregung zu einem gesunden Schlaf. »Er schlief ein und schlief wie ein Toter«, heißt es bei Bechstein.

Bei den Grimms fällt das Bett am Ende der Rundfahrt um und kippt den Helden aus. Damit wird er in die Realität zurückversetzt. Er hat nichts dagegen, legt sich ans Feuer und schläft auch hier, bis es Tag wird.

Am Morgen kommt der König, Hansens Wunschvater, wie man sich hier erinnern sollte, sieht den Jungen auf dem Boden liegen und denkt, er sei tot. Und der König spricht: »Es ist doch schade um den schönen Menschen.«

Das wird Hans ungemein gefreut haben, denn solche Komplimente machen richtige Väter nicht. Schönheit, so meinen sie, sei (lediglich) etwas für das weibliche Geschlecht, und sie lehren ihre Söhne, daß Männer darüber erhaben sein sollen. Sie sind es aber nicht, und bei vielen Jungen können wir beobachten, wie gern und wie lange sie in den Spiegel sehen, ihr Haar pflegen, sich über Hautunreinheiten Sorgen machen und sich fragen, ob sie auch schön, insbesondere schön männlich, aussähen. Ihre Väter schauen meist nur noch heimlich in den Spiegel, um sich darin zu bewundern. Die ob ihrer Eitelkeit diffamierten Damen bewundern sich im Spiegel nicht. Sie stehen davor und machen sich schön, damit sie bewundert werden.

Jedenfalls ist Eitelkeit keine weibliche Domäne. Sie ist bei allen jungen Leuten sehr ausgeprägt. Ihr Aussehen ist ihnen wichtig, nicht nur den Mädchen. Das sollte man wissen, tolerieren und nicht abwerten.

Der König freut sich, als er bemerkt, daß Hans noch lebt, und er beneidet ihn um seinen gesunden Schlaf. »Wenn ich den hätte!« seufzt er.

Das hört Hänschen selbstverständlich auch sehr gern. Ein idealer Vater, dem man dennoch in manchem überlegen ist, das ist die Wunschvorstellung vieler Jungen.

Auf des Königs Frage, wie es ihm ergangen sei, antwortet Hans: »Recht gut.« Das ist alles. Auch dem verständnisvollen Idealvater erzählt er nichts. Er sprudelt die nächtlichen Erlebnisse nicht voll naiver Mitteilsamkeit heraus, wie er es zweifellos vor kurzem noch getan hätte. Der Knabe hat entschieden dazugelernt. Zwischen sich und die Umwelt setzt er die notwendige Distanz. Hans ist reifer geworden. Das ist positiv; es ist ein wichtiger und notwendiger Schritt zur Selbständigkeit.

Viele Eltern bewerten dieses Verhalten jedoch anders. Sie beschweren sich über die plötzliche Verschlossenheit ihrer Söhne, beklagen, daß sie gar nichts mehr von ihnen erführen, die Kinder kein Vertrauen mehr zu ihnen hätten, obwohl sie ihnen doch wirklich alles sagen, mit ihnen über alles reden könnten.

Ich fürchte, diese Eltern überschätzen sich. In der Regel fällt es ihnen schon schwer, Verständnis für den Geschmack ihrer Halbwüchsigen aufzubringen. Sie können ihnen meist weder in Fragen der Kleidung und der Haartracht folgen noch in bezug auf ihre Vorlieben in Musik und Literatur oder in der Politik. Völlig fremd wären ihnen vermutlich ihre Phantasien, Wünsche und Tagträumereien.

Was aber wäre, wenn die Söhne arglos (wie sie jetzt nicht mehr sind) von ihren Erfahrungen mit den »Katzen« berichteten, von deren Sinn und Normen, den verbotenen Spielen um Geld, denen heute vielleicht gemeinsame Sachbeschädigung, Alkohol- und Drogenmißbrauch entsprächen? Hörten sie derartiges wohl gern und voller Verständnis?

Und was würden sie erst für Gesichter machen, wenn die Jungen treuherzig über ihre derzeitigen sexuellen Praktiken sprächen, möglicherweise mit ihrem eigenen Vokabular? In diesem Zusammenhang könnten Eltern auch noch erfahren, daß die diesbezügliche Aktivität ihrer Kinder größer ist als ihre eigene.

Ich fürchte, Mütter und Väter würden das Gruseln lernen, und dabei sind dies erst die Ergebnisse von Hansens erster Nacht.

Unser Held hat getan, was viele seiner Alterskameraden auch tun: Er hat die kindliche Bindung zu den Eltern abgebrochen. In der nun folgenden Übergangsphase haben es Eltern häufig wirklich schwer, weil viele Söhne nun so gut wie überhaupt nicht mehr mit ihnen reden. Sie wenden sich von ihnen ab. Vater, Mutter, die übrige Familie und deren Angelegenheiten interessieren sie nicht mehr. Es ist fast unglaublich, wie konsequent und radikal Kinder zu dieser Zeit sein können. Man kann wenig dagegen tun und darf schon zufrieden sein, wenn es einem gelingt, den Dialog in irgendeiner Weise aufrechtzuerhalten.

In der Tat haben unsere Jungen andere Sorgen und brauchen uns im Augenblick wirklich nicht. Sie haben gelernt, was sie von uns lernen konnten, interessieren sich nicht mehr dafür und wenden sich Neuem zu.

Das zeigt Hans. Er hat sein Elternhaus tatsächlich fast vergessen und sitzt am Anfang der zweiten Nacht allein und auf sich gestellt wieder an seinem Feuer. Er fühlt sich nicht einsam und leidet nicht, denn genau diese Situation hat er sich gewünscht. Begierig wartet er nun auf neue, auf andere Erlebnisse. Er möchte Erfahrungen machen, die er als Kind zu Hause und in der Schule nicht machen konnte, und ist neugierig, ob sie ihn berühren, ihm etwas sagen, ihn ansprechen oder bewegen. Darauf wartet er, das erstrebt er. Er wünscht, daß es ihn endlich gruselt.

Dies zu erreichen, gibt man sich im Schloß alle Mühe.

Zum Auftakt prasselt und poltert es ganz schrecklich im Kamin, als gehe alles in tausend Trümmer. Danach kommt mit lautem Geschrei ein Kerl durch den Schornstein heruntergefahren und fällt Hans vor die Füße. Es ist aber nur ein halber.

Unserem Helden kann das nicht imponieren. »Na?« fragt er nur, »was soll denn das sein?« und reklamiert die zweite Hälfte. »Anderthalb Mann«, so stellt er fest, »sind doch noch keine Gesellschaft.«

Der Knabe ist noch nicht einmal trocken hinter den Ohren, da hält er sich schon für einen Mann und will einen »ganzen Mann« zu seiner Gesellschaft. Bescheidenheit zeichnet dieses Alter nicht aus.

Dennoch hat Hans von seiner Warte aus nicht so ganz unrecht, denn die halben Männer, die Halbstarken, hat er in Form der randalierenden Hunde und Katzen in der ersten Nacht schon hinter sich gebracht und überwunden. Insofern steht ihm jetzt ein »ganzer Mann« zu, und den bekommt er auch.

Es lärmt, tobt und heult abermals, dann fällt die zweite Hälfte herunter. Zum Willkommen bläst Hans sein Feuer an. Als er sich umsieht, sind die beiden Hälften zusammengefahren, zu einem Mann geworden, aber zu keinem schönen, sondern zu einem greulichen. Der Mann sitzt auf seiner Bank und macht Hans den Platz streitig.

So also sieht die von vielen Jungen so heiß ersehnte Männlichkeit aus! Nicht wenige werden von einem derart massiven Einbruch in ihr bisher sicheres seelisches Gefüge erschreckt und gruseln sich. Das ist verständlich, denn sie sind wirklich schlecht dran. Das Neue ist häßlich, grob und roh und macht sich in unangenehmer Weise breit. Das Bisherige dagegen geht in der Tat »in tausend Trümmer«; nichts bleibt nach.

Zuerst bricht die Stimme, und dann bricht das gesamte kindliche Wesen zusammen, das sich in den Entwicklungsjahren aufgebaut hat und bis zur Pubertät zu einem harmonischen Ganzen geworden ist. Das »fertige Kind« steht sicher und selbstbewußt mit beiden Beinen im Leben. Es verfügt über einen natürlichen und selbstverständlichen Charme. Seine körperliche und geistige Leistungsfähigkeit ist von keinen Spannungen beeinträchtigt. Es bewegt sich so ausgeglichen, wie es ist, und besitzt eine naive Unmittelbarkeit, über die kein Erwachsener mehr verfügt. Und so richtig unbelastet fröhlich sein kann es außerdem.

Mit alldem ist es vorbei. Dafür sprießen Bart und Pickel. Der Körper wird disharmonisch, die Bewegungen ungelenk, das Verhalten uneinfühlbar und unerträglich.

Hans demonstriert es. »Platz da!« schreit er. »Hier sitze ich, marsch, oder ich halbier' dich mit dem Schnitzmesser!«

Der Junge hat recht. Er läßt sich nicht unterkriegen, sich nicht von dem Neuen auf Anhieb fesseln. Er übernimmt nicht kritiklos, was sich ihm hier anbietet. Dadurch bewahrt er seinen eigenen Standpunkt, bleibt als Individuum handlungsfähig und damit Herr seiner Seele. Sosehr er sich Männlichkeit wünschen mag, er identifiziert sich nicht damit. Dann nämlich würde er jeden Maßstab verlieren, unerträglich anmaßend und großtuerisch werden, sich ohne jeden Realitätssinn überschätzen.

Manche Jugendliche reagieren so. Sie besitzen dann keine Männlichkeit, sondern werden von ihr besessen.

Auch Hans ist nicht frei von Anmaßung und überschätzt sich nicht unerheblich. Er wird lernen müssen.

Es poltert nochmals im Kamin; Totenbeine und Schädel prasseln herab und weitere Männer »von greulichstem Aussehen«.

Was tut unser Held? Er beharrt auf seiner neuen Rolle als Mann und begrüßt die makabre Gesellschaft ganz als Gleichberechtigter, vielleicht sogar mit dem Versuch, den überlegenen Gastgeber zu spielen. »Guten Abend, meine Herren«, sagt er, und dann versucht er ihnen zu schmeicheln, indem er erklärt: »Sie sind doch ganze Männer, das laß ich mir gefallen.«

Offensichtlich erfährt er keine Reaktion, und so probiert er nun das Gegenteil. (Bange ist er wirklich nicht.) Keck mokiert er sich über ihr Aussehen. »Gehören vielleicht zur Familie Schön?« sagt er. »Ach, wie schade, daß kein Spiegel im Zimmer hängt.« Das ist schon dreist, bringt ihn aber auch nicht weiter und den Männern nicht näher. Er wechselt erneut seine Taktik. »Womit könnt' ich Ihnen eigentlich dienen?« fragt er nun und versucht, sich auf diese Weise bei ihnen anzubiedern. Es nutzt ihm nichts. Die Männer nehmen ihn nicht zur Kenntnis und widmen sich ihrem Kegelspiel mit den Gebeinen.

Hansens Verhalten zeigt, wie unsicher er (geworden) ist. Er schwankt von einem Extrem zum anderen, hat offensichtlich keinerlei Maßstab, keinen Anhaltspunkt für sein Verhalten, keine Normen und keine Ahnung. Er probiert, tastet umher und bietet damit das typische Bild der Pubertät: Die alten Vorstellungen und Leitbilder sind verschwunden und werden abgelehnt, neue sind noch nicht vorhanden. Jungen dieses Alters leben in einem Niemandsland. Sie sind einsam und suchen darum nach neuem Anschluß, manche so verzweifelt, daß ihnen so gut wie jede neue Beziehung recht ist.

Hans war selbstkritisch genug, sich den Katzen nicht anzuschließen. Aber die Männer imponieren ihm, zu ihnen strebt er, und dabei ist ihm jedes Mittel recht.

Im Verlauf seiner Versuche muß er erheblich zurückstecken. Gibt er sich zunächst noch jovial-gönnerhaft, so wird er zum Schluß recht bescheiden und bietet sich zum Dienen an. Auch das ist typisch für diese Zeit: Unsere Jungen schwanken zwischen arroganter Überheblichkeit und bedingungsloser Unterordnung. Bei Hans erweist sich, daß beide Einstellungen der Situation nicht angemessen sind. In der Rolle des überlegenen Hausherrn kommt er nicht an, denn sie ist zu groß, er kann sie nicht ausfüllen. Genausowenig wird sein Dienenwollen akzeptiert. Mit dieser Einstellung könnte er nicht gleichberechtigt werden und hätte keine Chance, eine männliche Rolle zu spielen.

Dennoch durchlaufen Jugendliche gerade diese Stufe oft sehr intensiv und ordnen sich bedingungslos Idolen unter, die sie beeindrucken. Sie verschreiben sich ihnen mit Haut und Haaren, hängen ihnen kritiklos an, verehren sie vehement und sind mit keinem Mittel in ihrer Einstellung zu beeinflussen. Chancen, Idol für Jugendliche zu werden, hat faktisch jeder, solange er aus dem üblichen bürgerlichen Rahmen fällt. Geistige oder künstlerische Werte sind nicht unbedingt erforderlich, aber auch kein Hindernis. Politische und weltanschauliche Ideologen sind genauso gefragt wie unansehnliche Sänger. Schönheit reizt eher weniger. Man hat nichts gegen »greuliches« Aussehen und auch nichts gegen greuliche Ideen.

Unser Märchenheld hat Glück, daß die Männer sein Angebot nicht annehmen, ihn nicht als Diener vereinnahmen. Er entgeht so einer neuen Abhängigkeit, die ihn nicht weiterbringen würde. Aber er steht auch weiter abseits und muß sich folglich etwas Neues, Besseres überlegen. Er sagt, daß er für sein Leben gern kegle, und fragt, ob er nicht mitspielen dürfe.

Die Männer, die ihn schon vorher mit »furchtbaren Blicken«

gemustert haben, fragen ihn jetzt grimmig, ob er Geld habe. Hänschen, offensichtlich froh, daß sie endlich reagieren und mit ihm reden, sagt »Oui«, fährt mit der Hand in die Tasche und klimpert.

Dieser kleine Angeber! Jetzt möchte er es denen aber zeigen! Er gibt sich weltmännisch-französisch und macht klar, daß er sich auskennt, nicht nur mit dem Kegeln. Hänschen demonstriert Imponiergehabe. Das steht ihm dem Alter nach zu, und bei den »Männern« kommt es auch an. Er darf mitmachen.

Jeder oder doch fast jeder Junge macht zu dieser Zeit etwas mit, was sich nicht mit den ihm anerzogenen Normen deckt: Er kann sich nicht von allem ausschließen und immer abseits stehen, denn es ist nicht möglich, in der Isolation zu reifen. Also wird er sich anpassen müssen, sich in der Regel an Gruppen anpassen, wie es für dieses Alter üblich ist. Es wird sehr wesentlich vom Zufall abhängen, welchen er begegnet. Er hat weit geringere Chancen, dorthin gehen zu können, wo er sich hingezogen fühlt, als manche Eltern annehmen, denn die Zugehörigkeit wird weit mehr von der Sogwirkung der Gruppen als von den Wünschen einzelner bestimmt. Wie schwer es ist, die Teilnahme auszuschlagen, zeigt Hansens Erfahrung mit den Katzen. Er kann nicht immer nein sagen.

Dieses Mal will er mitmachen, denn die Gruppe erscheint ihm so schön männlich. Tatsächlich ist sie es jedoch nicht; unser Held irrt sich. Aber derartige Irrtümer wird ihm kein Mensch theoretisch erklären und ausreden können. Hans würde noch so überzeugenden Argumenten gegenüber uneinsichtig sein und bleiben. Gleich jedem anderen muß er durch Erfahrungen lernen. Der Reifungsprozeß kann sich nicht in der Beziehungslosigkeit abspielen, und es wird nicht immer gelingen, dabei ganz sauber zu bleiben. Also kegelt Hans mit diesen greulichen Leuten und den schaurigen Kegeln. Er wird's überleben.

Gleich am Anfang sorgt er dafür, daß er in dieser Gruppe nicht untergeht. Er akzeptiert nicht kritiklos, was man dort tut, und greift sofort in das Geschehen ein.

»Nun, so schieb an!« schreit einer der Männer und gibt Hans einen Totenschädel. Aber Hans schiebt nicht. »Mit Verlaub, das ist eine eckige Kugel«, sagt er, »wollen sie hübsch rund drehen.« Spricht's, setzt sich an seine Drehbank und dreht sie rund. Dann erst geht »das Spiel an«. Hänschen schiebt gut, die Männer schieben noch besser, und er verliert etwas Geld – Lehrgeld. Zum Schluß trifft er alle neun, aber da schlägt es zwölf, die Männer verschwinden, und Hans geht leer aus. Darüber beschwert er sich. Das ist verständlich, aber er muß erfahren, daß solche Erlebnisse nichts einbringen. Sie sind keine notwendigen Meilensteine auf dem Weg zur Reife.

Die Bewährung liegt darin, daß man derartige Erlebnisse ohne Schaden übersteht. Hans tut es, indem er eingreift. Er übernimmt die rohen und ungeschlachten Impulse, die nun einmal zu dieser Zeit gehören, nicht ohne weiteres. Er spannt sie ein, nimmt ihnen die Ecken, formt sie, schleift sie zurecht. Dadurch bewältigt er sie. Der Erfolg zeigt sich: Die Männer lärmen, toben und heulen nicht mehr, blicken nicht mehr grimmig drein und schreien ihn nicht mehr an. Er domestiziert sie, zivilisiert sie; er macht mit ihnen, was Vater und Küster mit ihm tun wollten: Er hobelt sie ab und stutzt sie zurecht. Das bewirkt er mit Hilfe seiner Drehbank. Damit umzugehen hatte er daheim gelernt.

Viele Eltern mögen zu dieser Zeit glauben, die Kinder lehnten alles ab und hätten alles vergessen, was man ihnen beigebracht und fürs Leben mitgegeben hat. Doch das trifft nicht zu; sie gebrauchen es, wenden es an, aber wir merken es häufig nicht, denn selbstverständlich erzählen sie es uns nicht.

Dem König sagt Hans am anderen Morgen auf Nachfrage: »Ich habe gekegelt und ein paar Heller verloren«, und er fügt hinzu, daß er's lustig gefunden habe (Grimm). In der Bechstein-Fassung erklärt er: »Es war eine Sorte Schlotfeger da [. . .], und wir haben mit Totenbeinen gekegelt.« Damit gibt er wohl kaum die tatsächliche Situation wieder, und kein Wort sagt er über seine Gestaltungsarbeit an der Drehbank.

Mit dem Wirt unten im Dorf redet er überhaupt nicht darüber, obwohl der verständlicherweise neugierig ist. Ihn erschreckt Hansens lässige Unberührbarkeit derart, daß es ihn selber vor dem Jungen »über und über zu gruseln« anfängt. Hans stört das nicht. Er genießt wieder einmal seine Überlegenheit und läßt sich's »auf des Königs Rechnung« wohl sein. Abends ist er rechtzeitig zurück auf dem Schloß. Verdrießlich sitzt er da und murmelt seinen bekannten Spruch. Da erscheinen schweigend sechs »große Männer« und tragen eine Totenlade zu ihm herein.

Aufgrund des bisherigen Handlungsverlaufs wird man vermutlich nicht denken, daß der Held vor dieser neuen Erscheinung plötzlich erschrickt und davonläuft. Man wird ihm auch hier seine bisherige Unerschrockenheit unterstellen. Aber man wird auch erwarten, daß er dieser makabren Prozession zumindest einen Augenblick seine Aufmerksamkeit schenkt, sie jedenfalls erst einmal kurz betrachtet. Hans tut nichts dergleichen. Die Männer sind noch nicht einmal ganz in seinem Zimmer, da reagiert er schon und weiß, was los ist. »Ha, ha«, meint er erfreut, »das ist gewiß mein Vetterchen, das vor ein paar Tagen gestorben ist.« Er winkt mit dem Finger und ruft: »Komm, Vetterchen, komm!« Die Männer stellen die Totenlade vor ihm ab und verschwinden.

Bei allem, was recht ist – diese Reaktion ist nicht mehr glaubhaft. Die hier von Hans demonstrierte Unbeeindruckbarkeit wirkt nicht mehr echt und überzeugt nicht. Mit einer geradezu verdächtigen Hast gibt er dieser irrationalen Szene eine rationale Erklärung, und reichlich unangemessen wirkt sein »Ha, ha«. Allzu krampfhaft, so scheint mir, versucht er hier, die Situation zu verharmlosen. Falsch ist seine Erklärung außerdem: Es starb kein Vetter, denn wir kennen schließlich Hansens Erlebnisse der letzten Tage.

Was will der Held hier verdecken, wovon will er ablenken? Ist er vielleicht beeindruckter, als er zugeben will?

Jedenfalls zeigt er das nicht. Ohne auch nur eine Sekunde zu zögern, öffnet er den Sarg. Es liegt ein großer kalter, toter Mann darin.

Aber auch bei dieser Entdeckung hält Hans sich nicht eine Sekunde auf, und alle anderen Gefühle, die durch den Anblick ausgelöst werden könnten, ignoriert er ebenfalls. Er reagiert weder mit dem Gefühl noch mit dem Verstand. Hier, wo so viele Fragen möglich wären, fragt er sich überhaupt nichts, nicht einmal, wer der tote Mann sein könnte. Er schaltet offensichtlich Herz und Hirn völlig ab und begnügt sich mit Handlung: Er faßt dem Toten ins Gesicht, stellt fest, daß er kalt ist, und folgert: »Ach, den friert [...] den muß ich wärmen.« Damit bringt er das höchst ungewöhnliche und eindrucksvolle Erlebnis auf die denkbar simpelste Ebene. Im Rahmen dieser banalen Einschätzung der Situation findet er auch für sich eine äußerst harmlose Rolle: Er sieht sich als freundlichen Nothelfer, der einen kalten Menschen wärmt. In dieser Absicht handelt er jetzt: Er wärmt seine Hand am Feuer und legt sie dann dem Toten aufs Gesicht – ohne Erfolg. Nun nimmt er ihn heraus, setzt ihn ans Feuer und reibt ihm die Arme, damit das Blut wieder in Bewegung kommen soll. Auch das hilft nicht. Da fällt ihm ein: »Wenn zwei zusammen im Bett liegen, so wärmen sie sich.« Also bringt er den Leichnam ins Bett, deckt ihn zu und legt sich daneben. Nun endlich beginnt sich etwas zu regen: Der Tote wird warm, wacht auf und macht sich breit. Dann aber wird's dramatisch. »Jetzt will ich dich erwürgen«, sagt der Mann. Hier ist Hans um keine Antwort verlegen. In seiner bekannten Schnoddrigkeit fragt er: »Ist das eilig?«, packt dann den zu so unangenehmem Leben erwachten Toten, wirft ihn zurück in den Sarg und schraubt schnell den Deckel zu. Die sechs Männer kommen und holen die Totenlade nebst Inhalt ab. Hans hat sich das Problem vom Halse geschafft, allerdings nur ganz knapp, wie ich meine, und bewältigt hat er es überhaupt nicht.

Reiht man aneinander, was er alles mit dem Toten anstellte, so ergibt sich daraus unübersehbar eine erotisch-sexuelle Situation. Es muß unseren Helden einen geistigen Kraftakt gekostet haben, dies nicht zu erkennen, arglos zu tun und alles ganz harmlos zu finden. Er, der noch in der Nacht vorher mit seinem französischen Gehabe den Erfahrenen spielte, gibt sich jetzt den Anschein, als wisse er nicht, warum zwei Menschen miteinander ins Bett gehen. Er tut so, als sei es ihm völlig fremd, daß körperliche Berührungen erotische Zärtlichkeiten sein können, und die Arme seines nächtlichen Partners reibt er mit der Sachlichkeit eines Sanitäters. Hinzu kommt, daß er für seine Einschätzung dieser Szene glauben muß, man könne Tote wieder zum Leben erwecken. Daß solches nicht geht, hat er kurz zuvor am Galgenberg erfahren.

Nichts ist glaubhaft an Hansens Verhalten. Echt und natürlich wird er erst wieder, als man ihn erwürgen will. Da findet er zu seiner alten Sicherheit zurück. Vorher tut er nur überlegen. Er versucht die Situation dadurch zu meistern, daß er sich auf die Rolle des ahnungslos-sachlichen kleinen Jungen zurückzieht, der erotische Gefühle noch nicht kennt und folglich nicht davon zu beeindrucken ist. Aber er übertreibt. Selbst ein solcher Junge hätte hier mehr Gefühl gezeigt.

Was hat unseren Helden so erschreckt, daß er glaubt, sich dermaßen abschirmen zu müssen? Seine Nöte können nur mit dem »Vetterchen« zusammenhängen, denn von ihm redet er dauernd, obwohl es dafür keinen Grund und keinen Anlaß gibt. Er spricht sogar dann noch von ihm und mit ihm, nachdem er mit eigenen Augen gesehen hat, daß nicht sein kleiner Verwandter im Sarg liegt, sondern ein fremder Mann. Der ist auch nicht tot, aber Hans hält ihn für tot. Wünscht er ihn vielleicht tot? Warum gibt er sich dann jedoch solche Mühe, ihn wieder aufzuwecken? Welch ein Durcheinander!

Dieses Hin und Her, diese Zwiespältigkeiten möchte Hans in den Griff bekommen. Er will Herr der unübersichtlich gewordenen Lage bleiben, sich keine Blöße geben, sich nicht beeindrucken lassen. Darum simplifiziert und versachlicht er die Situation derartig.

Nichts fürchten Jungen seines Alters mehr als Gefühle. Davor haben sie Angst, dagegen schirmen sie sich ab. Im Sprachgebrauch heutiger Jugendlicher wollen sie »cool« bleiben.

Einmal dürfte Hans nicht »cool« geblieben sein. Da hat er reagiert, vermutlich heftig reagiert: seinem (wirklichen) Vetterchen gegenüber. Von ihm dürfte er angerührt worden sein, und dann hat sich etwas völlig Neues in ihm geregt, ist erwacht und warm geworden: der Wunsch, diesen Jungen zu berühren, ihn zu streicheln, ihm seine Hand auf die Wange zu legen, mit ihm zusammen im Bett zu liegen.

Vermutlich blieb es beim Wünschen, und er mußte diesen Impuls unterdrücken. Darum ist das Vetterchen tot. Jetzt aber, in der Abgeschiedenheit des Schlosses, möchte er ihn doch ganz gern wieder zum Leben erwecken. Allein und isoliert, wie er im Augenblick ist, sehnt er sich nach Wärme, nach einer Wärme, die ihm sein Feuer nicht geben kann. Es erwacht in ihm die Sehnsucht nach dem Du, nach dem anderen, der ihn aus der Einsamkeit erlöst, den er berühren kann und der ihm Wärme gibt, die Wärme der Haut, körperliche Wärme.

Hans ist in einer Situation, die nicht viel anders ist als die der Katzen. Ihnen ist schon gottserbärmlich kalt, obwohl sie noch ihre Clique haben. Hans ist ganz allein. Also versucht er, einen Partner für sich »zu erwärmen«. Aber das geht schief.

Statt mit dem Vetterchen sieht sich Hans mit seiner eigenen Männlichkeit konfrontiert. Sie befand sich bisher in einem scheintoten Zustand. Durch seine Wünsche und Sehnsüchte hat er sie zum Leben erweckt. Nun macht sie sich breit und fragt ihn, wer ihn geheißen habe, sie in ihrer Ruhe zu stören. »Niemand«, müßte Hans antworten. Niemand hat ihn geheißen, denn er ist ja allein. Da bedroht ihn diese neue Kraft – er soll sterben. Sie wirkt selbstzerstörerisch, weil sie kein Ziel hat. Die Kraft reifer Männlichkeit drängt zum Partner. Hans läßt den zu früh geweckten Impuls wieder verschwinden, denn einen Partner hat er nicht zu bieten.

Selbst wenn man die mit dem Vetterchen möglicherweise verbundene gleichgeschlechtliche Gefühlsbeziehung außer acht läßt, so ergibt sich trotzdem kein wesentlich anderes Bild für Hansens Schicksal: Erwachenden Triebtendenzen, die zum Partner drängen, auf Hautkontakt und gemeinsames Insbettgehen, ist unser junger Held noch nicht gewachsen. Erst versucht er, sie naiv-kindlich zu ignorieren; als sie ihn dann bedrohen, sperrt er sie kurz entschlossen wieder ein.

Er erweckt in dieser Szene etwas zum Leben, mit dem er noch nicht fertig werden kann. Er besteht die Probe, weil er die Kräfte, die er rief, wieder loswird. Damit vermeidet er ein Risiko, eine Enttäuschung, vielleicht eine Niederlage. Er gewinnt nichts dabei, aber er verliert auch nichts.

Ganz sicher ist ihm jedoch etwas entgangen: die sechs Männer, die den Sarg tragen. Er hat sie offenbar überhaupt nicht gesehen; jedenfalls beachtet er sie nicht. Das ist aus seiner Sicht kein Wunder, denn diese Männer setzen sich mit nichts in Szene, sie poltern nicht den Kamin herunter, gebärden sich nicht laut und wild, sie schreien nicht und rollen nicht schrecklich mit den Augen, und sie spielen keine anrüchigen Spiele. Sie verhalten sich vielmehr unauffällig, gehen gemessenen Schrittes, und sie machen keine großen Worte. Sie imponieren Hans folglich nicht. Aber es wird gesagt, daß es große Männer sind, und das stimmt. Es sind erwachsene und daher richtige Männer. Sie übersieht unser Held; er hat sie nicht auf der Rechnung.

Genauso ist es mit unseren heranwachsenden Söhnen. Sie wollen so gern Männer sein, aber beileibe nicht solche Männer, wie ihre Väter es sind. Für diese und für das Normale haben sie keinen Blick und kein Interesse. Ihre Väter haben zu dieser Zeit kaum eine Chance, von ihnen als »ganze Männer« anerkannt zu werden.

Die nächste Szene zeigt dieses Problem: Ein greulicher Riese tritt herein; er ist größer als alle anderen, heißt es bei den Brüdern Grimm. Er ist alt und hat einen langen weißen Bart.

Hier also tritt einer der vielen Riesen auf, von denen es so viele in unseren Märchen und Sagen gibt. Man fragt sich, woher sie kommen, denn es ist zweifelhaft, ob es jemals Riesen auf dieser Welt gegeben hat. Aber das ist nur historisch gesehen zweifelhaft. Aus der Perspektive des Kindes besteht die Welt aus lauter Riesen. Alle Erwachsenen sind für Kinder größer, und der allergrößte ist für sie der Vater. Hier tritt er auf, mit langem Bart als äußerem Zeichen seiner Reputation und Autorität, und er ist selbstverständlich alt. Für unsere Halbwüchsigen sind wir alle alt.

»O du Wicht«, ruft er bei den Grimms, und bei Bechstein schreit er: »Wurm! Jetzt mußt du sterben« und kommandiert dann: »Du mußt mit mir!«

Väter lassen sich verständlicherweise nur ungern ihrer Söhne Mißachtung und Herabsetzung gefallen. Sie wehren sich und werden ihrerseits aggressiv. Aber gerade auf solche Töne reagieren die jungen Leute besonders empfindlich, und nichts hassen sie mehr, als wenn man sie an ihr Kindsein, an ihre Kleinheit und Schwäche erinnert. Es gibt während der Pubertät wirklich nicht viele angenehme und positive Eindrücke und Erkenntnisse. Eine Freude aber haben unsere Heranwachsenden immerhin: Sie sehen die Welt endlich nicht mehr aus der Froschperspektive, haben es nicht mehr nötig, zu allen Erwachsenen aufzusehen, und sie müssen nicht mehr täglich erleben, wie überlegen alle sind. Oft hat es den Anschein, als rächten sich jetzt die körperlich gleich groß oder größer gewordenen Jungen für ihre jahrelange Unterlegenheit. Schauen sie auf jene Zeit zurück, so erscheint sie ihnen nicht selten als jahrelange Unterdrückung, und wir Eltern sind demzufolge die bösen Unterdrücker. Mit Genuß verweigern sie nun den Gehorsam.

»Ich gehe nicht mit dir«, sagt Hänschen. Er regt sich nicht auf, er schreit nicht herum; das hat er gar nicht nötig. Stark, wie er sich fühlt, kann er ganz lässig bleiben und erklären: »Es pressiert mir nicht; ich habe noch zu tun, wie du siehst.« Er beachtet »den Alten« nicht und arbeitet seelenruhig an der Drehbank weiter. Der Riese will ihn fassen. Dabei gerät sein Bart in die Spindel; sie wickelt ihn auf und zieht seinen Kopf nach. Hans hilft dabei kräftig mit und »tritt frisch darauf los«. Der Riese ist in seiner Gewalt.

Ganz sicher wird man von Hans jetzt nicht erwarten, daß er Mitleid mit dem Alten hat, und man wird verstehen, wenn er schadenfroh ist und ihn genüßlich besiegt. Aber der Junge geht noch einen Schritt weiter. »Kerl, hab acht«, sagt er, »jetzt drehe ich dir deine große Nase ab, und drehe dir die Augen aus und drehe aus deinem dicken Kopf eine Kegelkugel, so wahr ich Hänschen heiße.« Der Riese gibt ihm »die besten Worte« und verspricht ihm drei Kisten mit Gold. »Nun wohl«, sagt dazu Hänschen, befreit aber den Riesen nicht, sondern läßt ihn die Drehbank auf den Schultern tragen und sich von ihm zu den Schätzen führen.

Das grausame Spiel, das hier der Märchenheld mit der entmachteten Vaterfigur treibt, findet nahtlos Parallelen in der Gegenwart. Mit welch harter und herber Kritik setzt sich die heutige Jugend mit der Vätergeneration auseinander! Kein gutes Haar läßt sie an ihr, nichts gibt es, was die Väter richtig gemacht haben. Dennoch handelt sie kaum anders als so viele Generationen von Jugendlichen vor ihr. Auch sie lehnten sich gegen ihre Väter auf, häufig auch gegen die von diesen vertretenen Gesellschaftsordnungen, und ihr Protest war kaum weniger laut und heftig.

Äußere Situationen und politische Verhältnisse ändern sich. Die Jugend, ihre Väter und die Probleme, die sie miteinander haben, sind zu allen Zeiten ziemlich gleich geblieben.

Viele Väter sahen und sehen es nicht gern, wenn ihre Söhne groß werden, selbständiger, eigenwilliger. Sie glauben sich ein solches Verhalten nicht bieten lassen zu dürfen und versuchen, ihre Jungen klein und gehorsam zu halten. Sie führen ihnen vor, um wie vieles sie, die Väter, erfahrener, größer und stärker seien und welche Würmer und Wichte die Söhne darstellten. Es kommt zu einem oft erbitterten Konkurrenzkampf, bei dem beide Seiten überzeugt sind, der überlegene Teil zu sein. Die Grimmsche Version des Märchens schildert eine solche Auseinandersetzung. »O du Wicht«, ruft hier der Riese, »nun sollst du bald lernen, was Gruseln ist; denn du sollst sterben.«

In beiden Fassungen droht der Riese dem Jungen den Tod an. Er soll, so meine ich, als Konkurrent sterben. Der Vater will ihn zwingen, in seine Rolle als Sohn, als Abhängiger und Unterlegener zurückzukehren.

Das will der Junge selbstredend nicht. Er folgt seinen vorwärtsdrängenden Entwicklungsimpulsen. Die neuen Kräfte sind freilich noch ungestaltet, undifferenziert und folglich wenig zivilisiert. Darum sind Knaben dieser Altersstufe entsprechend grob, rücksichtslos und oft so brutal, wie das Märchen es schildert. Aber die

Gegenmaßnahmen der Väter sind häufig auch nicht zimperlich. »Dich will ich packen!« droht der Riese, als Hans sich von seinem ersten Auftritt nicht beeindruckt zeigt. Auch jetzt weicht der Junge nicht zurück. »Sachte, sachte, mach dich nicht so breit, so stark wie du bin ich auch«, entgegnet er.

Man kennt diese Töne, und viele können es nicht fassen, wie größenwahnsinnig diese Jungen sind und wie dumm, daß sie sich einbilden, dem an Alter und Erfahrung haushoch überlegenen Vater gleich zu sein. Das denkt der Riese zweifellos auch und schlägt dem Jungen – in der Grimmschen Fassung – ein Kräftemessen vor. Er, der ihn für einen Wicht hält, kann keinen Zweifel daran haben, wer dabei stärker sein wird. Er führt Hans durch dunkle Gänge zu einem Schmiedefeuer, nimmt eine Axt und schlägt den Amboß mit einem Schlag in die Erde. Das ist fürwahr eine reife Leistung, und eine treffliche Männerprobe ist es auch. Helden haben sich auf diese Weise verglichen. Das Jüngelchen wird an dieser Aufgabe scheitern. Aber was sagt es? »Das kann ich noch besser«, erklärt Hans. Damit gibt er ein eklatantes Beispiel jugendlicher Großtuerei und macht deutlich, warum Väter gegenüber ihren Söhnen so leicht in aggressive Wallung geraten.

Hans geht zu dem anderen Amboß. Der Alte stellt sich daneben, sein langer weißer Bart hängt herab. Der Junge holt aus. Selbstverständlich kann er den Amboß nicht in die Erde schlagen. Er spaltet ihn nur, klemmt aber dabei den Bart des Alten ein.

Für Hans ist das keine Männerprobe. Er richtet sich nicht nach den ritterlichen Regeln der Helden alter Zeiten und denkt nicht daran, den Kräftevergleich als fairen Wettkampf auszutragen. Das kann er sich nicht leisten, denn auf diese Weise wäre er dem Alten glatt unterlegen. Aber besiegen muß er ihn endlich; er muß sich befreien von seiner Autorität, von seiner Übermacht, die ihn zu erdrücken droht. Er muß frei werden von der Abhängigkeit, die ihm damals wie heute immer noch gern vorgehalten wird, etwa mit Sprüchen wie: »Solange du deine Füße unter deines Vaters Tisch stellst, hast du zu tun, was dein Vater sagt.« War es nicht so, und ist es nicht immer noch so oder jedenfalls so ähnlich?

Diese Art von Abhängigkeit hat Hans satt, aus dieser Situation muß er heraus, und dafür ist ihm jedes Mittel recht. Für ihn entscheidet nur der Erfolg.

»Nun hab' ich dich«, spricht der Märchenheld, »jetzt ist das

Sterben an dir.« Aus seiner Sicht muß der Vater als Autorität, als Respektsperson sterben. Zu diesem Zweck nimmt Hans eine Eisenstange und schlägt auf den Alten los, bis er wimmert und bittet, er möchte aufhören.

Das ist kein so falsches Bild, will mir scheinen. Auch unsere Söhne schlagen ziemlich rücksichtslos auf uns ein, wenn sie auch statt einer Eisenstange dafür im allgemeinen nur Worte benutzen. Sie verstehen es, auch damit zu treffen. Da sie sich außerdem dabei nicht einmal an die einfachsten Regeln für ein vernünftiges Zusammenleben halten, gelingt es ihnen meistens, unsere Autorität zu untergraben, unsere Reputation zu demolieren und uns so zu demoralisieren, daß wir uns wirklich nicht mehr für überlegen halten. In der Grimmschen Version wimmert der Riese, bittet um Gnade und verspricht größte Reichtümer. Bei Bechstein gibt er dem Hänschen »die besten Worte«.

Ein wimmernder und um Gnade flehender Vater dürfte mehr den Wünschen mancher Söhne als der Realität entsprechen. Aber Väter, die ihren Söhnen und damit der jungen Generation »die besten Worte« geben, gibt es viele, ja sie bestimmen heutzutage fast die Generationsszene. Denn zur Zeit ist Jugend »in« und wird allerseits heftig hofiert. Besonders Väter tun sich hier hervor. In der Hauptsache sind sie es, die mit mancher jugendlichen Mode auch jugendliche Ansichten und jugendliches Vokabular übernehmen, sich für ihrer Söhne laute Musik begeistern und Verständnis für deren radikale politische oder gesellschaftliche Überzeugungen haben oder heucheln. Manche sind dabei so weit gegangen, sogar mit jugendlichen Gewalt- und Mordtaten zu sympathisieren. Selten wurde allerdings ein solches Verhalten von den Söhnen honoriert, häufiger als Anbiederungsversuch zurückgewiesen und mit höchst abwertenden Bezeichnungen belegt.

Eine tragfähige und für beide Teile positive Beziehung zwischen Vätern und Söhnen dürfte zu dieser Zeit seltene Ausnahme sein. Die Einstellung der Väter bewegt sich zwischen Resignation, heftiger Ablehnung, Unverständnis und Anpassung unter Aufgabe des eigenen Standpunktes. Die Söhne reagieren einheitlicher. Sie proben den Aufstand gegen jeden Vater, ganz gleich, wie er eingestellt ist. Sie müssen so handeln; für sie ist es nicht länger eine Tugend, brav und gehorsam zu sein. Es schadet ihnen, wenn sie um diese Auflehnungsphase gebracht werden.

Dafür gibt es gelegentlich Gründe. So können sehr positive Väter bewirken, daß ihre Jungen sich nicht gegen sie stellen, weil sie bei bestem Willen nichts finden, gegen das sie sich auflehnen könnten.

Ähnliches kann bei zu starken Vätern passieren. Deren Söhne kommen unter Umständen gar nicht auf den Gedanken, diese Väter anzugreifen, weil sie davon ausgehen, daß gegen sie ganz einfach nicht anzukommen sei.

Nicht anders verhält es sich mit berühmten Vätern. Es ist schwer, sie anzugreifen oder herabzusetzen, wo doch alle Welt sie anerkennt und bewundert.

Aber auch Väter, die sich nicht wehren, sich alles bieten und gefallen lassen, die nachgeben und keinen Widerstand leisten, bringen ihre Söhne um eine wesentliche und wichtige Erfahrung, betrügen sie um einen Reifungsprozeß. Denn Jungen brauchen den Kampf mit ihren Vätern. Sie müssen ihre Kräfte mit ihnen messen und sich an ihnen erproben. Dabei lernen sie Möglichkeiten und Grenzen kennen, entfalten sich und gewinnen Stärke und Durchsetzungskraft.

Wer keinen Vater hat, muß auf diese Erfahrung nicht verzichten. Die meisten Jungen wissen einen Ersatzvater zu finden, mit dem sie sich anlegen können; notfalls streiten sie sich mit der Mutter.

Die Auseinandersetzung zwischen alt und jung nimmt oft nicht nur in den häuslichen vier Wänden dramatische Formen an. Die jungen Männer neigen auch dazu, in der Öffentlichkeit alles anzugreifen, was man als Äquivalent väterlicher Autorität ansehen könnte. Schule, Polizei, Justiz und nicht zuletzt der Staat selbst sind beliebte Ziele, und die Mittel sind hier genausowenig zimperlich, wie sie es zu Hause sind – auf beiden Seiten.

Aber Kritik und Angriffslust der Jugendlichen sind nicht immer nur negativ. So bescherte ihre »Trotzkleidung« der schon langsam trist gewordenen Modeszene ein paar originelle Akzente. Ihre »laute Musik« schreckte nicht nur die Bürger, sondern riß endlich einmal wieder viele Menschen vor Begeisterung von den Stühlen, und neue Ideen über Sex, Erziehung, Politik und Kunst haben erfreuliche Bewegung in die behäbige bürgerliche Welt gebracht. So hat die Auseinandersetzung durchaus auch ihre positiven Seiten. Man lernt voneinander – aber das werden weder die Alten noch die Jungen zugeben, denn sie stehen sich als polare Gegensätze gegenüber. Die einen wollen die Welt völlig umkrempeln, die anderen fürchten, daß sie dabei rettungslos in die Brüche geht. Zäh werden die Positionen verteidigt, und am Ende siegt keiner, aber es unterliegt auch keiner. Es ergibt sich ein gar nicht unerfreulicher Kompromiß: Die Jungen stellen die Welt nicht auf den Kopf, aber die heile Welt der Alten bleibt auch nicht als museales Prunkstück erhalten. Sie wird verändert, und das ist gut so, denn nur das, was sich verändert, bleibt vital. Verändert hat sich etliches in dieser Gesellschaft, in der Rechtsprechung, in der Pädagogik, in Sitten und Gebräuchen. Vieles davon haben uns die jungen Hitzköpfe eingebrockt – oder wir verdanken es ihnen. Es kommt auf den Standpunkt an, aber der ist in diesem Zusammenhang nicht wichtig.

In bezug auf ihre persönliche Entwicklung haben die Jungen den größeren Vorteil von ihrem Kampf. Das zeigt das Märchen: Der Riese führt Hans in den Keller und übergibt ihm drei Kisten mit Gold. Eine, so erklärt er, gehöre den Armen, eine dem König und eine ihm. Da schlägt es zwölf, und der Riese verschwindet. Hans hat durchgehalten. Aber da machen die Kisten Anstalten, ebenfalls zu verschwinden. Unser Held erfährt, daß man sich in dieser Welt nicht auf seinen Lorbeeren ausruhen darf. Das Leben erfordert ständigen Kampf und dauernde Wachsamkeit. Das hat er offensichtlich begriffen, denn er erlahmt nicht, bleibt wachsam und hält geistesgegenwärtig die Schätze fest, die ihm schon wieder davonzugleiten drohen. Nun hat er es geschafft. Zwar gruselt es ihn noch immer nicht, aber das Schloß hat er erlöst, die Poltergeister befreit, den »verzauberten Schatz an das Licht gezwungen«, kurzum: Er hat »Großes vollbracht«.

In der Tat, das hat er, wenn auch nur »im eigenen Haus«. Denn das Schloß stellt den inneren Bereich des Jungen dar, den Bereich seiner Seele, seines Wesens. Befreit hat er sich selbst, und zwar aus der Enge seiner Ichbezogenheit und Autoerotik. Er wird jetzt nicht mehr vorwiegend damit beschäftigt sein, drängende Impulse abzuwehren und im ständigen Clinch mit sich selber zu liegen. Sein Larvenzustand ist zu Ende. Er ist sicherlich noch kein schöner Schmetterling, aber wenigstens so frei, daß er in der Lage ist, ein erträgliches Sozialwesen in der menschlichen Gemeinschaft zu werden. Das bedeutet neue Verpflichtungen. Die Goldkisten weisen ihn darauf hin. Bevor er einen Lohn für sich bekommt, muß er anderen abgeben, zunächst den Armen. Damit tritt er aus seiner

Abkapselung heraus, soll und muß Interesse am Mitmenschen zeigen, mitleiden können, daß heißt Verständnis für andere haben, auch wenn er nicht unmittelbar betroffen ist. Die Kiste an die Armen zu geben bedeutet die Überwindung jugendlichen Egoismus. Wer diesen Schritt nicht geht, hier steckenbleibt, weiter nur an sich denkt und nur wichtig findet, was ihn selbst betrifft, der wird nicht erwachsen. Entgegen seiner eigenen Überzeugung wird er auch keinen Erfolg haben, und glücklich kann er mit seiner Einstellung erst recht nicht werden. Die für die Armen bestimmte Kiste für sich selbst zu behalten bedeutet, am falschen Ende zu sparen. Das wird später meist bitter bereut, denn Egoisten sterben nicht nur einsam – sie leben auch so.

Bei Bechstein gebührt die erste Kiste dem König, dem Vater also. Ihm gegenüber muß der junge Held umlernen. Er muß begreifen, daß die Ab- und Entwertung des Vaters zwar für die eigene Entwicklung notwendig war, nicht aber objektiven Tatsachen entspricht. Der Vater hat genau so viele Stärken und Schwächen, wie sie der Sohn später auch haben wird. Zu dieser Zeit hat er indessen aufgrund seiner größeren Erfahrung und Reife oft mehr Stärken als der noch jugendliche Sohn. Stärken und Schwächen des Vaters zu erkennen ist ein notwendiger Reifungsschritt.

Zu einer gesunden und erfolgreichen Reifung gehört nach dem Kampf mit dem Vater dessen Rehabilitation. Ihm Gold geben heißt sich ihm wieder zuwenden können, zuwenden nicht mehr als ein zu ihm aufschauendes Kind, sondern als Mann. Wer nicht in der Lage ist, den Vater wieder objektiv zu sehen und damit zur Realität zurückzufinden, erreicht dieses Ziel nicht.

Unser Märchenheld hat sich ein positives Vaterbild bewahrt: den König. Jetzt, da er durch alle wesentlichen Reifungskrisen hindurch ist, kann er es übertragen, sowohl auf den eigenen Vater als auch, wie im Märchen, auf seinen Schwiegervater. Der wird der König jetzt. »Du sollst auch deinen Lohn haben und meine Tochter heiraten«, sagt er. »Obligiert, Herr König!« erwidert darauf Hänschen und tut damit wieder einmal erfahrener, als er ist und es sein kann. Aber er tritt dem König gegenüber sicher und frei auf, weder unangemessen untertänig noch anmaßend. Er hat seine Goldkiste an der richtigen Adresse abgeliefert. Hans fährt fort: »Es ist aber doch schade, daß ich heiraten soll, und ich bin noch so dumm, daß ich noch nicht das Gruseln gelernt habe.«

In der Tat ist Hans noch naiv. Er darf es sein; das entspricht seinem Alter, und davor bewahrt ihn auch nicht die Bewältigung innerer Reifungsprobleme. Erst das Leben, die realen Erfahrungen, die er machen wird, seine Erlebnisse in der Wirklichkeit des Alltags werden ihm seine Arglosigkeit nehmen.

Der König besitzt diese Erfahrungen. Er ist nicht mehr naiv, und mit der Antwort, die er jetzt dem Jungen gibt, erweist er sich als realer Erwachsener und damit als eigenständige Figur. Er ist nicht mehr ein Teil von Hansens Phantasie.

»O mein lieber Sohn und Schwiegersohn«, sagt er, »heirate du nur, da wird sich alles finden. Es hat schon mancher das [Gruseln] auch nicht gekonnt und hat geheiratet, und da ist er außerordentlich gruselig geworden und hat die Gänsehaut nicht wieder loswerden können.«

Das sind Erfahrungen eines Mannes, der keine Illusionen mehr hat. Es klingt ein wenig zynisch, was der König hier sagt. Aber Hans spürt das nicht; er nimmt es wörtlich und freut sich ehrlich auf die Aussicht, nun vielleicht in der Ehe das Gruseln zu lernen.

Also findet die Hochzeit statt. Sie ist herrlich, und Hänschen ist sehr glücklich. Warum sollte er auch nicht? Er ist nun reich, und eine wunderschöne Frau hat er außerdem. Aber so lieb er sie auch hat und so vergnügt er ist, sagt er doch immer: »Wenn mir nur gruselte, wenn mir nur gruselte!«

Er hat sein Ziel nicht erreicht. Was er bekam, hat er nicht gewollt, um das hat er sich nicht bemüht; es ist ihm in den Schoß gefallen. Zwar freut es ihn, aber so, als habe er es als Kind zum Geburtstag bekommen. Anfangen kann er damit noch nichts. Für die Ehe, die er nur als Institution zum Gruselnlernen ansieht, ist er noch nicht reif. Seine Frau dürfte er liebhaben wie einen Spielgefährten oder wie ein besonders schönes Spielzeug. Was Liebe ist, davon hat er noch keine Ahnung. Hier fehlt ihm die Dimension des Erwachsenen, des Mannes.

Das mag seiner Frau zunächst entgangen sein. Sie wird seine fröhliche Unbekümmertheit sogar recht nett und amüsant gefunden haben. Aber das reicht nicht für die Ehe, für ein Zusammenleben. Es reicht der Frau nicht, es kann ihr nicht reichen. Also hat sie langsam sein naives Gerede satt. »Es verdroß sie endlich«, heißt es bei den Brüdern Grimm.

Hans steht vor seiner letzten Probe. Das Märchen hält sie für die entscheidende, und das mag stimmen. Viele Männer wird es schon erschrecken, wenn die Frau in der Ehe Forderungen an sie stellt, das heißt unzufrieden ist, mehr von ihnen erwartet. Schon das ist für manche eine gruselige Situation, der sie nicht gewachsen sind. Aber es kommt noch viel schlimmer. »Nun warte [. . .], dich soll es noch gruseln«, spricht die junge Königin zu sich selbst und läßt sich aus dem Bach einen ganzen Eimer voll Gründlinge holen. Nachts, als der König schläft, zieht sie ihm die Decke weg und schüttet den Eimer voll kalten Wassers mit den Gründlingen über ihm aus, daß die kleinen Fische um ihn herumzappeln.

An dieser Situation ist der König gescheitert, falls er von eigenen Erfahrungen berichtet hat. Hier jedenfalls bekommen viele Männer eine solche Gänsehaut, daß sie sie nie wieder loswerden können. Was Wunder, denn ein kalter Guß ist vermutlich das letzte, was sie von einer Situation erwarten, die ihnen von allen Seiten als größtes Glück geschildert wird. Liebe und Glück sind im Gefühlsbereich des Mannes häufig mit Wärme verbunden. Wärme und Geborgenheit erwarten darum viele auch als das Primäre in der Ehe. Das ist ein Irrtum. Wärme und Geborgenheit sind Voraussetzungen einer glücklichen Kindheit. Die Ehe ist eine Institution für Erwachsene und keine Wiederauflage kindlicher Nestwärme. Die Ehefrau ist keine Wärme spendende Ersatzmutter. Sie hat ganz anderes zu bieten. Und das Leben ist kein warmes Bett, sondern voll von prickelnder Lebendigkeit – für diejenigen jedenfalls, die sich aus den Bindungen und Verstrickungen der Kindheit befreien konnten.

Die Sehnsucht nach Wärme durchzieht das Märchen wie ein roter Faden. Kaum ist Hans aus dem Haus, fort vom wärmenden Nest, da taucht das Problem des Frierens auf. Hans friert trotz seines Feuers auf dem Galgenberg. Er friert, weil er allein ist. Noch einsamer sind die Toten. Die »schnappern und klappern« im scharfen Nachtwind, daß sie des Jungen Mitleid erregen. Ins Schloß nimmt er ein Feuer mit, damit ihn nicht friert. Es friert die Katzen, und für die halben Männer bläst Hans sein Feuer an, damit ihnen nicht kalt ist. Eiskalt ist der Mann im Sarg; er wird am Feuer und im Bett gewärmt.

Wärme und Geborgenheit ist das Problem der jungen Leute, wenn sie sich aus dem Elternhaus lösen. Darum rücken sie so eng zusammen und suchen den verlorenen Halt aneinander. Hans überwindet diese Phase und lernt die wichtigste Voraussetzung zum Erwachsenwerden: das Alleinsein. Allein läutet er auf dem Turm die Glocke, allein sitzt er unter dem Galgen, und allein verbringt er die Nächte im einsamen Schloß. Er widersteht allen Versuchungen und besteht alle Proben. Er gibt den Armen und gibt dem König. Er hat sich seine Kiste mit Gold redlich verdient. Über dieses Gold kann er frei verfügen. Aber noch hat er keine Verwendung dafür. Wem soll er es geben? Mit wem kann er es teilen? Er hat schon alles, was er braucht, ist schon reich. Doch die Fähigkeit des Gruselns kann er sich auch mit einer Kiste Gold nicht erkaufen. Also seufzt er, ist nicht recht zufrieden und fürchtet, daß es ihm auch in der Ehe nicht gruselt.

Es wird ihn gruseln, denn nun ist er nicht mehr allein, und seine Frau trifft entsprechende Maßnahmen. In der Grimmschen Fassung versichert sie sich dazu der Mithilfe ihres Kammermädchens. Vermutlich kennt sich das besser aus, denn Kammermädchen werden nicht so streng behütet wie Prinzessinnen, sind ihnen meist um etliche Erfahrungen voraus und wissen schon besser, womit man Männern das Gruseln beibringen kann. Die Prinzessin ist klug genug, die gegebenen Ratschläge anzuwenden. Also zieht sie ihrem Hans die Decke fort. Da liegt er also, friedlich schlafend, und ahnt in seiner Naivität nicht, welche Möglichkeiten das Leben noch für ihn bereithält. Die Gattin zeigt sie ihm, und was er jetzt sieht und fühlt, das jagt ihm die erhofften Schauer und Schauder über die Haut und verschlägt ihm schier die Sprache, daß er stammelt: »Endlich nun – nun kann ich das Gruseln.« Das prickelnde kalte Wasser und das wimmelnde Leben der vielen zappelnden Fische weckt ihn auf, läßt den scheintot-schlafenden Mann in ihm erwachen, der nun leben kann und leben darf. Damit erschließt sich unserem Helden eine völlig neue Dimension des Daseins. Das spürt er jetzt und drückt es aus. »Ach«, sagt er, »was gruselt mir, was gruselt mir, liebe Frau!«

Er sagt »liebe Frau«, redet sie zum erstenmal an; er erkennt sie, begreift, was sie für ihn bedeutet, welch ein intensives, lebendiges Lebens- und Lustgefühl sie ihm vermitteln kann. »Ja, nun weiß ich, was Gruseln ist«, sagt er zufrieden und wie erlöst.

Des Helden letzte und damit wesentliche Erfahrung ist die Begegnung mit der Frau. Davon wird er endlich angerührt. Sie begegnet ihm real als Gattin und symbolisch als Fischteich, in den er zu fallen glaubt. Das ist eine Welt, von der er bisher nichts wußte, die er nicht kannte. Sie ist neu für ihn, fremd, anders und erregend. Mit ihrem von quirligen Fischen bewegten Wasser ist sie so weiblich, wie sein einsames Schloß mit seinen Geistern männlich ist. Diese zwei Welten sind so gegensätzlich und verschieden, wie Männer und Frauen es sind. Im glücklichen Fall kommt es zwischen beiden zu jener fruchtbaren Spannung, die zu einer gegenseitigen Bereicherung führt und für beide das Lebensgefühl verstärkt und erhöht.

Eine wichtige Voraussetzung dafür, so stellt es das Märchen dar, ist »das Gruseln«. Hans erlebt und erfährt es in einer Situation, der er (endlich) nicht mehr gewachsen ist. Die Fülle der wimmelnden kalten Fische kann er nicht mehr übersehen; er vermag sich nicht von ihr zu distanzieren, ist ihr bedingungslos ausgeliefert. Er kann sich die Fische nicht vom Leibe halten, wie er es bisher mit allen Erscheinungen konnte, so furchterregend sie auch gewesen waren. Hier wird er zum erstenmal unausweichlich betroffen. Ihm geschieht, was bisher nichts und niemand bei ihm bewirken konnte, weder Vater noch Küster, noch die Gespenster. Genau danach hat er sich gesehnt, das hat er gewollt: Es sollte ihn gruseln; er war ausgezogen, etwas zu erleben, das ihn so stark berührte, daß er »außer sich« sein würde. Das ist er jetzt. Die fremde Lebendigkeit des Weiblichen fordert ihn heraus. Vor ihr kann er sich nicht mehr in sich selbst zurückziehen; er wird im Kern seines Wesens davon betroffen.

Aber diese Betroffenheit erschreckt ihn nicht; vielmehr erlebt er sie als tiefgreifenden, ihn beglückenden Reiz.

Damit ist sein Ziel tatsächlich erreicht. Er hat den letzten Schritt zur Reifung getan, er ist erwachsen geworden. Er hat die Enge seiner naiven Selbstbezogenheit überwunden, ist fähig geworden, sich dem Du zuzuwenden, sich dem existentiell anderen zu öffnen.

Die Gänsemagd

Die Geschichte einer ebenso naiven wie arroganten Königstochter, die meint, von allen bedient werden zu müssen, dafür gedemütigt wird, am Ende aber doch ihr Ziel erreicht

Am Anfang dieses Märchens wird die Heldin dem Titel nicht gerecht. Sie hütet keine Gänse, lebt nicht in einfachen Verhältnissen, schon gar nicht in untergeordneter Stellung, und sie muß auch nicht dienen. Ganz im Gegenteil: Sie wächst in einer reichen Welt auf, hat eine Königin zur Mutter, ist also eine Prinzessin, besitzt alles, was das Herz begehrt, und schön ist sie außerdem. Sie ist auch schon einem Prinzen versprochen und darf sich auf eine prächtige Hochzeit freuen. Ihr Brautschatz enthält »viel köstliches Gerät und Geschmeide [...] Gold und Silber, Becher und Kleinode«. Ihre Mutter hat ihr alle diese Reichtümer gegeben, »denn sie hatte ihr Kind von Herzen lieb«, heißt es. Nichts also trübt das schöne Bild; es gibt keine Probleme, das Kind lebt in einer friedlichen, liebevollen, heilen Welt, und es hat die besten Zukunftsaussichten.

Das ist eine schöne Schilderung. Sie wird großen und kleinen Lesern gefallen, und sie werden sich an einem solchen Mädchen erfreuen. Nach der Wahrhaftigkeit wird keiner fragen. Sie wird hier nicht erwartet; dafür sind Märchen nicht zuständig. Wo gibt es auch in Wirklichkeit ein derartiges Mädchen? So gut wie nirgends, im Alltag normaler Sterblicher überhaupt nicht. Aber das Leben spielt sich eben nicht nur in der Wirklichkeit ab. Auch Phantasien und Wünsche gehören zur Realität unseres Daseins, und in diesem Bereich gibt es so schöne und reiche Prinzessinnen durchaus. Große und kleine Mädchen träumen von ihnen. So, wie das Märchen es schildert, wünschen sie sich ihre Gegenwart und ihre Zukunft. Wer möchte schließlich nicht gern auf einem Schloß groß werden, dort der Mutter Einziges und damit Liebstes sein und von ihr verwöhnt und beschenkt werden? Das Märchen erfüllt diesen Wunsch: Die Heldin hat keine Geschwister, und auch der Vater ist schon vor vielen Jahren gestorben. Infolgedessen ist die Mutter dem Kind allein zugetan und kann es von Herzen liebhaben. Jegliche Konkurrenz, die lästig werden könnte, ist aus dem Weg geräumt. Das Mädchen ist alleiniger und unangefochtener Mittelpunkt. Vor unangenehmen Pflichten wird es im mütterlichen Schloß auch bewahrt. Es muß weder im Haushalt helfen noch Geschwister hüten, geschweige sich mit ihnen auseinandersetzen. Außerdem ist es schön, und der Prinz zum Heiraten ist auch schon in Aussicht. Somit ist die weibliche Starrolle nicht nur jetzt, sondern auch für die Zukunft gesichert.

Eine solche reizvolle Szenerie ist nicht nur der Wunschtraum mancher Mädchen. Auch viele Eltern träumen und wünschen in ähnlicher Weise. Sie möchten genauso ein »Prinzeßchen« haben, wie es hier geschildert wird, und tun ihr möglichstes, ihre Tochter dazu zu machen. Sie verwöhnen und behüten sie, haben sie von Herzen lieb und statten sie mit allem Schönen und Guten aus, pflegen, schmücken und kleiden sie entsprechend und sind stolz, wenn auch andere das kleine Mädchen für etwas Besonderes halten. Und natürlich wünschen sie ihr einen »Prinzen«, das heißt einen Mann, der gut genug für sie ist. Manchen Vätern ist kein Mann gut genug für ihr »Prinzeßchen«, denn sie möchten es am liebsten für immer behalten. Es ist verständlich, daß solche Töchter eine derartige Wertschätzung, Verwöhnung und Bewunderung außerordentlich genießen und die von ihnen erwartete Rolle nur zu gern spielen. Die meisten können der Versuchung nicht widerstehen, sich damit zu identifizieren. Sie glauben, so zu sein, wie man sie sich wünscht und wie sie selbst gern wären, und erwarten dann nicht nur, später einen schönen und reichen Prinzen zu bekommen, sondern gehen außerdem davon aus, daß alle Welt sie in dieser Rolle anerkennt und respektiert.

Dieses »Prinzessinnenbild« fasziniert Mädchen, Eltern, die Umwelt, viele Männer. Es hat eine lange Tradition und entzückte schon unsere Altvorderen. Dennoch ist es so unrealistisch wie ein Märchen. Aber gerade ein Märchen wird dieses Wunsch- und Traumbild schonungslos korrigieren, wird die Realitäten zeigen und schildern, wie die lieblichen Prinzessinen wirklich sind.

Zunächst jedoch ist davon nichts zu bemerken; aber die Heldin hat die Geborgenheit des Schlosses ja auch noch nicht verlassen.

Mit ihrem Auszug in das »fremde Reich« ändert sich die Situation. Die Mutter will ihr Kind nicht ohne Schutz fortgehen lassen. In der Abschiedsstunde begibt sie sich in ihre Schlafkammer, nimmt ein »Messerlein«, schneidet sich damit in die Finger, »daß sie bluteten«, und läßt drei Tropfen Blut auf ein weißes Läppchen fallen. Das gibt sie ihrer Tochter und spricht: »Liebes Kind, verwahre sie wohl, sie werden dir unterwegs not tun.«

Die Tochter mag die Bedeutsamkeit dieser Handlung gespürt haben, und ihr wird klar gewesen sein, daß die Mutter ihr mit dem Läppchen eine Art Vermächtnis ans Herz legen wollte. Daher verwahrt sie es auch an ihrem Busen. Aber sie hat sicher keine Chance zu verstehen, was die Mutter ihr damit sagen will, und sie sieht keine Schwierigkeiten. Für sie gibt es keinen Bruch zwischen der schönen Gegenwart und ihrem zukünftigen Dasein als Frau an der Seite eines Mannes.

Hätte sie mit dieser Einstellung recht, und gäbe es tatsächlich keine Probleme, dann wäre ihre Geschichte schnell erzählt. Dann nämlich zöge sie unangefochten zu ihrem Prinzen, käme wohlbehalten bei ihm an, die Hochzeit fände in aller Pracht und zu jedermanns Zufriedenheit statt, und das Märchen endete schon nach dem ersten Absatz mit diesem Happy-End. Aber so einfach ist der Übergang von der heilen kindlichen Welt ins ferne, fremde Reich, in das die Prinzessin jetzt reisen soll, nicht. Ohne Probleme wird kein Mädchen zur Frau.

Die erfahrene Mutter weiß das. Sie kennt die Schwierigkeiten des wirklichen Lebens und hätte, so sollte man meinen, ihre Tochter darüber aufklären, sie jedenfalls über einige Grundtatsachen informieren sollen. Das tut sie nicht. Jetzt, in allerletzter Minute, versucht sie, Versäumtes in einem feierlichen, symbolischen Akt nachzuholen. Mit den drei Blutstropfen auf dem sauberen weißen Läppchen verharmlost und schönt sie, was im Leben einer Frau mit Blut zusammenhängt: Menstruation, Entjungferung und Geburt. Über derlei konkret körperliche Dinge will sie nicht sprechen; sie möchte die kindlich reine Welt ihrer Tochter unversehrt erhalten, sie vor so peinlichen und unangenehmen Dingen wie Sexualität, Blut und Schmerzen bewahren.

Man kann sich hier auf das hohe Roß des aufgeklärten, modernen Menschen setzen und behaupten, was diese Mutter tut, sei falsch; sie müsse und solle ihrem Kind über diese natürlichen Dinge die schlichte Wahrheit sagen. Aber damit macht man es sich zu leicht. Kulturgeschichtlich gesehen sind diese drei Sachverhalte alles andere als schlicht und natürlich. Sie sind mit Ängsten,

Aberglauben und Tabus geradezu überladen. In aller Welt hat die Männer nichts so verunsichert, und nichts haben sie so sehr gefürchtet wie dieses Anderssein der Frauen, das sie nicht verstanden und von dem sie ausgeschlossen waren. Sie haben auf ihre Weise darauf reagiert. So sahen (und sehen) Völker in allen Teilen der Erde die menstruierende Frau als unrein an. Wegen ihrer Fähigkeit zu gebären wurde sie beneidet, aber auch als unheimlich empfunden, und ihr wurden vorwiegend unheilbringende magische Kräfte unterstellt. Zum Teil übertrug man diese auf das Blut und sagte ihm übernatürliche Wirkungen nach. Jungfräuliches Blut wurde früher gern wie ein Fetisch vorgewiesen, und Mädchen, die ihre Unschuld verloren hatten, wurden verfemt und werden noch heute vielerorts geringgeachtet.

Es mag verständlich erscheinen, daß die Mutter Scheu empfindet, über diese Themen zu sprechen, weil sie ihre Tochter vor einer derart unschönen und diskriminierenden Realität bewahren möchte. Viele Mütter verhalten sich auch heute noch so.

Die wesentliche Bedeutung des Läppchens ist aber nicht sein symbolischer Wert, sondern die Funktion des Schutzes, die es für die Heldin haben soll. Die Mutter möchte mit ihrem Blut dem Mädchen nahe bleiben, ihm dadurch helfen, und sie möchte weiterhin zu ihm sprechen, auch wenn ihr Kind weit von ihr fort ist. Die letzte Aufgabe erfüllen die drei Blutstropfen.

Zu der Prinzessin weiterem Schutz gibt sie ihr »eine Kammerjungfer bei«. Sie soll mitreiten und »die Braut in die Hände des Bräutigams überliefern«. Die Mutter hofft, daß dieses Mädchen mit seinen besonderen Kräften und Fähigkeiten ihrer Tochter dient, sie unterstützt und ihr hilft. Ein weiteres Mittel, das Kind zu beschützen, ist das treue Pferd, welches sie ihm mitgibt. Es heißt Falada und kann sprechen, wie die Blutstropfen sprechen können.

Zwei Stimmen werden also die Prinzessin auf ihrem Weg begleiten: die weiblich-mütterliche der drei Blutstropfen und die Faladas. Pferde sind in Mythologie und Volksglauben männliche Tiere, so daß man in Falada das väterliche Element vermuten darf. Allerdings ist der Vater, so heißt es, »schon lange Jahre« tot. Das muß jedoch nicht bedeuten, daß er keine psychische Wirksamkeit besäße, besonders dann nicht, wenn die Mutter sein Bild im Kind wachhält.

Die Märchenmutter dürfte dies getan haben, denn sie ist es, von der die Prinzessin das Pferd bekommt.

Was sich so märchenhaft, magisch und wunderbar anhört, ist im Grunde nichts Besonderes, denn wir alle verfügen über diese beiden Stimmen und hören sie unser Leben lang. Als Läppchen mit den drei Blutstropfen und als Pferd haben sie im Märchen Gestalt erlangt und können laut reden. Tatsächlich sind es innere Stimmen, die Stimmen von Vater und Mutter. Sie sprechen auch dann noch zu uns, wenn wir längst aus dem Haus und selbständig sind oder unsere Eltern nicht mehr leben. Sie bestimmen viele unserer Meinungen und Ansichten mit und beeinflussen manche unserer Handlungen. Sie sind unser Gewissen und die »Stimme des Blutes«, die wir nicht verleugnen können. Sie bewirken viel, doch helfen, wie die realen Eltern es taten, können sie uns nicht. Sind wir von zu Hause fort, dann stehen wir allein und müssen sehen, wie wir ohne Vater und Mutter zurechtkommen. Jeder muß das, und es ist, wie man sehen wird, anfangs gar nicht leicht.

Besonders schwer ist es für die verwöhnte und überbehütete Prinzessin. Sie kann nicht glauben, daß sie plötzlich schutzlos ist. Sie meint, Mutter und Vater seien immer noch bei ihr, könnten ihr weiterhin beistehen und sie wirksam beschützen. Sie glaubt auch, sie sei eine Prinzessin. Sie ist es aber nicht. Eine richtige Prinzessin und ihre kostbaren Schätze hätte man auf einer so weiten Reise niemals nur einer Kammerjungfer anvertraut. Sie wäre von einer Eskorte begleitet worden, und selbst reiten hätte sie auch nicht müssen, sondern wäre in einer Kutsche gefahren. Aber so ist es eben in den Märchen: Alle die vielen hohen Herrschaften sind nur Menschen wie du und ich, Mütter, Väter und Kinder mit ganz alltäglichen Kümmernissen und Sorgen.

Die Kammerjungfer ist auch keine Dienerin. Die Heldin wird es schnell bitter erfahren. Der kostbare Brautschatz ist ebensowenig wirklich. Die Fülle von Geschmeiden, Kleinodien und goldenen Geräten könnte aber durchaus für die Verwöhnung und die Zuwendung stehen, die die Prinzessin durch ihre Mutter erfuhr. Es ist bemerkenswert, daß nicht ein einziges Goldstück aus ihrem Schatz jemals wieder in der Geschichte auftaucht. Daran könnte sich zeigen, daß Verwöhnung und Zuwendung nicht von unmittelbarem Wert für den Lebenskampf sind. Zunächst einmal sind die Folgen von Überbehütung und Verwöhnung negativ; sie schaffen

Bedürfnisse und Ansprüche. Das zeigt sich sofort: Die beiden Mädchen sind gerade eine Stunde geritten, da hat die Heldin bereits »heißen Durst«. Sie steigt nun aber nicht etwa ab, um zu trinken, sondern befiehlt ihrer Kammerjungfer, ihr einen Becher Wasser zu schöpfen.

Man sollte ihr diese Ansprüchlichkeit nicht zu sehr verargen. Sie überträgt nur die daheim gemachten Erfahrungen und erwartet, daß auch hier ihre Rolle anerkannt und sie wie gewohnt bedient wird. Ihre Mutter hätte ihr den Trunk gewiß nicht verweigert und nicht gezögert, ihr ein Getränk in ihrem goldenen Becher zu bringen. Aber sie ist nicht mehr da, und für eine verwöhnende Mutter gibt es im Leben keinen Ersatz. Das erfährt die Heldin jetzt.

»Ich mag Eure Magd nicht sein«, sagt die Kammerjungfer und empfiehlt der Königstochter, sich selbst ans Wasser zu legen und zu trinken. Am Ende ihrer Weigerung steht kein aufwendiges Ausrufungszeichen, sondern ein schlichter Punkt. Sie lehnt das Ansinnen ohne großen Aufwand ab, vermutlich mit derselben Selbstverständlichkeit, mit der die Heldin erwartet, von ihr bedient zu werden.

Sie wird es nicht und hätte unter diesen Umständen wohl gern ganz auf den Trunk verzichtet. Aber ihr Durst ist zu groß. Also steigt sie notgedrungen ab und tut, was sie nicht gewohnt ist: Sie neigt sich über das Wasser im Bach, trinkt, bedauert sich dabei selbst, findet es traurig, daß sie nicht aus ihrem goldenen Becher trinken darf, und stöhnt: »Ach Gott!«

Ihre heile Welt hat einen Sprung bekommen.

Ein solcher Schock trifft die meisten jungen Menschen. Mit derartigen oder ähnlichen Erlebnissen deutet sich das Ende der behüteten Kindheit an. Der Mensch erfährt seine Einsamkeit, sein Alleingelassensein, ist plötzlich auf sich selbst gestellt und muß mit dem Dasein allein fertig werden.

Unsere Heldin stöhnt; sie kann nicht glauben, daß dies für sie die neue Situation ist und in der Zukunft die Regel sein wird.

Die Blutstropfen unterstützen ihr Selbstmitleid und klagen: »Wenn das deine Mutter wüßte, das Herz im Leib tät' ihr zerspringen.« Diese Klage kann der Heldin auch nichts nutzen. Sie ist der Situation nicht gewachsen, steht hilflos da und tut das Gescheiteste, was sie überhaupt tun kann – nämlich nichts. Schweigend steigt sie wieder auf ihr Pferd.

Das Märchen meint, sie sei demütig, aber dafür gibt es nicht den geringsten Anhaltspunkt. Wenn man bedenkt, daß ihr das Verhalten der Kammerjungfer völlig unverständlich sein muß, kann man es vielleicht bemerkenswert finden, daß sie ihr keine Vorwürfe macht, und ihr von daher eine gewisse Gutmütigkeit unterstellen – mehr aber auch nicht. Tatsache ist, daß sie die »bösen Worte« schnell vergessen hat. Mit dieser der Situation nicht angemessenen Unbekümmertheit erweist sie sich als noch recht naives Kind. Sie macht sich keinerlei Gedanken über diese Szene, sondern streicht den unliebsamen Vorgang ganz einfach aus ihrem Gedächtnis und hofft, optimistisch, wie nur Kinder sein können, daß er sich nicht wiederhole.

Auch in anderer Weise zeigt sie sich noch als recht kleines Mädchen: Nach kurzer Zeit hat sie schon wieder Durst und will abermals trinken. Als sei überhaupt nichts geschehen, fordert sie wieder von der Kammerjungfer: »Steig ab und gib mir aus meinem Goldbecher zu trinken.«

Sie hat aus der ersten Szene nichts gelernt und besteht dieses Mal ausdrücklich auf dem Goldbecher. Sie formuliert rigider; das Wort »Bitte« oder andere Höflichkeitsformen kommen bei ihr nicht vor. Gelassen wie das erstemal antwortet die Kammerjungfer: »Wollt Ihr trinken, so trinkt allein, ich mag nicht Eure Magd sein.« Von ihr heißt es nun, sie spreche »noch hochmütiger«, wofür es ebenfalls keinen Anhaltspunkt gibt.

Die Heldin jedoch, die buchstäblich auf dem hohen Roß sitzt und ihre Begleiterin von oben herab herumkommandiert, wird demütig genannt und bedauert.

Hier ist die Beschreibung des Märchens nicht objektiv. Sie ist zugunsten der Heldin parteiisch. Diese Begünstigung entspricht den Bedürfnissen der Kinder. Sie wollen eindeutige Helden, mit denen sie sich problemlos identifizieren können. Diese dürfen nicht kritisiert, bemängelt oder mißbilligt werden. Das besorgen im Leben aller Kinder die Väter, die Mütter, die Lehrer und andere Autoritäten. Im Märchen will kein Kind die Neuauflage seines Erziehungsalltags; darum müssen die Märchenhelden ohne Einschränkung gut und positiv sein.

Genußreich können Kinder diesem Märchen folgen und sich zusammen mit der Heldin im mütterlichen Schloß verwöhnen, beschenken und liebhaben lassen. Wenn sie diese behagliche Umgebung verlassen müssen, dann nur, um sich zu verbessern. Eine prächtige Hochzeit mit einem schönen, reichen Prinzen ist eine durchaus befriedigende Alternative. Der Weg zu ihm ist angenehm, wenn man nicht laufen muß, sondern auf einem edlen Pferd reiten kann und eine Dienerin die Rolle der verwöhnenden Mutter übernimmt. Und dann ist noch eines reizvoll: diese Dienerin herumzukommandieren. Das macht Kindern Spaß, besonders kleinen Mädchen. Aber hier wird es kritisch, denn das Märchen ist nicht nur den Kindern verpflichtet, sondern auch den Erwachsenen. Sie werden niemals eine Geschichte erzählen, die von Kindern handelt, die sich nicht so benehmen, wie die Großen es für richtig und wünschenswert halten. Sie mögen ganz sicherlich keine arroganten und herrschsüchtigen Kinder. Darum ist die Heldin nicht mit bewußter Absicht hochmütig, und darum wird auch versichert, daß sie demütig sei.

Das Märchen kann aber sehr wohl unerwünschte, verpönte und von der Gesellschaft abgelehnte Verhaltensweisen und Eigenschaften schildern, ohne damit jemandem zu nahe zu treten. Dazu bedarf es dann neben dem positiven Helden einer negativen Gegenfigur. Auf sie kann alles Böse und Schlechte abgewälzt werden. Das schadet nichts, denn der Negativheld oder die Negativheldin wird am Schluß bestraft, in der Regel mit dem Tod, und dann ist alles in Ordnung; niemand fühlt sich gestört, die Welt bleibt harmonisch und heil.

Dementsprechend ist also die Kammerjungfer hochmütig und nicht etwa die Heldin. Die wird weiter bedauert, steigt nicht nur schlicht von ihrem Pferd ab, sondern »hernieder«, legt sich über das Wasser, trinkt und weint und stöhnt: »Ach Gott!« Den Blutstropfen fällt nichts Neues ein, sie antworten das gleiche. Sie können dem Mädchen nicht helfen. Vielleicht ist das der Grund oder ein Grund, daß es sie verliert. Jedenfalls fällt ihm das Läppchen aus dem Busen und fließt mit dem Wasser fort. Im Anhang zu der Urfassung des Märchens sagen die Brüder Grimm, es habe das Tüchlein »unschuldig verloren«. Das ist sicherlich richtig, denn noch ist es in der Tat ein arglos-unschuldiges Kind. Dazu passen seine unreflektierte Augenblicksbestimmtheit, mit der es sich jetzt dem Trinken hingibt, und die naive Achtlosigkeit, die zum Verlust des mütterlichen Unterpfandes führt.

Nicht dazu paßt, daß es den Verlust nicht einmal bemerkt. Es sieht nicht, was die Kammerjungfer, auf ihrem Pferd sitzend und viel weiter entfernt, sehr wohl bemerkt und mit Genugtuung zur Kenntnis nimmt. Das Märchen gibt als Grund des Mädchens große Angst an. Aber davon ist nie die Rede. Es trinkt, weil es seinen Durst nicht länger ertragen kann, und es ist traurig, weil man es nicht bedient und es seinen Becher nicht bekommt. Wovor sollte es Angst haben? In seiner Einfalt ahnt es nicht, was ihm gleich geschehen wird. Ich glaube, die große Angst soll sein Versagen erklären und entschuldigen. Keiner soll auf den Gedanken kommen, daß die Heldin entweder arg dumm oder sträflich leichtfertig ist oder gar der Mutter bedeutsame Gabe geringachtet. Wie schon einmal wahrt das Märchen seiner Heldin Makellosigkeit.

Was den Verlust auch immer verursacht haben mag – er führt zu einem entscheidenden Wendepunkt. Die Prinzessin ist jetzt jeglichen mütterlichen Schutzes beraubt, ist machtlos geworden, wie die Kammerjungfer ganz richtig feststellt, und nun darauf angewiesen, allein und aus eigener Kraft zurechtzukommen. Davon aber weiß sie noch nichts. Sie vermutet nichts Böses und will wieder auf ihr Pferd Falada steigen. Daraus aber wird nichts. »Auf Falada gehöre ich, und auf meinen Gaul gehörst du«, eröffnet ihr die Kammerjungfer.

Die Prinzessin reagiert hierauf bemerkenswert gelassen. Obwohl sie jetzt zutiefst gedemütigt wird, weint, stöhnt und klagt sie dieses Mal nicht. Aber sie wehrt sich auch nicht, protestiert nicht, und sie wird auch nicht wütend. Sie bleibt ihrem bisherigen Verhalten treu und tut nichts. Bedauernd heißt es: »Und das mußte sie sich gefallen lassen.«

Sie muß sich noch mehr gefallen lassen, denn nun befiehlt ihr die Kammerjungfer mit »harten Worten«, die königlichen Kleider auszuziehen und ihre schlechten anzulegen. Damit nicht genug, muß sie auch noch schwören, am königlichen Hof keinem Menschen etwas davon zu sagen. Sie weigert sich nicht und schwört. Es heißt, andernfalls »wäre sie auf der Stelle umgebracht worden«. Das mag stimmen oder nicht, die Kammerjungfer bedroht sie jedenfalls nicht mit dem Tode. Ich betrachte diese Bemerkung als eine weitere Entschuldigung für die Heldin.

Überblickt man an dieser Stelle den bisherigen Handlungsverlauf und fragt sich, was die Prinzessin bis zu diesem Punkt der Geschichte getan, erreicht hat oder was sie auszeichnet, so ist das Ergebnis ausgesprochen mager. Sie hat alles mit sich geschehen lassen und niemals den geringsten Versuch gemacht, sich zu wehren; nicht einmal Widerstand hat sie geäußert. Als einzige Aktivität hat sie ihr Schicksal beklagt. Sie hat keine besonderen Merkmale, Eigenheiten oder Eigenschaften gezeigt, auch keine negativen, denn ihrer Arroganz war sie sich nicht bewußt. Sie hat also nicht einmal Fehler und ist letzten Endes farblos und fad geblieben.

Man muß sich fragen, wieso sie überhaupt die Heldin dieser Geschichte ist. Da dies aber der Fall ist – wessen Heldin ist sie dann? Wer mag so ein Mädchen?

Zweifellos mag die Mutter ihre Tochter. Sie war es schließlich auch, die sie so erzog, sie zu einem »Prinzeßchen« machte.

Tat sie es im Hinblick auf den Prinzen, den das Mädchen gewinnen sollte und dem es folglich gefallen mußte? Wußte die erfahrene alte Königin, was Männer lieben und was sie sich wünschen? Entspricht die Heldin einem weitverbreiteten männlichen Wunschbild? Mögen Männer so ein Mädchen? Geht die Mutter Königin davon aus, daß deren Ansprüche etwa so aussehen: Ihre Tochter ist schön; das ist ihnen wichtig. Auch wurde an ihrer Mitgift nicht gespart, was von Vorteil ist. Makellosigkeit wird gern gesehen; darum hat die Prinzessin faktisch keine Fehler und Mängel. Ein wenig blaß und langweilig darf sie dagegen sein; Indifferenz bringt kaum Minuspunkte ein. Hilflosigkeit und Schwäche sind ausgesprochene Vorteile und sehr geeignet, die Liebe der Männer zu gewinnen. Als starkes Geschlecht lieben viele Männer den Gegensatz, keineswegs aber die Konkurrenz. Daher schätzen sie auch Intelligenz bei Frauen gar nicht so sehr; sie achten vielleicht einen kritischen weiblichen Geist, lieben ihn aber nicht. Aktivität und Initiative von seiten der Frau sind ihnen weniger erwünscht, weil sie geeignet sind, das männliche Wohlbehagen zu stören. Profil ist solchen Männern nicht wichtig, das haben sie schließlich selbst. Und warum sollte sich ein Mädchen durchsetzen können? Könnte das nicht dazu führen, daß es sich dem Mann gegenüber durchsetzen möchte? Das ist für ihn keine angenehme Vorstellung. Ein Mann wie er liebt seine Ruhe, möchte nicht um die Vorherrschaft kämpfen müssen, sondern die Frau viel lieber mit seinen starken Armen beschützen. Für sie bestreitet er auch gern den Lebenskampf. Kampf und Stärke hält er für sein Metier; dergleichen Fähigkeiten braucht die Frau nicht. Dagegen darf sie durchaus einmal traurig sein und weinen – der Mann tröstet sie gern. Wichtig ist, daß sie sich unterordnen kann, daß sie tut, was er ihr sagt, sich ihm fügt. Widerstand und Aufbegehren schätzt er gar nicht, weibliche Demut dagegen sehr. Eigene Ideen erwartet er nicht von ihr; die haben seiner Meinung nach nur Männer. Er, der starke und aktive Mann, sucht in ihr die weiblich-hingebungsvolle, passive Entsprechung.

Dieses Rollenverständnis werden viele für veraltet halten und weit von sich weisen. Das ist in Ordnung, und ich schließe mich dem vorbehaltlos an. Dennoch empfiehlt sich Vorsicht, und es ist zu bedenken, daß dieses Bild von Mann und Frau außerordentlich alt, traditionsreich und folglich tief in unserem Bewußtsein verwurzelt ist. Es läßt sich nicht wegdiskutieren. Der aufgeklärteste Rationalist und die überzeugteste Feministin sind nicht frei von dieser Vorstellung. Sie werden ihr gelegentlich verfallen und dann außerordentlich betroffen sein, wenn sie feststellen müssen, daß es zwar einfach ist, eine moderne, emanzipatorische Auffassung zu vertreten, aber sehr viel schwieriger, erfolgreich danach zu leben. Sie können Konflikte im Zusammenleben nämlich genausowenig vermeiden wie ihre weniger fortschrittlichen Zeitgenossen; häufig sind ihre partnerschaftlichen Beziehungen sogar erheblich problematischer. Es steht zu befürchten, daß wir alle mit der Hypothek dieses weltweit verbreiteten Rollenverständnisses belastet sind.

Das Märchen stellt nicht nur eine einzige Version weiblichen Wesens vor. Auch eine andere kommt ausführlich zur Darstellung, und die ist weder schön noch makellos: die Kammerjungfer. Zieht man das Fazit ihres Verhaltens, so ergibt sich, daß sie keineswegs hilflos und passiv ist. Sie hat auch Ideen, allerdings negative und schlechte, und besitzt genügend Aktivität und Initiative, sie in die Tat umzusetzen. Über moralische Normen, Anstand und gute Sitten setzt sie sich dabei bedenkenlos hinweg. Gehorsam zu sein lehnt sie mit größter Selbstverständlichkeit ab, und sie weigert sich mit genau angemessenem Aufwand.

Scharf beobachtend entdeckt sie die Schwäche ihrer Begleiterin und nutzt sie zu ihrem eigenen Vorteil aus. Sie bleibt dabei nicht auf halbem Wege stehen, begnügt sich nicht etwa nur mit dem Pferd, sondern nimmt alles, was sie haben kann. Sie nutzt die Situation bis zum letzten aus; Hemmungen hat sie keine.

Die Kammerjungfer ist nicht nur durchsetzungsfähig, sondern auch rigoros und benutzt, so heißt es, böse Worte. Mit harten

Worten bedroht sie die Prinzessin. Sie weigert sich erfolgreich, die Rolle einer Magd zu spielen, und usurpiert statt dessen die einer Königstochter.

Im Märchen sind die beiden Mädchen selbstredend fein säuberlich nach Gut und Böse getrennt. Die Heldin wird positiv, die Kammerjungfer negativ dargestellt, und sie haben, so wird dadurch suggeriert, nichts miteinander gemein. Zieht man diesen Trennungsstrich jedoch nicht, addiert man beider Eigenschaften und sieht man die beiden zusammen als zwei Seiten einer Person, so kommt man zu einem etwas realistischeren Bild eines Mädchens.

Entspricht das Verhaltensmuster der Prinzessin einer schöngefärbten Ideal- und Wunschvorstellung, so geben die Verhaltensweisen der Kammerjungfer ein ganz anderes Bild. Sie werden all denen unangenehm vertraut erscheinen, die halbwüchsige Töchter haben. Das Märchen schont die Gefühle dieser geplagten Eltern, indem es die Kammerjungfer zur Prinzessin so häßlich sein läßt. Tatsächlich richtet sich ein derartiges Verhalten jedoch sehr häufig gegen Vater und Mutter. Im Haus – und in zunehmendem Maße auch in der Schule – entwickeln die heranwachsenden Mädchen derartige alterstypische Aktivitäten und Initiativen. Sie haben zu dieser Zeit viele Ideen und keine Hemmungen, sie auch in die Tat umzusetzen. Dabei sind sie wirklich scharfe Beobachter und scheinen auf unsere Schwächen spezialisiert zu sein. Haben sie einmal eine Möglichkeit gefunden, den Hebel bei uns anzusetzen, dann bleiben sie selten auf halbem Wege stehen, sondern nutzen die Situation bis zum letzten aus. Rigorosität ist für die pubertäre Trotzphase bezeichnend.

Selbstverständlich gehorchen sie nicht gern, haben aber dabei ihre eigene, spezifisch mädchenhafte Art, dies zu tun. Sie weigern sich, und sie fügen sich nicht, als sei dies eine ihnen uneingeschränkt zustehende Selbstverständlichkeit. Auch in vieler anderer Weise ist Bescheidenheit nicht ihre Stärke. Mancher Mädchen Hochmut und Arroganz wären faszinierend, ginge uns dieses aufreizende Verhalten nicht so unter die Haut.

Die Heldin der Geschichte hat diese Phase der Entwicklung ausgelassen. Sie hat zu Hause nicht den Aufstand geprobt und ihre Mutter niemals angegriffen. Sie hat sie nicht kritisiert, sondern dankbar alles angenommen, was sie ihr mitgegeben hat. Ihr fehlen folglich die Erfahrungen solcher Auseinandersetzung. Sie ist naiv und arglos geblieben und kann sich auch außerhalb des Hauses nicht wehren, sich nicht durchsetzen. Einem Mädchen wie der Kammerjungfer ist sie nicht gewachsen. Ihr gegenüber wirkt sie schwach und gar nicht heldinnenhaft.

Dennoch zeigt sie auch Stärken. Auf dem Höhepunkt ihrer Demütigung tut sie nicht, was man aufgrund ihrer bisherigen Weinerlichkeit für naheliegend halten könnte: Sie läuft nicht zurück nach Hause zu ihrer Mutter, um dort Schutz zu suchen und Hilfe zu finden. Sie macht nicht einmal den Versuch oder zieht derartiges auch nur in Erwägung. Jetzt, da es ihr wirklich schlimm ergeht und sie alles verliert, da klagt sie noch nicht einmal, stöhnt nicht, weint nicht und beschwert sich nicht. Sie zieht die schlechten Kleider an, steigt auf den »Gaul« und scheint der Kammerjungfer nicht einmal sehr böse zu sein, denn es heißt: »[...] und so zogen sie weiter, bis sie endlich in dem königlichen Schloß eintrafen«, was fast so klingt, als täten sie es voller Eintracht.

Eine verwöhnende Erziehung, wie die Heldin sie genießen durfte, hat durchaus Vorteile. Gewiß befähigt sie nicht dazu, auf »der Straße«, im rücksichtslosen Kampf der Gleichaltrigen untereinander, konkurrenzfähig zu sein. Hier haben solche Kinder nichts zu bestellen. Sie werden für schwach gehalten, ausgenutzt und geringgeachtet. Sie erleiden hier Demütigungen und Niederlagen. Es ist jedoch falsch, aus diesem Versagen negative Prognosen für die Zukunft abzuleiten. Es ist auch falsch, diese Kinder dauernd deswegen zu kritisieren und Durchsetzung von ihnen zu verlangen oder zu erwarten. Die Lebenschancen vieler kleiner »Prinzeßchen« oder, wenn es sich um Jungen handelt, mancher arg verspotteter kleiner »Muttersöhnchen« sind häufig nicht schlechter. Im Gegenteil. Das zeigt auch dieses Märchen. Nicht die clevere und mit allen Wassern gewaschene Kammerjungfer erreicht am Ende das Ziel, sondern die bisher so unscheinbare Königstochter.

Liebevolle Verwöhnung und freundliche gegenseitige Zuneigung zwischen Eltern und Kindern schaffen eine erhebliche latente Kraft, die diese Kinder manchen anderen überlegen macht. Aber sie brauchen mehr Zeit, um sich zu entwickeln, sie entfalten sich erst später. Vielen scheint der Erfolg dann in den Schoß zu fallen, während sich die ehemals Überlegenen ihre bisherige Dominanz oft nicht erhalten können und häufig in der Mittelmäßigkeit stekkenbleiben oder sogar scheitern. Sie ziehen aus ihren Anfangserfolgen falsche Schlußfolgerungen und überschätzen sich.

Genau das tut die Kammerjungfer. Sie hat mit der Heldin wahrhaftig leichtes Spiel. Wie muß sie sich vorkommen, wenn es so einfach ist, eine Prinzessin zu besiegen! Muß sie nicht denken, sie sei mindestens so stark und so mächtig wie jene? So jedenfalls handelt sie, und sie glaubt, nur noch das Pferd könne ihre usurpierte Position gefährden. Sie irrt. Von Falada heißt es zwar, er »sah das alles an und nahm's wohl in acht«, und das hört sich an, als werde das edle Tier demnächst in die Geschehnisse eingreifen und die Prinzessin retten und rächen; aber das weiß die Kammerjungfer zu verhindern. Sie wird ihren Untergang ganz allein herbeiführen, vor allem darum, weil sie sich überschätzt.

Ihr erster Erfolg wird ermöglicht, weil die Heldin das Läppchen verliert und damit den mütterlichen Schutz. Vor der Mutter hatte die Kammerjungfer Respekt; sie fürchtet sie sogar noch in Form des Läppchens und wagt es nicht, die Tochter schlecht zu behandeln.

Für die Heldin bedeutet das Läppchen, daß sie sich damit so geschützt und geborgen fühlen darf, als sei ihre Mutter noch bei ihr. Menschen müssen aber lernen, irgendwann einmal ohne ihre Eltern auszukommen. Dieser Schritt zur Selbständigkeit ist ein sehr wesentlicher, aber auch ein schwerer und schmerzlicher, bedeutet er doch zunächst nur Verlust und Verzicht.

Das ist der Heldin noch nicht klar; sie merkt nicht einmal, daß sie das Läppchen verliert und daß sich über dem fließenden Wasser des Baches eine für sie sehr entscheidende Stirb-und-werde-Szene abspielt: Die Heldin stirbt als ein Wesen, das sich unreflektiert mit seiner Mutter identifiziert und von ihr abhängig ist. Hier endet ihre kindliche Lebensphase, und wie neugeboren, das heißt schutz- und hilflos, ist sie nun dem Leben ausgesetzt. Dieses Leben hat keinerlei Ähnlichkeit mit ihrem bisherigen Dasein im Schloß ihrer Kindheit. Das Leben außerhalb erweist sich als hart und unerbittlich. Jäh verliert sie alles, was sie bisher besaß, und wird zum rücksichtslos ausgenutzten Opfer. Aber diese bedrückende Situation erweist zum erstenmal auch der Heldin latente Stärke: Sie ist dieser Belastung gewachsen, verliert nicht die Nerven und nicht den Kopf, ist bei all ihrer verwöhnten Ansprüchlichkeit hart im Nehmen und kann Schweres ertragen, ohne zu klagen. Dieses Mädchen ist nicht leicht zu erschüttern.

Ein so hoher Grad seelischer Stabilität ist eine sehr hilfreiche

Ausstattung für das Leben und folglich ein erstrebenswertes Erziehungsziel. Aber die moderne Pädagogik hält nichts von der Art, wie die Märchenmutter mit ihrer Tochter umgegangen ist. Sie hat nichts für das naiv-brave, angepaßte Kind übrig, sondern will kritische und emanzipierte Kinder. Sie lehnt es ab, die Wirklichkeit mit schönen Symbolen zu verklären; sie ist statt dessen für rationale Aufklärung und sachgerechte Information.

Solche Erziehung hat sicherlich Vorteile; aber es ist zu bezweifeln, daß unsere heutigen, modern erzogenen Kinder der Märchenheldin Stabilität und innere Sicherheit besitzen. Sie sind auch nicht so gelassen, nicht so freundlich und nicht arglos. Sie haben oft kein so positives Verhältnis zu ihren Eltern, und viele sind, was die Heldin überhaupt nicht ist, aggressiv.

Alle Extreme in der Erziehung haben Mängel. So ist auch die liebende und verwöhnende Mutter des Märchens sehr einseitig. Sie gibt ihrem Kind zwar innere Kraft und Sicherheit, aber durchsetzungfähig macht sie es nicht. Kaum der rauhen Wirklichkeit ausgesetzt, scheitert ihre Tochter.

Sie sitzt nicht mehr auf Falada, sondern auf dem Gaul der Kammerjungfer, trägt deren schlechte Kleider und muß zusehen, wie der Königssohn jene statt ihrer mit »großer Freude« empfängt und die Treppe hinaufführt. Sie muß stehenbleiben. Indes schaut der alte König aus dem Fenster, sieht sie dort im Hof und stellt fest, wie »fein« sie ist, wie »zart« und »gar schön«.

Ihre Qualitäten sind nicht an Äußerlichkeiten gebunden, und auch die für sie entmutigende Situation ändert die Heldin nicht. Sie bewahrt ihre Haltung, gibt sich nicht zu erkennen und klagt die Kammerjungfer nicht an. Sie nimmt ihr Unglück hin, weil sie sich ihrem Wort verpflichtet fühlt.

Man mag bedauern, daß sie so handelt, mag es für wenig vernünftig und für gar nicht »normal« halten; aber so ist sie eben. Sie verhält sich nicht praktisch und schon gar nicht opportunistisch, sondern moralisch. Sie folgt den ihr anerzogenen Normen und Wertvorstellungen.

Ihre Haltung ist die Konsequenz ihrer »königlichen« Erziehung. Schwache Erzieher und eine pluralistisch-permissive Erziehung vermitteln eine derartige Haltung nicht.

Der alte König möchte wissen, wer die Magd ist. Er begibt sich ins königliche Gemach und fragt die Braut nach ihr.

Zum erstenmal muß nun die Kammerjungfer in ihrer neuen Rolle Rede und Antwort stehen. Ohne auch nur eine Sekunde zu zögern und ohne die geringste Unsicherheit sagt sie: »Die hab' ich mir unterwegs mitgenommen zur Gesellschaft; gebt der Magd was zu arbeiten, daß sie nicht müßig steht.«

Sie macht sich keine Gedanken, wie sie sich als Prinzessin wohl verhalten müßte, um den Erwartungen zu entsprechen. Sie spricht und handelt, wie sie es gewohnt ist. Auch ihr sprachlicher Ausdruck entspricht ihrem Stand. »Gebt der Magd was zu arbeiten«, sagt sie, anstatt: »etwas zu arbeiten«. So spricht keine Prinzessin, und ein fremdes Mädchen würde sie auch nicht irgendwo auflesen und mitnehmen; zumindest würde sie seinen Namen kennen. Und wie behandelt die falsche Braut den alten König, ihren Schwiegervater? Sie zeigt ihm gegenüber nicht eine Spur von Respekt, ist nicht einmal verbindlich, schon gar nicht freundlich. Sie kommandiert ihn herum, und seine Frage beantwortet sie auch nicht.

Im »königlichen Gemach« reagiert man auf ihr unangemessenes Verhalten merkwürdig. Die beiden Könige sehen sich noch nicht einmal erstaunt an. Sie sind nicht empört, nicht befremdet oder peinlich berührt. Ihnen kommt nicht der Gedanke, die junge Königin als nicht hinreichend erzogen zu ihrer Mutter zurückzuschicken. Auch fassen sie keinen Zweifel an ihrer Echtheit, unterziehen sie keiner Prüfung; sie fragen nicht einmal das Mädchen unten im Hof, wer es sei und woher es käme. Sie glauben der ihnen fremden Prinzessin aufs Wort, und der alte König folgt brav der Anweisung, die sie ihm gibt. Er hat zwar keine Arbeit, weiß auch nichts, wie es heißt, aber er sagt: »Da hab' ich so einen kleinen Jungen, der hütet die Gänse, dem mag sie helfen.«

Das zweite Beispiel ihres Verhaltens liefert die Kammerjungfer dem jungen König. »Liebster Gemahl, ich bitte Euch, tut mir einen Gefallen«, spricht sie, und das sind ihre einzigen freundlichen Worte. Sie sagt sie nicht aus Liebe oder Anhänglichkeit, nicht um sympathisch zu wirken oder den Prinzen zu erfreuen. Sie ist nur darum so freundlich, damit er tut, was sie möchte. Er verspricht es. »Das will ich gerne tun«, antwortet er. Dieser Zusage sicher, fährt sie jetzt ganz anders fort: »Nun, so laßt den Schinder rufen und da dem Pferde, worauf ich hergeritten bin, den Hals abhauen, weil es mich unterwegs geärgert hat.«

Der Prinz nimmt weder an der Form ihrer Bitte noch an deren Inhalt Anstoß. Ihn stört nicht, daß sie ihre Laune an einem unschuldigen Pferd ausläßt, und ihn erschrickt ihre unerbittliche Härte nicht. Auch er tut, was sie ihm aufträgt. Er bestellt den Schinder. Falada muß sterben.

Die Kammerjungfer hat sich in ihrer neuen Rolle nicht geändert und macht von ihrer neuen Macht umgehend Gebrauch. Kaum ist sie im Schloß, da tun der alte und der junge König schon, was sie wünscht und will. Sie zeigt, daß sie sich nicht nur bei dem naiv-hilflosen Königskind durchsetzen konnte. Sie beweist auch gegenüber zwei gestandenen Männern ihre Dominanz und läßt sie mühelos nach ihrer Pfeife tanzen.

Unangefochten und unbezweifelt spielt sie ihre Rolle als Herrin, und das, obwohl sie sich keinerlei Mühe gibt, diese Rolle echt und überzeugend zu spielen, denn nachdem der Königssohn sie als Prinzessin akzeptiert und sie die Treppe ins Schloß hinaufgeführt hat, erinnern wirklich nur noch ihre schönen Kleider an eine etwaige königliche Herkunft. Auch nicht andeutungsweise versucht die Kammerjungfer so zu tun, als sei sie vornehm oder gebildet, und sie gibt auch niemandem einen Grund, sie etwa für sittsam, lieb oder gar für edel und gut zu halten. Ohne Rücksicht auf die Erwartungen, die andere an sie stellen mögen, zeigt sie sich so, wie sie ist: kalt, unbarmherzig, hart und herrschsüchtig.

Dennoch erreicht sie, was sie wollte. Sie setzt sich durch, usurpiert die Rolle der Prinzessin und wird die Braut des Prinzen. Sie läßt sich von den Männern weder beherrschen, noch läßt sie sich von ihnen etwas sagen. Sie ist es, die bestimmt, was geschieht.

Die wahre Braut und richtige Prinzessin hat nichts mehr zu sagen. Sie tut, wie ihr geheißen, und hütet als arme Magd Gänse. Sie erfährt von Faladas Tod. Mit dem schmachvollen Ende ihres treuen Pferdes hat sie das Letzte verloren, das sie noch mit ihrer Mutter und dem elterlichen Schloß verbindet. Sie ist nun ganz allein und verlassen. Mit Falada stirbt auch der letzte Zeuge ihrer edlen Herkunft. Damit muß sie jede Hoffnung auf eine Rehabilitation begraben. Ihre Lage erscheint ausweglos. Trotzdem verzweifelt sie nicht, und sie haßt auch die Kammerjungfer nicht, von der sie sehr wohl weiß, daß sie für des armen Tieres Tod verantwortlich ist. Heimlich sucht sie den Schinder auf und gibt ihm Geld, damit er Faladas Kopf unter das finstere Tor nagelt, durch das sie jeden Tag mit den Gänsen hindurchmuß. Sie tut es, damit sie ihr Pferd »doch öfter sehen könnte«.

Jeden Tag zeigt sie unter dem dunklen Tor ihre Trauer. »O du Falada, da du hangest«, redet sie den Pferdekopf an, und der antwortet: »O du Jungfer Königin, da du gangest, wenn das deine Mutter wüßte, ihr Herz tät' ihr zerspringen.« Es ist eine traurige Szene, und sie stimmt traurig. Manchen Kindern, die sie hören, kommen die Tränen. Obwohl Falada spricht, ist jedem bewußt, daß er tot ist. Er hängt unter dem finsteren Tor, wo keiner sonst ihn sieht. Er kann nicht mehr in der Prinzessin Leben eingreifen. Sie ist allein, auch wenn sie mit ihm redet. Es ist eine Zwiesprache wie am Grab. Still zieht sie danach weiter zur Stadt hinaus, heißt es.

Man bedauert die Heldin und ist empört, daß es ihr so schlecht, der bösen Gegenspielerin indessen so gut geht. Womit hat die Gänsemagd ihr böses Schicksal verdient? Sie hat keine einzige der schlechten Eigenschaften der Kammerjungfer. Sie lügt nicht, betrügt nicht, tut niemandem ein Leid an. Sie ist gut, freundlich, mitleidig und tugendhaft. Aber was hat sie davon? Wohin hat es sie gebracht? Seit ihrem Fortgang von zu Hause ist ihre Karriere ausgesprochen negativ verlaufen. Sie hat alles verloren, was sie besaß, ist von der Königstochter zur Magd geworden, wird schlecht behandelt, herumgestoßen und muß schließlich Gänse hüten. Sie ist auf der untersten Stufe der sozialen Rangordnung angekommen und hat so gut wie keine Aussicht, diesen Status zu ändern.

Sie nimmt dies alles hin und läßt sich alles gefallen. Ihre fast absolute Passivität unterbricht sie nur durch die Bestechung des Schinders; aber damit kann sie ihr Schicksal nicht ändern, auch nicht durch ihre Zwiesprache mit Faladas totem Haupt. Sie hat dafür nur sentimentale Gründe – so scheint es jedenfalls.

Trotz all ihres Unglücks wirkt die Szene draußen auf der Gänsewiese durchaus nicht düster. Kaum dort angekommen, setzt sich die Gänsemagd »nieder und macht ihre Haare auf«. An das Hüten denkt sie offensichtlich nicht, das überläßt sie Kürdchen. Aber der denkt auch nicht an die Arbeit. Er sieht ihr höchst interessiert bei ihrer Tätigkeit zu und freut sich, wie ihre Haare glänzen, denn sie sind »eitel Gold«. Er beläßt es allerdings nicht bei stiller Bewunderung, sondern will ihr »ein paar ausraufen«.

Aufgrund ihrer bisherigen Passivität und ihrer ständigen Unterlegenheit, und nachdem sie sich wirklich alles hatte gefallen lassen müssen, sollte man annehmen, sie werde jetzt etliche ihrer goldenen Haare lassen müssen. Dem aber ist nicht so, und sie balgt sich auch nicht etwa mit dem Hütejungen herum. Sie hat keinerlei Schwierigkeiten, sich dessen jungenhaft-plumpe Annäherungsversuche vom Leibe zu halten. Sie spricht:

»Weh, weh, Windchen,
nimm Kürdchen sein Hütchen
und lass'n sich mit jagen,
bis ich mich geflochten und geschnatzt
und wieder aufgesatzt.«

Es kommt tatsächlich ein Wind, und der ist so stark, daß er Kürdchen den Hut wegweht, so daß er ihm nachlaufen muß. Sie kann in Ruhe ihre Haare flechten (schnatzen) und ist damit fertig, als er zurückkommt. Er hat das Nachsehen und kann ihr kein Haar mehr ausraufen. Das verdrießt ihn. Er ist böse und spricht nicht mehr mit ihr.

Hier entwickelt unsere Heldin plötzlich wundersame Fähigkeiten. Sie kennt einen windbannenden Spruch, und entgegen allen Naturgesetzen ist er sogar wirksam. Ihr gehorchen Kräfte, von denen man nicht annimmt, daß ein Mensch sie beeinflussen könne. Was sie hier tut und bewirkt, ist nicht natürlich, paßt in keinen Rahmen und läßt sich weder mit dem Verstand noch mit den Wissenschaften erklären – aber es funktioniert.

In grauer Vorzeit hat man weisen Frauen derartige Fähigkeiten zugetraut. Aber diese Art von Zauberei beherrschten sie in Wirklichkeit selbstverständlich nicht; da hat man sie überschätzt. Auch unsere Heldin wird nicht den Wind bannen können. Was sie aber tatsächlich bewirkt, ist kaum weniger bemerkenswert; es ist auch nicht natürlich und läßt sich genausowenig erklären: Kürdchen, der sie anstarrt und ihr ein paar Haare ausreißen will, läuft statt dessen wie ein Dummer hinter einer Mütze her. Er tut, was er gar nicht möchte, und dafür gibt es nur einen Grund: weil sie es so will. Sie erreicht das ohne großen Aufwand, sitzt nur still da, kämmt ihre Haare und sagt einen Spruch. Das ist alles.

Von der Heldin glaubt man, die Situation mache es erforderlich, Kürdchen sich mit seinem Hut jagen zu lassen. Man nimmt an, sie verteidige sich mit ihrer Zauberei nur gegen seine Übergriffe. Aber das ist ein Irrtum. Sie provoziert ihn mit voller Absicht, denn sie hätte ihre Haare durchaus zu Hause in ihrem stillen Kämmerlein kämmen und flechten können. Das tut sie nicht. Dreimal hintereinander spielt sie mit dem Jungen das uralte weibliche Spiel: Erst reizt sie ihn, und dann läßt sie ihn abblitzen. Es ist erstaunlich, daß er immer wieder darauf hereinfällt. Er lernt nicht aus seinen Erfahrungen, wird nicht gewitzter und rennt auch beim drittenmal wieder hinter seiner Mütze her. Dabei hätte er sie doch einfach nur festzuhalten brauchen.

Als Außenstehender hat man gut reden und denkt, so etwas Dummes könne einem selbst nicht passieren. Aber man ist eben nicht in der Lage des Betroffenen. Man sieht das Mädchen nicht seine goldenen Haare kämmen, sieht sie nicht in der Sonne glänzen, und seine Stimme hört man auch nicht. Deshalb ist man auch nicht in dem Zustand, vor dem weder Alter noch Erfahrung schützen, ist nicht verzaubert, bezaubert oder was auch immer.

Ein Dichter war von dieser Szene auf dem Feld vor der Stadt so beeindruckt, und das reizvoll-weibliche Spiel der Heldin sprach ihn derart an, daß er die Gänsemagd bedichtete. Heinrich Heine schreibt in ›Deutschland, ein Wintermärchen‹ im 24. Kapitel:

»Wie pochte mein Herz, wenn die alte Frau
Von der Königstochter erzählte,
Die einsam auf der Heide saß
Und die goldenen Haare strählte.
Die Gänse mußte sie hüten dort ...«

Dieses »Märchen aus alten Zeiten« ist ihm nicht aus dem Sinn gekommen und das goldene Haar auch nicht. In einem seiner bekanntesten Gedichte gibt er es der Lorelei:

»Sie kämmt ihr goldenes Haar.
Sie kämmt es mit goldenem Kamme,
Und singt ein Lied dabei;
Das hat eine wundersame,
Gewaltige Melodei.«

Er weiß um die hochwirksamen, zauberhaften weiblichen Fähigkeiten; da er sie oft am eigenen Leibe bitter erfahren hat, kennt er ihre »gewaltige Melodei«.

Sein Gedicht schildert, was dem armen Schiffer passiert. Obwohl das Mädchen weit von ihm entfernt ist, hoch oben auf dem Felsen sitzt und nichts weiter tut, als sich zu kämmen und zu singen, ergreift den Mann im Boot der weibliche Zauber. Er vergißt ob der »schönsten Jungfrau« das Steuern, läßt Riffe Riffe sein und wird dann, statt die erhoffte Seligkeit zu erlangen, von den Wellen verschlungen.

Die Geschichte hat auch ein klassisches Vorbild: Die Ufer einer Insel in der Ägäis sind mit den gebleichten Gebeinen gestrandeter griechischer Seeleute bedeckt. Der liebliche Gesang der Sirenen lockte sie in den Tod.

Tatsächlich wirkte weiblicher Zauber niemals derart mörderisch. Aber das glaubten Männer, und seit Urzeiten schwanken sie gegenüber dem anderen Geschlecht zwischen Faszination und Furcht. So wechseln auch in der menschlichen Geschichte Zeiten großer Bewunderung der Frauen mit Zeiten, in denen sie grausam verfolgt wurden. Hätte die Gänsemagd in einer solchen Zeit gelebt, und Kürdchen hätte erzählt, was sie mit ihm und dem Wind angestellt hat, so wäre sie möglicherweise als Hexe auf dem Scheiterhaufen verbrannt worden.

In einer weitgehend von Männern bestimmten und regierten Welt war es nur natürlich, daß Frauen besondere Kräfte und Fertigkeiten als Durchsetzungsstrategien entwickelten. Diese gleichen nicht denen der Männer und können von ihnen weder durchschaut noch verstanden werden; sie sind aber so wirksam, daß es oft möglich ist, Männer tun und sagen zu lassen, was ihre Frauen wollen und wünschen.

Diese Fähigkeiten sind unabhängig von Stand, Herkommen und Erziehung. Die einfache Kammerjungfer läßt die beiden Könige tun, was sie will, und die Prinzessin läßt Kürdchen wider dessen Willen hinter seiner Mütze herjagen. Die eine schafft es mit ihrem Liebreiz, die andere ohne – Erfolg haben sie beide.

Der Gänsemagd bringt ihr Katz-und-Maus-Spiel mit dem Jungen allerdings wieder nichts ein. Sie hindert ihn damit lediglich daran, ihr Haare auszureißen. An ihrem Schicksal ändert es nichts, wenn sie ihn über die Wiese rennen läßt. Doch das hat sie offenbar auch nicht beabsichtigt. Über ihre Situation macht sie sich jedenfalls immer noch keine Gedanken. Sie überlegt nicht, schmiedet keine Pläne, sucht nicht nach Auswegen. Täglich sagt Faladas Kopf zu ihr: »O Jungfer Königin« und erinnert sie mit dieser Anrede an ihren wahren Stand. Aber sie reagiert darauf nicht. Sie scheint sich mit ihrer Situation abgefunden zu haben; sie bleibt passiv und so einfallslos, wie man es Mädchen häufig nachsagt.

Dennoch geschieht etwas. Als Kürdchen zum zweitenmal auf so perfide Weise gezwungen wird, seiner Mütze nachzujagen, da ist er nicht nur bös und redet nicht mehr mit ihr, sondern geht zum alten König und beschwert sich. »Mit dem Mädchen will ich nicht länger Gänse hüten«, sagt er, und auf Nachfrage erzählt er alles, zitiert auch wörtlich der Prinzessin Zwiesprache mit dem Pferdekopf.

Von da an nehmen die Dinge ihren Lauf. Der König belauscht die Gänsemagd unter dem finsteren Tor, und er beobachtet, wie Kürdchen, nun zum drittenmal, hinter seinem Hütchen herrennen muß. Am Abend bittet der alte König die Prinzessin zu sich. Er fragt, warum sie das alles tut. Aber sie erzählt auch jetzt nichts. »Das darf ich Euch nicht sagen«, antwortet sie ihm, »und darf auch keinem Menschen mein Leid klagen; denn so hab' ich mich unter freiem Himmel verschworen, weil ich sonst um mein Leben gekommen wäre.« Er dringt in sie, läßt ihr keinen Frieden, kann aber nichts aus ihr herausbringen, heißt es.

Hier hat sie nun wirklich eine Chance, und es ist mit großer Wahrscheinlichkeit ihre letzte. Jetzt könnte sie endlich ihr Schicksal wenden, denn ohne Frage würde der alte König ihr glauben, nach allem, was er jetzt gehört und gesehen hat. Sie aber schweigt, nutzt die Gelegenheit nicht, tut nichts für sich. Entweder ist sie ganz einfach zu gut für diese Welt oder aber zu dumm und zu naiv, um in diesem Leben jemals erfolgreich zurechtzukommen. Davon ist man jedenfalls überzeugt, so, wie die Dinge liegen, und man wird nicht einmal mehr an ein Wunder glauben. Dennoch geschieht das Unglaubhaft-Unwahrscheinliche: Sie muß nie wieder mit Kürdchen Gänse hüten. Ihre Rolle als Gänsemagd ist zu Ende. Sie wird voll rehabilitiert, alles endet überaus glücklich für sie, und ihren Prinzen bekommt sie auch.

Ist das nun lediglich ein Zufall, ein unverdientes Glück, zu dem sie nicht nur nichts beigesteuert hat, sondern das sie fast sogar verhindert hätte? Oder war ihre Inaktivität etwa nur gespielt, und handelte sie in Wirklichkeit nach einem klug ausgedachten Plan, den sie raffiniert in Szene gesetzt hat?

Nichts davon stimmt. Sie ist weder zu gut noch zu dumm, sie hat auch nicht geplant, und sie hat keine taktischen Überlegungen angestellt. Das sind männliche Verhaltensweisen. So lösen Männer ihre Probleme: Sie überlegen, planen, und dann handeln sie, und dabei sind sie sich jederzeit ihrer Ziele und Handlungsweisen bewußt.

Natürlich hätte sie das auch tun können. Diese Fähigkeit ist nicht auf Männer beschränkt; Frauen haben sie auch. Aber sie hat sich ganz anders verhalten und ist ihren eigenen, sehr weiblichen Weg gegangen.

Was sie tat, hat nichts mit Taktik zu tun, ist absolut keine Intrige, ist überhaupt kaum Handlung und schwer zu erklären.

Sie hat Kürdchen bestimmt nicht bewußt geärgert und böse gemacht mit dem Ziel oder auch nur in der Hoffnung, er würde dann zum alten König gehen. Sie hat auch nicht vor Faladas Haupt mit bewußter Absicht so lange gewartet, bis der Junge alles mitanhören konnte. Dennoch hat er das getan, und sie hat ihm die Gelegenheit dazu gegeben. Höchstwahrscheinlich hörte er es sogar zweimal, denn er konnte jedes Wort wiederholen; aber nach einem Plan handelte sie nicht.

Als sie zum alten König spricht, hat sie sich bestimmt nicht die Wahl ihrer Worte überlegt und sich nichts Besonderes dabei gedacht, als sie sagt: »[...] darf auch keinem Menschen mein Leid klagen.« Sie hat auch vermutlich das Wort »Menschen« nicht besonders betont. Dennoch kommt der König auf die Idee, daß sie dann ja dem Eisenofen ihr Leid klagen könne.

Das tut sie. Sie vergibt sich dadurch nichts; das kann sie mit ihrem Gewissen vereinbaren. Sie bricht ihr Wort nicht.

Also steigt sie in den Ofen und fängt an »zu jammern und zu weinen, schüttet ihr Herz aus« und erzählt alles, die ganze Geschichte.

Das ist ihre Rettung. Umgehend werden ihr königliche Kleider angetan.

Keinen der einzelnen Schritte, die zum glücklichen Ende für sie führen, hat sie bewußt geplant, nichts hat sie mit Absicht getan.

Aber zufällig ist auch nichts. Ihre wenigen Aktivitäten, die dem Anschein und der Vernunft nach ganz und gar nicht geeignet erschienen, ihr zu helfen, bringen dennoch die Dinge ins Rollen. Die Bestechung des Schinders, ihre Zwiesprache mit Falada und ihr Spiel mit Kürdchen führen zwangsläufig zu allem Weiteren. Offensichtlich versteht sie es, die Ereignisse zwischen unschuldiger Unbewußtheit und zweckmäßiger Zufälligkeit erfolgreich für sich zu beeinflussen.

Dabei erscheint alles, was sie tut und läßt, außerordentlich zweckgerichtet. Sie macht keinen Fehler, aber auch keine Abstriche. Sie will alles, wie die Kammerjungfer alles wollte. Es erweist sich als richtig, dem alten König nichts zu sagen. Dadurch wird sie nicht nur rehabilitiert, sondern auch ihre Tugend bleibt ohne den geringsten Makel: Auch ein ihr abgepreßtes Versprechen bricht sie nicht. Sie erzielt das bestmögliche Ergebnis.

Aus männlicher Sicht würde man ihr Verhalten allerdings als sehr riskant, ja als Vabanquespiel einschätzen, bei dem sie riskiert, gar nichts zu bekommen. Dann hätte sie wieder Gänse hüten müssen, unter diesen Umständen vermutlich bis an ihr Lebensende.

Die männliche Sicht ist jedoch gegenüber weiblichem Verhalten ein unzweckmäßiger Maßstab.

Die Heldin stellt keine einzige »männliche« Überlegung an. Sie wägt keine Risiken gegeneinander ab, und sie denkt sich nicht aus, was alles vielleicht geschehen oder nicht geschehen könnte. Sie wird nicht durch Denken verunsichert. Bei ihr funktioniert alles unwillkürlich. Sie hat den Umweg über das Bewußtsein nicht nötig. Am einfachsten läßt sich vielleicht sagen, daß ihr weiblicher Instinkt sie leitet. Der kennt sich mit Männern aus. Darum kann die Heldin getrost schweigen und alles dem erfahrenen alten König überlassen, in der sicheren Überzeugung, daß ihm schon etwas einfallen wird. So ist es dann ja auch. Ihm fällt etwas ein, denn Männer finden aus solchen Situationen einen Ausweg. Nicht umsonst gelten sie in diesem Bereich als klug, und Mädchen wissen das.

Bleibt die entscheidende Szene im Ofen. Auch hier spielt die Prinzessin nicht bewußt Theater, etwa in der Hoffnung, daß man sie belausche. Ich denke, sie ist völlig sicher, daß man ihr zuhört, weil sie, wie bewußt auch immer, die List des Königs durchschaut. Außerdem klagen und jammern Mädchen nicht, und sie schütten ihr Herz nicht aus, wenn sie ganz allein sind. Es erstaunt unsere Heldin ja auch gar nicht, und sie wundert sich nicht, daß man ihr, kaum ist sie aus dem Ofen heraus, königliche Kleider bringt.

Dieser uneingeschränkte Erfolg der Gänsemagd spricht für ihre weibliche Methode oder wie man es sonst nennen will, was sie hier tut; es gibt nicht einmal ein Wort dafür. Märchenhaft und daher unwahrscheinlich ist dieses Talent jedenfalls nicht. Unabhängig von Alter, Schönheit und Lebensumständen verfügen mehr oder weniger alle weiblichen Wesen über diese höchst wirksamen Fähigkeiten. Die meisten Männer haben sie nicht, kennen sie nicht, können sie nicht nachempfinden, und sie sind ihnen nicht gewachsen. Die Fähigkeiten beider Märchenheldinnen, der einen wie der anderen, sind ganz allgemeine weibliche Fähigkeiten. Daher geht es mehr oder minder allen Männern so wie den beiden Königen und dem Knaben Kürdchen im Märchen: Ob jung oder alt, arm oder reich – weibliche Wünsche und weiblicher »Zauber« beeinflussen ihre Ansichten und ihr Verhalten, bestimmen ihre Pläne mit (besonders ihre Heiratspläne) und ebenso manche ihrer Taten. Das Märchen zeigt es: Trotz schlechtester Aussichten hat es die Heldin geschafft. Sie steht jetzt da in ihren königlichen Kleidern, und es scheint, so heißt es, wie ein Wunder, wie schön sie ist.

Der alte König holt seinen Sohn, offenbart ihm, daß er die falsche Braut habe, die nur ein Kammermädchen sei, und er zeigt ihm die richtige. Der Prinz ist beeindruckt und »herzensfroh«, als er der gewesenen Gänsemagd »Schönheit und Tugend« erblickt. Er läßt sofort ein »großes Mahl« anrichten, zu dem »alle Leute und gute Freunde« gebeten werden.

Dieses Mädchen kann er seinen Freunden zeigen und es auch in der Öffentlichkeit präsentieren. Es sitzt an seiner Seite. An der anderen Seite sitzt die Kammerjungfer. Aber sie ist verblendet und erkennt die Prinzessin in ihrem »glänzenden Schmuck« nicht.

Verblendet ist die Kammerjungfer in mehrfacher Hinsicht.

Zunächst einmal glaubt sie, des Prinzen rechtmäßige Gattin zu sein, und fühlt sich in dieser Position sicher.

Das ist eine arge Fehleinschätzung der tatsächlichen Situation, denn sie ist alles andere als sicher, und sie täuscht sich über ihren Status: Sie ist durchaus nicht des Prinzen angetraute Frau. Er hat sie zwar mit großer Freude empfangen, ist ihr entgegengesprungen, hat sie vom Pferd gehoben und die Treppe hinaufgeführt.

Mehr jedoch nicht. Sie wurde weder seinen Freunden vorgestellt noch etwa allen Leuten. Sie verschwand in den königlichen Gemächern. Dort redet sie zwar den Prinzen als ihren Mann an: »Liebster Gemahl, ich bitte Euch ...« Aber was bedeutet das schon? Er hat nicht um ihre Hand angehalten, es gab kein Fest und erst recht keine Hochzeit. Sie wird stets nur als Braut bezeichnet.

Die Kammerjungfer ficht das nicht an. Sie spielt dennoch die Herrin, bemüht sich keineswegs und denkt nur an ihre eigenen Ziele und Pläne, die sie erfolgreich durchsetzt. Über ihre Schönheit wird nichts gesagt, aber »fein« ist sie ganz sicherlich nicht und »zart« erst recht nicht und schon gar nicht zartbesaitet.

Höhepunkt ihres Negativverhaltens ist ihre Anordnung in bezug auf Falada. Um was sie hier bittet und wie sie es tut, spricht wirklich allem hohn, was man von einer Frau, zumal von einer Braut, erwartet. Ohne eine Spur von Gefühl, roh und kalt fordert sie: »Laßt dem Pferde den Hals abhauen.«

Man könnte ihr noch den Betrug und ihr Verhalten gegenüber der Königstochter verzeihen. Aber die Grausamkeit gegenüber dem wehrlosen Tier verzeiht man ihr nicht. Besonders bei Kindern verdient sie sich mit dieser Tat ihr böses Ende.

Bis zu diesem Ende tut sie nichts, wodurch sie sich mildernde Umstände verdienen könnte. Sie bleibt ihrer negativen Haltung ohne jede Einschränkung treu, lenkt nicht im mindesten ein, korrigiert sich nicht; sie verrennt sich geradezu und beschwört damit ihr Unglück herauf.

Der alte König gibt ihr ein Rätsel auf. Er erzählt alle ihre schlechten Taten und fragt sie: »Welches Urteils ist diese würdig?« Ohne zu zögern, antwortet sie: »Die ist nichts Besseres wert, als daß sie splitternackt ausgezogen und in ein Faß gesteckt wird, das inwendig mit spitzen Nägeln beschlagen ist; und zwei weiße Pferde müssen vorgespannt werden, die sie Gasse auf, Gasse ab zu Tode schleifen.«

Damit besiegelt sie ihr Schicksal. »Das bist du«, spricht der alte König, »und hast dein eigenes Urteil gefunden, und danach soll dir widerfahren.« Das geschieht. Die Kammerjungfer stirbt, tritt ab von der Szene, und niemand wird ihr eine Träne nachweinen; vielmehr werden alle froh sein, daß die Prinzessin nun von der bösen Kammerjungfer befreit ist.

Schön wie ein Wunder, fein, zart, makellos und voller Tugend bleibt die Heldin übrig. Der junge König vermählt sich mit ihr, mit seiner »rechten Gemahlin«, und beide beherrschen ihr Reich in Frieden und Seligkeit; so lautet der letzte Satz.

So schön und harmonisch endet das Märchen. Dieser Schluß ist für alle ohne Einschränkung befreiend und befriedigend.

Es tut mir leid, dieses schöne Bild korrigieren zu müssen. Aber der Fehler liegt schließlich auf der Hand: Solch ein Mädchen gibt es nicht. Allenfalls haben Engel diese Eigenschaften, und auch deren Existenz ist umstritten.

Auf der Erde jedenfalls gibt es sie nicht, und keinem Erdenbürger ist es vergönnt, mit irgendeinem Partner in dauerndem Frieden und reiner Seligkeit zu leben. Das sind die Fakten, wie sie jedem bekannt sind.

Es dauert allerdings lange, bis Männern diese Erkenntnis kommt. So schnell und leicht lassen sie sich die Freude nicht nehmen, eine »Prinzessin« zu besitzen. Als seien sie blind, taub und dumm, übersehen, überhören und verdrängen sie alles, was nicht ins schöne Bild paßt. Die beiden Männer dieser Geschichte praktizieren das. Die Kammerjungfer kann sich noch so wenig wie eine Prinzessin benehmen und verhalten – die beiden Könige nehmen es hin. Ihnen kommen keine Zweifel; fast hörig gehorchen sie ihr.

Als ihnen aber klar wird, daß sie sich geirrt haben, lassen sie kein gutes Haar an ihrem bisherigen Idol. Es wird trickreich entlarvt, als Betrügerin verteufelt und aus der Welt geschafft. Solche Frauen darf es nicht geben.

In diesem Fall, wie in allen ähnlichen Fällen, die sich täglich irgendwo abspielen, ist nicht das Mädchen die Betrügerin. Der Mann betrügt, und zwar sich selbst. Er ist es, der engelsgleiche Eigenschaften in eine Frau hineinsieht und wider alle Vernunft und Logik einen Engel erwartet. Die unausweichliche Enttäuschung macht ihn böse, ungerecht und grausam – nicht nur im Märchen. Tatsächlich gibt es schließlich keinen einzigen vernünftigen Grund, warum Frauen entweder Engel oder aber das Gegenteil sein sollen. Sie sind weder das eine noch das andere. Beide Vorstellungen sind falsch, sind einseitig.

Sie sind so falsch und so einseitig wie die beiden Mädchen dieses Märchens. Beide sind nicht natürlich und nicht wirklich. Es gibt sie nicht, die Prinzessin sowenig wie die Kammerjungfer. So gut und positiv wie die eine oder so böse und negativ wie die andere sind Menschen nicht, sind Mädchen nicht.

Im Gegensatz zu vielen Märchenhelden haben Prinzessin und Kammerjungfer keine Namen. Das ist verständlich, denn sie stellen nur Teilaspekte des Weiblichen dar. Sie sind Teile eines Ganzen und kommen voneinander getrennt nicht vor. Sie gehören zusammen.

Das Märchen zeigt es: Zusammen ritten sie vom Schloß fort, und zusammen ritten sie nach dem Rollentausch weiter. Beide saßen auf Falada und auf dem Gaul, beide waren sowohl Magd wie Prinzessin, und beide waren Bräute des Prinzen. Alles Wichtige besaßen sie gemeinsam, sogar den goldenen Becher. Männliche Wesen manipulieren können sie auch alle beide, und hochmütig ist die eine wie die andere. Zuletzt schätzt die Kammerjungfer die Situation so falsch ein wie am Anfang die Prinzessin, und so naiv zeigt sie sich auch, indem sie arglos in die Falle tappt. Ganz am Ende schließlich vertritt sie sogar der Königstochter Moral und Tugend. Sie verurteilt hart alle bösen Taten und fordert für die Täterin schwerste Strafe.

Im Märchen stirbt sie dafür. Das ist ein Kunstgriff für ein künstliches Happy-End. Es ist wunderbar, daß die Heldin strahlend überlebt und die böse Gegenspielerin für immer ausgeschaltet ist. Aber es stimmt nicht. Sie lebt weiter, sowohl in der Prinzessin wie in jedem Mädchen, in jeder Frau. Das ist die Realität.

Das Engelhafte vieler Mädchen, der Prinzessinnenhabitus ist so äußerlich wie die Bravheit vieler weiblicher Kinder. Jahrtausende haben diese Erscheinungsform und dieses Verhalten als zweckmäßig herauskristallisiert. Mädchen leben sie im Alltag, es gibt sie im Märchen und in der Literatur. Die Gänsemagd entspricht diesem Bild wie auch ihre literarische Schwester, die Lorelei.

Heines Idylle vom goldhaarigen Mädchen auf dem Felsen über dem Rhein kennt und singt man heute noch. Das liegt nicht an Heines schönen Reimen. Brentano reimte nicht schlechter, aber seine Lore-Lay ist weit weniger bekannt. Sie hat zu viele Eigenschaften, hat ein Schicksal und eine Geschichte. Der Heineschen Lorelei fehlt das alles. Sie ist schön, wunderbar, eine Jungfrau, kämmt sich und singt. Das genügt. Diesem Bild verfallen Männer; seinetwegen lassen sie sich von »Wellen verschlingen« und machen die größten Dummheiten. Am liebsten möchten sie ein solches Mädchen natürlich besitzen, und das bedeutet: es heiraten.

Genau hier liegt der Sinn der Sache. Aus diesem Grund tragen

Mädchen so gern Schönheit, Tugend, Passivität und Mangel an Eigenschaften zur Schau. Damit locken sie Prinzen an. Ist einer von diesem Mädchenbild fasziniert, dann fragt er nicht mehr lange, prüft weder sich noch die Frau, denkt nicht mehr, verliert alle Kritikfähigkeit, will sie nur noch haben. Man kennt das aus dem Alltag. Im Märchen geschieht es auch: Der Prinz weiß nichts von seiner »Gemahlin«. Er kennt sie nicht, hat keine Ahnung von ihrem Charakter, ihrem Wesen, ihren Eigenschaften. Sie wurde ihm »weit über Feld versprochen«. Sie kommt allerdings von einem Schloß, ist eine Prinzessin. Das genügt ihm; damit erübrigen sich Fragen, Zweifel und Bedenken. Er empfängt sie voller Freude und führt sie ins Schloß.

Es war die falsche Braut, wie sich herausstellt. Aber die nächste steht schon da. Sie sei die richtige Prinzessin, erfährt er, und schon bewundert er ihre Schönheit und Tugend und heiratet sie ohne weitere Umstände. Von ihr weiß er auch nicht mehr. Er heiratet ein Idealbild, an das er glaubt, das es aber in Wirklichkeit nicht gibt. Tatsächlich heiratet er die Kammerjungfer mit, denn sie ist nun einmal Teil seiner Prinzessin, Teil der meisten weiblichen Wesen.

Ein Mädchen, so gut und makellos wie die Königstochter, wäre in dieser Welt, in der sich jeder wehren und durchsetzen muß, nicht lebensfähig. Es braucht daher der Kammerjungfer Eigenschaften und Fähigkeiten, um zu überleben. Negativ sind diese Wesensmerkmale nur dann, wenn sie isoliert auftreten. Eingebettet, gesteuert und verdeckt von weiblichem Liebreiz und weiblicher Klugheit, fallen sie kaum auf. Dennoch sind sie da, und das sollte man wissen. Man muß dann allerdings die Legende vom schwachen Geschlecht endgültig begraben. Es ist nicht schwach. Jedes weibliche Wesen kann, wenn die Umstände es erfordern, so hart, rücksichtslos und rigoros wie die Kammerjungfer sein.

Verwendete Literatur

Die Hilfen, die ich aus der Literatur bei der Frage nach dem Wesen von Kindern bekommen habe, lassen sich im einzelnen hier kaum aufführen, denn alle einschlägigen Bücher, die ich im Lauf vieler Jahre gelesen habe, haben dazu beigetragen, daß ich dieses Buch schreiben konnte. Neben zahlreichen Fachbüchern, den pädagogischen, psychologischen und tiefenpsychologischen, waren es besonders die Volksmärchen, die mir zu Erkenntnissen verholfen haben, hauptsächlich die ›Kinder- und Hausmärchen‹, welche die Brüder Grimm sammelten, auch die Urfassung dieser Märchen, herausgegeben von Friedrich Panzer im Emil Vollmer Verlag, Wiesbaden, daneben die Märchen von Ludwig Bechstein in der Ausgabe des Winkler-Verlags, München 1965 und von Charles Perrault, Abi Melzer Verlag, Dreieich 1977.

Einige spezielle Anregungen gaben mir Heinrich Hoffmanns ›Struwwelpeter‹, als Nachdruck der Frankfurter Originalausgabe erschienen im Loewes Verlag Ferdinand Carl, Bayreuth, und der Roman ›Die Abenteuer des Tom Sawyer‹ von Mark Twain.

Informationen über Märchen erhielt ich von Jacob Grimm, ›Deutsche Mythologie‹, Bd. 1–3, Akademische Druck- und Verlagsanstalt, Graz 1968; Luigi Santucci, ›Das Kind, sein Mythos und sein Märchen‹, Hermann Schroedel Verlag, Hannover 1964; Vilma Mönckeberg, ›Das Märchen und unsere Welt‹, Eugen Diederichs Verlag, Düsseldorf 1972; dem Band ›Projekt Deutschunterricht I‹, J. B. Metzlersche Verlagsbuchhandlung, Stuttgart 1974.

Einige Daten bezog ich aus Alfred C. Kinseys Report ›Das sexuelle Verhalten der Frau‹, S. Fischer Verlag, Frankfurt am Main 1953.

Zum historischen Aspekt des Kindes wie der Märcheninhalte las ich das Werk ›Geschichte der Kindheit‹ von Philippe Ariès, Carl Hanser Verlag, München 1975 und Deutscher Taschenbuch Verlag, München 1978 und ›Metabletica‹ von Jan Hendrik van den Berg, Vandenhoeck & Ruprecht, Göttingen 1960. Beide Werke vermittelten interessante Aufschlüsse über das Wesen des Kindes; aber es fanden sich hier wie in kultur- und sittengeschichtlichen Büchern kaum Hinweise auf die Möglichkeit einer historischen oder geographischen Festlegung der Märchenhandlungen oder der Märchenfiguren. Damit bestätigte sich für mich die Ansicht vieler Märchenforscher, daß Märchen zeit- und raumlos seien. C. G. Jung und seine Schüler meinen, sie enthielten Urbilder, das heißt typische Situationen, wie Menschen sie zu allen Zeiten und in verschiedenen Kulturen erleben können. Dies mag sowohl die weite Verbreitung der Märchen als auch ihre Langlebigkeit erklären, dürfte es aber auch ermöglichen, über die Interpretation der Märchen zu allgemeingültigen Einblicken in kindliches Wesen und Verhalten zu kommen.

Besondere Dienste leisteten mir für die Märcheninterpretationen Ottokar Graf Wittgenstein, ›Märchen, Träume, Schicksale‹, Fischer Taschenbuchverlag, Frankfurt 1980 sowie der Sammelband ›Märchenforschung und Tiefenpsychologie‹, herausgegeben von Wilhelm Laiblin, Wissenschaftliche Buchgesellschaft, Darmstadt 1969. In diesem Band findet sich das weite Spektrum der Märchenforschung; von der Volkskunde bis zur Tiefenpsychologie sind nahezu alle Richtungen vertreten. Mir haben daraus folgende Arbeiten Hilfen gegeben: Franz Riklin, ›Wunscherfüllung und Symbolik im Märchen‹; Bruno Jöckel, ›Das Reifungserlebnis im Märchen‹; Wilhelm Laiblin, ›Das Urbild der Mutter‹; Josephine Bilz, ›Menschliche Reifung im Sinnbild‹. Der Band enthält auch eine von mir 1953 in ›Praxis der Kinderpsychologie und Kinderpsychiatrie‹ veröffentlichte Arbeit mit dem Titel ›Analyse des Grimmschen Märchens »Der starke Hans«‹. Dies war mein erster Versuch, Reifungsprobleme und pädagogische Aspekte in einem Märchen zu sehen.

Erst als das Manuskript des vorliegenden Buches fast fertig war, hatte ich Gelegenheit, Bruno Bettelheims ›Kinder brauchen Märchen‹, Deutsche Verlags-Anstalt, Stuttgart 1977 und Deutscher Taschenbuch Verlag, München 1980 zu lesen. Ich fand viel Verwandtes darin und übernahm einige von Bettelheims Gedanken.

Vorarbeit für das Kapitel ›Das Gruseln‹ leistete G. Zillinger mit seiner Arbeit ›Zur Frage der Angst und der Darstellung psychosexueller Reifungsstufen im »Märchen vom Gruseln«‹, in ›Praxis der Kinderpsychologie und Kinderpsychiatrie‹, 1963. Ich veröffentlichte dazu in derselben Zeitschrift 1965 den Beitrag ›Die zweite und dritte Nacht im Märchen »Das Gruseln«‹. Diese Arbeit erwähnt auch Bruno Bettelheim in seinem Buch.

Die Notwendigkeit der Heranziehung von Fachliteratur ist unbestreitbar. Die wesentlichen Anregungen gaben mir jedoch die Kinder selbst, Erlebnisse und Erfahrungen mit ihnen und mit ihren Eltern, die Anteilnahme an ihren Freuden, aber auch an ihren Sorgen und Nöten.

Nachwort
Von Bruno Bettelheim

Was hat mich bewogen, ein Nachwort zu diesem Buch zu schreiben? Daß Märchen mich stark interessieren, war dafür nicht Grund genug, auch nicht der Umstand, daß der Autor für das Verständnis der Märchen, die wie alle Kunstwerke unter unendlich vielen Blickwinkeln betrachtet werden können und sollen, eine neue, eigenständige Deutungsweise anbietet, was dem Band fraglos besonderes Gewicht verleiht. Wollte ich jedoch für jede Veröffentlichung, die sich ernsthaft und auf neue Art mit Märchen auseinandersetzt, ein Vor- oder Nachwort verfassen, dann hätte ich in Anbetracht der Fülle einschlägiger Neuerscheinungen kaum Zeit für meine eigene wissenschaftliche und schriftstellerische Tätigkeit. Nur ein ganz besonderer Grund konnte mich dazu veranlassen, mich so eingehend mit Carl-Heinz Mallets Arbeit zu beschäftigen. Ich tat es, weil sein Buch in gewissem Sinne ein Gegenstück zu einem Buch ist, das ich selber geschrieben habe.

Vor einigen Jahren veröffentlichte ich ein Buch mit dem Titel ›Kinder brauchen Märchen‹. Obwohl wir nach meiner Überzeugung alle viel aus Märchen gewinnen können, nicht nur die Kinder, sondern auch die Erwachsenen, kam es mir darauf an, zunächst die Wichtigkeit der Märchen für Kinder darzulegen. Ich unternahm es also in jenem Buch, Eltern, Erzieher und Psychologen, kurz: alle, die mit Kindern zu tun haben, davon zu überzeugen, daß eine enge Vertrautheit mit Märchen das Leben der Kinder ungemein bereichert. Ich versuchte zu zeigen, daß Märchen die ideale Literatur für Kinder sind, die sie immer wieder hören wollen. Das liegt nicht nur an den großen literarischen Qualitäten der Märchen, sondern auch daran, daß sie die Phantasie des Kindes in hervorragender Weise anregen und befriedigen und es ihm ermöglichen, seine Situation besser zu bewältigen. Märchen erleichtern es dem Kind, mit den Schwierigkeiten des Lebens fertig zu werden, weil sie ihm die Hoffnung vermitteln, daß es sie genauso überwinden wird wie der Märchenheld, dem es gelingt, alle Widrigkeiten zu bezwingen. Daß in den Märchen die Übeltäter bestraft werden, ob sie nun als Geschwisterfiguren wie in ›Aschenputtel‹ oder als Elternfiguren wie die Königin in ›Schneewittchen‹ auftreten, erlaubt dem Kind, in der Phantasie seine Aggressionen gegen jene auszuleben, auf die es im Alltag oft böse ist und vor denen es häufig Angst hat. Dieses Ausleben seiner Aggressionen in der Phantasie gegen Figuren, in die es seine negativen Gefühle projiziert hat, setzt es in den Stand, mit seinen wirklichen Eltern und Geschwistern besser auszukommen.

Dies ist einer der Gründe, warum die Kinder seiner Schulklasse so still und friedlich waren, wenn Carl-Heinz Mallet ihnen am Sonnabend ein Märchen erzählte. Während des Unterrichts standen sie innerlich so unter Druck, daß sie ihren Aggressionen Ausdruck geben mußten und ihrem Lehrer dann wie kleine Teufel erschienen. Die Woche über waren sie voll Angst vor der Zukunft, fürchteten, nicht mit dem Leben fertig zu werden – Grund genug, in der Schule zu revoltieren. Doch sobald sie vernahmen, wie etwa Aschenputtel, zu Beginn verhärmt und gedemütigt, im Lauf der Geschichte zur Königin aufstieg, faßten sie neuen Mut, und ihre gegenwärtige Existenz wurde mit einemmal erträglich und hoffnungsvoll, weil das Eintauchen in das Reich des Märchens sie von ihren Aggressionen befreite und ihnen wieder Zuversicht einflößte.

Aber man kann Kindern nicht den ganzen Tag Märchen erzählen, und es würde ihnen auch nicht guttun, nur in der Welt der Phantasie zu leben. Tagträume werden erst dann konstruktiv, wenn sie uns dazu bringen, unser Leben positiv zu sehen und die Schwierigkeiten, auf die wir stoßen, zu bewältigen. Daher konnte der Junglehrer Mallet sich auch nicht damit zufriedengeben, daß seine Schützlinge glücklich waren, wenn er ihnen Märchen erzählte. Schließlich hatte er sie für das reale Leben, für die Wirklichkeit zu erziehen. So benutzte er das Märchen als Brücke zu den Kindern. Er begriff, daß seinen Schülern die Märchen deshalb so viel bedeuteten, weil sie an ihre tiefsten Nöte rührten. Diese Nöte mußte er erkennen – wie jeder Erwachsene sie erkennen muß, der sich ehrlich um Kinder bemühen will; nur dann kann er ihnen helfen, diese Probleme konstruktiv zu lösen.

Märchen sind somit nicht nur für Kinder bedeutungsvoll, sondern auch für uns Erwachsene, weil sie uns Zugang zum Innenleben der Kinder gewähren und uns Einsichten eröffnen, die uns sonst möglicherweise verwehrt blieben. Aber diese Einsichten gewinnen wir nur dann in ihrer ganzen Fülle, wenn wir beginnen, auch unsere Kindheitserlebnisse besser zu verstehen. Märchen spiegeln nämlich außer dem Innenleben der Kinder unsere eigenen Kindheitserlebnisse wider. Sie sind darum wichtig für alle Altersstufen, nicht zuletzt für Erwachsene, die sich mit Kindern und Jugendlichen befassen. Ich hätte deswegen auch ein Buch mit dem Titel ›Erwachsene brauchen Märchen‹ schreiben können. Die Bedeutung der Märchen nur für eine Altersgruppe darzustellen, zum Beispiel für Kinder, wie ich es in meinem Buch getan habe, heißt die Bedeutung dieser Literaturgattung nur fragmentarisch behandeln. Wenn man darüber schreibt, wie wesentlich Märchen für Kinder sind, vernachlässigt man zugleich, ihre Wichtigkeit auch für Erwachsene aufzuzeigen. Insofern ist der vorliegende Band eine wertvolle Ergänzung. Er bezieht seinen einzigartigen Rang aus dem geglückten Versuch des Autors, die Bedeutung der Märchen für Erwachsene als Zugang zum Verständnis der Kinder herauszuarbeiten. Während Kinder also der Märchen bedürfen, um sich selber besser zu begreifen, um mit den Problemen ihres Lebens besser fertig zu werden, benötigen Erwachsene sie, um Kinder und Jugendliche besser zu verstehen, um ihnen nahezukommen, ihnen helfen zu können. Und wie die Kinder, wenn auch nicht in demselben Grade, brauchen wir Erwachsene Märchen, um uns selber besser zu erkennen, um unsere eigene Kindheit, um das Kind in uns faßbar zu machen. Mallets Buch erschließt den Erwachsenen diese Möglichkeit. Deshalb erschien es mir wichtig, ihm ein Nachwort mit auf den Weg zu geben.

Der Aufbau der Märchen ist schlicht. Aus diesem Grund können Kinder der Handlung des Märchens leicht folgen. Fast alle Märchen haben nur einen Helden; das macht es dem Zuhörer einfach, sich mit ihm zu identifizieren, weil seine Aufmerksamkeit nicht von anderen Figuren abgelenkt wird. Bei den wenigen Märchen, die zwei Helden haben, etwa ›Hänsel und Gretel‹ oder ›Brüderlein und Schwesterlein‹, sind beider Schicksale so eng miteinander verknüpft, daß das Los des einen nicht von dem des anderen zu trennen ist. Beim Zuhören identifizieren wir uns mit beiden gleichermaßen. Nur der Held oder die Heldin oder der Doppelheld wie in ›Hänsel und Gretel‹ hat ein Eigenleben im Märchen, ist wirklich dreidimensional. Nur er macht eine Entwicklung durch, und die ist das Thema des Märchens. Alle anderen Figuren haben keine eigene, von der des Helden oder der Heldin unabhängige

Geschichte. Sie bleiben ohne Entwicklung; am Ende des Märchens stehen sie genauso da wie am Anfang. Während der Held viel erlebt und lernt, lernen diese Figuren nichts, auch wenn ihnen noch so Dramatisches widerfährt und sie für ihre Verfehlungen noch so grausam bestraft werden. Ihre Bestrafung ist im Grunde einzig im Blick auf den Helden von Belang. So ist die Bestrafung des Wolfs in ›Rotkäppchen‹ eigentlich nur für Rotkäppchen interessant. Alle anderen Figuren, der Wolf, die Mutter, die Großmutter, der Jäger, erlangen Bedeutung lediglich durch ihre Beziehung zur Hauptfigur, durch die Rolle, die sie in deren Entwicklung spielen. Untereinander haben sie keinerlei Beziehung. Selbst als die Großmutter und Rotkäppchen vom Wolf verschlungen worden sind und der Jäger beide gerettet hat, weiß die Mutter nichts dazu zu sagen. Alles, was im Märchen vorgeht, ist nur vom Standpunkt des Helden aus gesehen.

So egozentrisch sieht auch das Kind sein Leben, seine Umwelt. Es vermag sich nicht bewußt in die Gedanken und Regungen anderer einzufühlen. Vielmehr ist es felsenfest überzeugt, daß jeder ebenso denkt und fühlt wie es selber, daß alles, was geschieht, nur seinetwegen geschieht. Das Kind ist viel zu sehr in sein Eigenleben versponnen, um einsehen zu können, daß das, was sich um seine Person herum ereignet, nicht unbedingt ihm gilt. Sein Weltbild ist so beschaffen, daß es alles Geschehen rundum auf sich bezieht. Gerade weil die Märchenhelden Kinder oder Jugendliche sind, die sich im Märchen zur Reife entwickeln, und die Handlung ausschließlich aus ihrem Blickwinkel betrachtet wird, lehrt uns das Märchen so viel über das Innenleben des Kindes, zeigt es uns, wie das Kind sein Dasein empfindet.

So sind die Eltern und Geschwister im Märchen Projektionen der Vorstellungen des Kindes von ihnen. Helfer und Widersacher im Märchen verkörpern den Begriff des Kindes von Freund und Feind, davon, wie sie sich in bestimmten Situationen ihm gegenüber verhalten würden. Wenn wir die Märchen so verstehen, sind wir imstande, die Welt des Kindes treffender einzuschätzen.

Gretel gelingt es deshalb so leicht, die Hexe zu übertölpeln, weil das Märchengeschehen eine Projektion des Wunsches ist, den das Kind gegenüber jenen Personen hegt, die es fürchtet und haßt. Aber auch das, was die Hexe im Sinn hat, ist eine Projektion kannibalischer Wünsche und Ängste des Kindes. Die bösen

Absichten der Hexe wie Gretels Triumph – beides sind also Projektionen aus dem kindlichen Innenleben. Was der Held tut und was ihm zustößt, seine Kämpfe und Fährnisse, seine Erfolge und Mißerfolge, sind allesamt Projektionen der Ängste und Wünsche der Kinder, Widerspiegelungen ihres Innenlebens.

In der Unzahl der Märchen sind alle menschlichen Probleme behandelt. Die meisten haben das Ringen des Kindes oder des Jugendlichen um Unabhängigkeit zum Grundthema. Die größte Schwierigkeit im Leben jedes Heranwachsenden ist es, sich aus den engen Bindungen an die Eltern zu lösen. Dabei macht es keinen wesentlichen Unterschied, ob Vater und Mutter gern bereit sind, ihr Kind in die Selbständigkeit zu entlassen, oder ob sie es weiterhin in Abhängigkeit zu halten gedenken.

Die wahre Freiheit muß sich jeder selbst erobern. Das Märchen weiß das viel besser als mancher moderne Erzieher und manche liberal gesinnte Eltern. In keinem Märchen wird der Königssohn einfach König, weil der Vater abdankt oder stirbt. Er muß erst in die Welt hinausziehen und sich dort bewähren, um sich des Erbes würdig zu erweisen. Eine Freiheit, die uns sozusagen auf dem Silbertablett serviert wird, empfinden wir nicht als Freiheit, sondern als Erniedrigung. Echte Unabhängigkeit will erkämpft sein. Das können Märchen jene Erzieher lehren, die ihren Schülern Eigenständigkeit aufdrängen wollen. Kampflos eingeräumte Freiheit schwächt das Selbstgefühl. Ohne ein starkes Selbstgefühl aber wird Freiheit nicht als solche erfahren. Gerade in unserer Zeit, in der ihnen ein so überaus großer Freiraum gewährt wird, brauchen Kinder die Möglichkeit, sich in die Phantasiewelt der Märchen zu flüchten, in der sie wirkliche Freiheit in der Auseinandersetzung mit gefährlichen Gegnern erstreiten.

Im tiefsten Sinn ist das Ringen um Selbständigkeit ein Ringen um den anderen. Darum gewinnt der Held am Ende seiner Prüfungen die Hand und die Liebe der Prinzessin, darum erlöst die Prinzessin, im Märchen ›Der Froschkönig‹ sich selbst und den Prinzen in dem Augenblick, da sie den Frosch an die Wand schleudert. In ein und derselben Handlung wandelt sie sich vom Kind zur Frau, erlangt sie menschliche und sexuelle Freiheit, erkennt sie den anderen, mit dem sie sich verbindet. Diesen anderen, in dem man sich selbst findet, können weder die Eltern noch die Lehrer dem Jugendlichen zuführen. Nur er selbst vermag ihn für sich zu gewinnen. Tut er das nicht, überläßt er den Part den Erwachsenen, dann wird diese Bindung für ihn keinen befreienden Wert haben.

Sich selbst zu erkennen, den anderen zu finden und sich seiner würdig zu zeigen, das ist das menschliche Grundproblem sowohl des Kindes wie des Jugendlichen und des Erwachsenen. Es ist das alte, ewig neue Thema aller Literatur. Märchen stellen es in ungezählten Variationen, jedoch stets in seiner einfachsten Form dar, so daß auch Kinder es erfassen können. Deshalb müssen wir Märchen verstehen lernen, wenn wir unseren Kindern bei der Bewältigung ihrer Lebensaufgabe zur Seite stehen wollen.

Es ist eine unzutreffende Annahme, Märchen seien nur für Kinder gedacht. Diese irrige Meinung kam erst in neuerer Zeit und nur in der westlichen Welt auf. Ebenfalls erst in neuerer Zeit und wieder nur im Westen wurden Märchen eigens für Kinder geschrieben. Die wahren Märchen, die Volksmärchen, zu denen auch die vier von Carl-Heinz Mallet besprochenen zählen, sind eines unserer ältesten Kulturgüter und eine der ältesten literarischen Formen. Märchen wurden von Erwachsenen für die Unterhaltung anderer Erwachsener erfunden, und sie wurden, genauso wie die Mythen, allen Mitgliedern der Gemeinschaft, Erwachsenen sowohl wie Kindern, gleichzeitig und in gleicher Form erzählt. Sie sprechen daher das allgemein Menschliche in jedem von uns an, heute wie einst – wenn wir sie nur richtig verstehen, wenn wir ihnen richtig zuhören, sie ernst nehmen und sie nicht als kindlich ablehnen. Dieses allgemein Menschliche schließt ja durchaus das Kindliche ein. Märchen sprechen auch zum Kind in uns. Sie handeln von den Dingen, die uns aus Kindertagen vertraut sind und uns auch heute noch etwas zu sagen hätten, verschlössen wir uns nicht vor dem Kind in uns.

Die biblische Geschichte von Joseph und seinen Brüdern birgt ein uraltes Märchenthema, das, in verschiedener Form, das zentrale Motiv vieler Märchen ist. Es erscheint zum erstenmal in einer ägyptischen Geschichte, die mehr als tausend Jahre vor der Bibel aufgezeichnet wurde. Die Juden lernten sie wahrscheinlich während ihres Aufenthalts in Ägypten kennen und änderten sie so, daß sie in den Ablauf der Geschichte ihres Volkes hineinpaßte. Immerhin spielt der größte Teil der biblischen Josephslegende in Ägypten. Aber die Geschichte ist viel älter als das älteste Ägypten – sie ist so alt wie die Menschheit selbst.

Solange es Kinder gibt, sind die älteren Kinder auf ihre jüngeren Geschwister eifersüchtig, besonders wenn diese von Vater oder Mutter ihnen vorgezogen werden. Sie stellen sich dann vor, wie schön es wäre, wenn sie sich der jüngeren Geschwister entledigen könnten. Sie denken sogar daran, sie umzubringen und den Eltern vorzutäuschen, die Kinder seien einem Unglück zum Opfer gefallen, zum Beispiel von einem wilden Tier aufgefressen worden, wie es die Josephsgeschichte berichtet. Aber ihr Schuldgefühl und vielleicht auch ihr Verantwortungsgefühl gegenüber den Jüngeren hindern sie daran, solche Mordpläne auszuführen, und sie sind es zufrieden, wenn sie den jüngeren Bruder statt in der Wirklichkeit wenigstens in der Phantasie loswerden. Die biblische Josephslegende ist die uralte Mär vom Nesthäkchen, das unter der Eifersucht der älteren Geschwister leidet und davon träumt, wie es sie am Ende alle überflügeln und sie und die Eltern großmütig erretten wird, wenn die stolzen, im Augenblick noch so überlegenen Geschwister sich unfähig zeigen werden, den alten Eltern zu Hilfe zu kommen.

Es ist gar nicht so lange her, daß solche Geschichten auch unser Leben leiteten, es uns erläuterten. Heute, da wir Erwachsene uns nicht mehr an diesen Geschichten in ihrer einfachen Form erfreuen können, müssen sie uns in viel komplizierterer Form dargeboten werden, wie es etwa Thomas Mann in seinem Josephs-Roman getan hat. Doch unter dem modernen Gewand verbirgt sich die jahrtausendealte Geschichte von Joseph und seinen Brüdern. Nur haben wir uns gefühlsmäßig und intellektuell so dem Kind in uns und damit auch unseren Kindern entfremdet, daß wir uns nicht mehr mit den schlichten Märchen zufriedengeben wollen.

Aber diese althergebrachten Geschichten sind nicht für Kinder erfunden worden. Sie wollen den Erwachsenen ebenso belehren wie das Kind. Wie zahllose Märchen hält die biblische Josephslegende den Eltern vor Augen, daß es unrecht ist, eines ihrer Kinder den anderen vorzuziehen, ja daß es die tragischsten Folgen für Eltern und Kinder haben kann. Andere Märchen warnen die Eltern davor, im Jähzorn zu handeln, beispielsweise das von den sieben Raben. Nähmen wir diese Märchen nur richtig ernst, dann könnten wir auch heute noch viel von ihnen lernen, über unsere Beziehungen zu unseren Kindern, darüber, was in ihnen vorgeht, wie wir sie behandeln sollten. Das möchte Mallet uns zeigen, darauf will er hinaus. Wir werden indessen nur dann vollen Gewinn aus seinen Erörterungen ziehen, wenn wir uns nicht auf die Märchenstoffe beschränken, die in diesem Buch ausführlich behandelt sind, sondern wenn wir seine Art der Analyse auch auf andere Märchen anwenden, namentlich jene, die unsere Kinder am liebsten hören, die sie fesseln. Denn dies sind die Märchen, in denen sie sich selbst widergespiegelt finden, die eines ihrer gegenwärtigen Probleme behandeln.

Wir vermögen auf den verschiedensten Wegen herauszufinden, wie unsere Kinder sind, welche Sorgen und Kümmernisse sie bedrücken, wie sie damit fertig zu werden versuchen, wo sie unsere Hilfe brauchen und wie wir ihnen helfen können. Erfolg werden wir jedoch nur dann haben, wenn es uns gelingt, wieder an unsere eigene Kindheit anzuknüpfen. Die eigenen Erfahrungen bieten noch immer den besten Zugang zu den Erfahrungen anderer, vorausgesetzt, man betrachtet seine Erlebnisse und Erfahrungen nicht als allgemeingültig, sondern setzt sie in Beziehung zu denen der anderen.

Mallet beginnt seine Betrachtungen über Kinder und Märchen mit der Frage: »Wie sind Kinder?« Sein weiser Onkel, der Psychiater, enthält sich einer Antwort, weil er weiß, daß sie seinem Neffen nicht viel nutzen würde. Er muß die Antwort selber finden aufgrund seiner eigenen Beobachtungen und Überlegungen. Daher fordert ihn der Onkel zum Erzählen auf, weil er hofft, sein Gegenüber werde sich bei der Wiedergabe seiner Junglehrer-Erfahrungen über das Wesen der Kinder klarwerden. Als dieses Mittel nicht fruchtet und der junge Mallet schließlich erneut fragt: »Also, wie sind nun Kinder?«, da verweist ihn der Onkel auf Bücher, wie es viele vor ihm und nach ihm getan haben; denn wer nicht aus eigenen Beobachtungen Schlüsse ziehen kann, der muß auf die Schlüsse anderer zurückgreifen. Der Onkel gibt ihm eine Sammlung von Märchen und dazu einige Schriften von Psychoanalytikern der verschiedenen Schulen, für den Fall, daß die Märchen nicht genügen, daß er wissenschaftliche Hilfestellung benötigt.

Es dauert lange Zeit, bis Mallet beides, Kinder und Märchen, einigermaßen verstanden und dabei wahrscheinlich auch sich selbst besser kennengelernt hat. Als sein Onkel ihn auf die Märchen der Brüder Grimm verwies, fühlte er sich auf den Arm genommen. Er glaubte sich aufgefordert, die Märchen so zu lesen, wie er sie als Kind gelesen hatte. Vermutlich dachte er nicht an den Goetheschen Sinnspruch:

»Anders lesen Knaben den Terenz,
Anders Grotius.
Mich Knaben ärgerte die Sentenz,
Die ich nun gelten lassen muß.«

Der Erwachsene muß die Märchen anders verstehen als das Kind. Deshalb riet der Onkel dem jungen Mallet das Studium der Bücher Freuds, Jungs und Adlers an. Das Kind reagiert unbewußt auf die Themen des Märchens. Es weiß nicht, warum ihm ein Märchen so wichtig ist, ist sich nicht bewußt, daß die Geschichte sein eigenes Leben berührt. Der kindliche Leser oder Zuhörer fühlt nur, daß das Märchen etwas für ihn tut, ihm irgendwie Auskünfte zu seinen brennendsten Anliegen bietet, ihm Hoffnung gibt, wo er fast verzagen wollte. Verstünde er, warum ein bestimmtes Märchen ihm Mut zuspricht, ihn von seiner Angst, seiner Aggression befreit, dann verlöre das Märchen, aller Magie beraubt, seine Wirkung auf ihn.

Die Dinge liegen ganz anders für den Erwachsenen, der den Einfluß des Märchens auf das Kind ermessen, der wissen will, was das Märchen für das Kind bedeutet, was er vom Märchen über das Kind erfahren kann. Um das zu begreifen, muß er sich mit dem Unbewußten im Menschen vertraut machen und damit, wie es in der Literatur seinen Ausdruck findet. Er muß lernen, welche Elemente eines Märchens zum Unbewußten eines Kindes sprechen und wie sie das tun. Damit nicht genug, muß er sich selber in das Unbewußte des Kindes einfühlen, um zu erkunden, welches die bewußten und welches die unbewußten Ängste und Wünsche des Kindes sind; wie es haßt und liebt; wann es sich minderwertig fühlt und wann es sich überschätzt; wie seine sexuellen Ängste und Wünsche beschaffen sind und worin sie wurzeln; weshalb es glauben mag, niemand verstehe seine geheimen Gedanken besser als sein Lieblingstier; weswegen es zwar eng an die Eltern gebunden bleiben, gleichzeitig aber auch seine Unabhängigkeit gesichert sehen will. All das und vieles mehr läßt sich den Untersuchungen der Psychoanalytiker entnehmen. Sie haben zutage gefördert, welches die unbewußten Botschaften der Märchen sind und welche Saiten sie im Kind zum Klingen bringen.

Diese mühsame Strecke ist Carl-Heinz Mallet auf der Suche nach dem Wesen des Kindes gegangen. Das vorliegende Buch ist sozusagen eine gedrängte Darstellung des »Wissens vom Kind«, das er in langen Jahren zusammengetragen hat. Zwar vermag ein einzelnes Buch uns niemals alles Wissenswerte über Kinder zu sagen; gleichwohl kann es uns helfen, sie uns näherzubringen. Das tut dieses Buch, und wer es liest, wird viele neue Perspektiven für das Verstehen der Märchen und der Kinder kennenlernen. Welche davon er sich zu eigen machen will, muß seine Privatangelegenheit bleiben. Auf jeden Fall aber wird er in Zukunft Kinder und Märchen nicht mehr in derselben Weise sehen wie vorher.

In seinen Vorbemerkungen spricht Mallet davon, daß die Märchen sich nur denen eröffnen, die sich um ihr Verständnis ernsthaft bemühen. Jede seiner Märchendeutungen läßt sich in drei Schichten betrachten: was das jeweilige Märchen dem Kind bedeutet und warum dem so ist; was Erwachsene, besonders Eltern und Lehrer, daraus über Kinder erfahren können; und endlich, was der Autor als Erzieher von diesem Märchen über Kinder gelernt hat. Während viele Darlegungen Mallets Allgemeingültigkeit beanspruchen dürfen, sind es diese persönlichen Deutungen, die den besonderen Reiz des Buches ausmachen und ungewohnte Aufschlüsse vermitteln.

Wenn ich nun den Malletschen Aussagen einige Bemerkungen hinzufüge, so nicht in der Absicht, sie zu kritisieren. Das Gegenteil trifft zu, ist doch das, was ich zu den ersten drei der vier von Carl-Heinz Mallet behandelten Märchen anmerken möchte, erst durch die Lektüre seiner Arbeit angeregt worden. Ein Werk der Weltliteratur – zu der die Märchen ja gehören – wird von jedem Menschen anders gelesen, wie schon Goethe in einer seiner ›Zahmen Xenien‹, die ich vorhin zitierte, klargemacht hat. Jede dieser persönlichen Lesarten ist richtig, wenn sich der Leser ehrlich bemüht hat zu verstehen, was dieses jeweilige Stück Literatur gerade ihm zu sagen hatte.

›Hänsel und Gretel‹ zeichnet sich vor allen Märchen dadurch aus, daß ein wichtiges Element aus seinem Inventar Eingang in unsere reale Welt gefunden hat: Der Konditor bäckt Knusperhäuschen, vor allem in der Vorweihnachtszeit, und alle Kinder lieben sie. Das ist eigentlich erstaunlich, denn immerhin benutzte die böse Hexe im Märchen das Knusperhäuschen als Köder, die beiden Kinder in die Falle zu locken. Müßten sich da Kinder vor dem Knusperhäuschen nicht eher fürchten? Sie tun es jedoch nicht, sondern erlaben sich wie Hänsel und Gretel an dem Zucker und dem Lebkuchen, aus denen das Häuschen besteht: ohne jede Furcht essen sie es auf und schlagen so der Hexe ein Schnippchen.

Ich glaube, man tut Kindern unrecht, wenn man annimmt, sie liebten alle Süßigkeiten so über die Maßen, daß sie ihnen nicht widerstehen könnten, so, wie Hänsel und Gretel dem Knusperhäuschen nicht widerstehen konnten. Wer so denkt, der vergißt, wie leicht sich Kinder andererseits vor Dingen fürchten, die Erwachsene als harmlos ansehen. Warum fürchten sich also Kinder nicht vor dem Knusperhäuschen? Nach meinen Erfahrungen sagen Kinder nicht von sich aus, es sei von der Hexe schändlich gewesen, Hänsel und Gretel durch das Knusperhäuschen zu verleiten; zumindest sprechen sie nicht davon, wenn sie das Knusperhäuschen aufessen. Betrachtet man die Situation logisch, dann sollte das Knusperhäuschen von den Kindern als Symbol des Betrugs abgelehnt werden. Wird es aber nicht. Kinder denken über solche Dinge anders. Sie wissen, daß Erwachsene sie oft ködern, mit Geschenken oder mit lieben Worten, die gar nicht so lieb gemeint sind. Und sie wissen auch, daß es ihnen nicht möglich ist, dann einfach abzulehnen. Sie brauchen die lieben Worte und die Geschenke viel zu sehr. Für das Kind kommt es darauf an, daß es sie entgegennehmen kann, ohne irgendwelche bösen Folgen gewärtigen zu müssen. Genau das macht das Knusperhäuschen so attraktiv: Das Kind kann es aufessen, ohne daß es bestraft wird. Jedesmal wenn es ein Knusperhäuschen aufißt, beweist das Kind sich aufs neue, daß die vielen Versuchungen, denen es im Leben ausgesetzt ist, nicht unbedingt ein schlimmes Nachspiel haben, kurz: daß es sich nicht vor allen Lockungen fürchten muß. Dieselbe Lehre wird Rotkäppchen zuteil: Obwohl es den Reizen des Wolfs erlag – am Ende hat das keine üblen Auswirkungen.

Vielleicht steckt darin auch eine wichtige Lehre für Erwachsene. Die Märchen scheinen zu sagen, daß Kinder sich leicht verführen lassen. Anstatt das Kind vor Verführung zu warnen, hat der Erwachsene es davor zu schützen. Wenn das Kind dennoch einer Versuchung nachgegeben hat, wie das Rotkäppchen, dann obliegt es dem Erwachsenen, das Kind vor verhängnisvollen Nachwirkungen zu bewahren, wie es der Jäger in ›Rotkäppchen‹ tut.

Die Märchen ›Hänsel und Gretel‹ und ›Rotkäppchen‹, die von »gefallenen« Kindern erzählen, enden beide genau dort, wo sie begannen. Hänsel und Gretel finden ins Elternhaus zurück, ohne ihre Unabhängigkeit errungen zu haben. Rotkäppchen kehrt heim zu seiner Mutter, ohne daß ein Prinz es errettet oder geheiratet hätte. In ›Hänsel und Gretel‹ retten die Kinder sich selber, während in ›Rotkäppchen‹ der Jäger der Retter ist. Wer sich verführen läßt, so lehren beide Märchen, wird dadurch nicht unabhängig von den Eltern, auch nicht erwachsen, findet nicht zum anderen. Solches läßt sich einzig durch positive Taten herbeiführen.

Ganz anders ist die Problemstellung im Märchen ›Das Gruseln‹. Der Held dieses Märchens ist ein Junge, der seine Ängste so verdrängt hat, daß er nicht mehr imstande ist, sie zu fühlen. Für den einen mag das Märchen besagen, daß der Junge sich nicht als vollwertigen Menschen empfindet, weil er sich einem so lebenswichtigen Gefühl wie der Angst bis zur Empfindungslosigkeit entfremdet hat. Ein anderer mag das Märchen so auffassen, daß der Held eine Heidenangst vor der Angst hat und deshalb alles tut, um sich zu beweisen, er sei angstfrei. Ich neige eher zu der letztgenannten Annahme; für mich ist der Held so von seiner verdrängten Angst besessen, daß er sein Leben damit verbringt, diese zu bestreiten. Zu Beginn des Märchens wird gesagt, daß der Junge nicht lernen will und zu nichts taugt. Er ist der in seiner Neurose befangene Junge, der zu allem anderen unfähig ist, weil er seine ganze Energie darauf verwendet, seine Angst zu verneinen, da sie ihn sonst überwältigen würde. Diese Verneinung der Angst sieht man auch in dem oft tollkühnen Verhalten Jugendlicher, die Gefahren suchen, um damit kundzutun, sie seien angstfrei. Sie müssen das tun, weil sie tief in ihrem Unterbewußtsein fühlen, wie sehr die Angst sie in der Gewalt hat. Erlaubten sie es sich, die Angst zu fühlen, würde diese sie so bedrängen, daß sie noch weniger lebensfähig wären, als sie es ohnehin schon sind.

Ich bin mit Mallet der Ansicht, daß dieses Märchen die Angst des heranwachsenden Jungen symbolisiert. Der Märchenheld wird von seiner lähmenden Angstverdrängung befreit, nachdem er geheiratet und die Nacht mit seiner Frau im Ehebett verbracht hat. Er hat also sexuelle Erfahrungen gemacht und gelernt, daß diese ihn nicht vernichten. Angesichts dieses Sachverhalts muß man mit Mallet die Ursache seiner Gefühllosigkeit darin sehen, daß der junge Mann seine Sexualängste verdrängt und sich das Freisein von Sexualangst mit dem Verzicht auf jegliches Angstgefühl erkauft hatte.

Ob der ursprüngliche Grund dieser Sexualangst Onanie war oder irgendein anderes Sexualerlebnis, dies macht meines Erachtens das Märchen nicht klar. Aus psychoanalytischer Sicht ist es unwahrscheinlich, daß ein so spätes Erlebnis wie die Onanie eine solch panische Angst und in deren Gefolge eine so vollständige Verdrängung verursacht. Man könnte da schon eher an Kastrationsangst denken; des Helden Angriff mit dem Messer auf die Tiere, die ihm Angst einjagen wollen, würde nach meiner Überzeugung diese Vermutung erhärten.

Wie immer man die symbolische Bedeutung der Erlebnisse des Helden auslegt, man darf nie vergessen, daß alle Symbole vieldeutig sind. Einer der größten Irrtümer der frühen Psychoanalyse war es, zu glauben, ein und dasselbe Objekt habe stets dieselbe Symbolbedeutung. Der Umstand, daß verschiedene Menschen in den Tintenklecksen des Rorschachschen Formdeutungsversuchs viele und sehr unterschiedliche Dinge entdecken und ein und derselbe Mensch zu unterschiedlichen Zeiten in denselben Tintenklecksen verschiedene Dinge zu erkennen glaubt, sollte uns gelehrt haben, daß dieselben Erscheinungen ganz verschiedene Symbolbedeutungen haben können. Gerade dies macht ja die Märchen so interessant und auch so wichtig für alle Menschen, jeden Alters.

Das Wunderbare am Märchen ist es, daß es uns erlaubt, seinen Symbolgehalt jeweils so zu deuten, wie es uns in einem bestimmten Augenblick unseres Lebens am wichtigsten erscheint. Carl-Heinz Mallet ist, nicht zuletzt von Berufs wegen, mit großem Ernst bestrebt, Kinder und Jugendliche besser zu verstehen. Die Märchen sind ihm hierfür eine wesentliche Quelle. Wir müssen die vier Märchen, die er in diesem Buch bespricht, nicht genauso sehen, wie er sie sieht. Wir können indessen von ihm lernen, durch Märchen uns selbst sowie die Probleme von Kindern und Jugendlichen und unsere Beziehungen zu ihnen besser zu verstehen. Entscheidend ist dabei, daß wir uns bemühen, das Märchen und seine Botschaft sowohl aus der Sicht des Kindes als auch aus unserer Erwachsenen-Sicht zu begreifen. Das ist oft nicht leicht; aber es gibt leider keine leichte Art, schwierige Probleme zu lösen. Mallet hat uns gezeigt, wie es gemacht werden kann.